2018 年教育部人文社会科学研究青年基金项目"生前预嘱法律制度研究"(编号:18YJC820054)的结项成果。

河海大学法学青年文库

生前预嘱法律制度研究

SHENGQIAN

YUZHU FALÜ ZHIDU YANJIU

孙海涛——著

中国政法大学出版社

2021·北京

图书在版编目（ＣＩＰ）数据

生前预嘱法律制度研究/孙海涛著.—北京:中国政法大学出版社, 2021.7
ISBN 978-7-5620-9973-4

Ⅰ.①生… Ⅱ.①孙… Ⅲ.①遗嘱－继承(法律)－研究－中国 Ⅳ.①D923.54

中国版本图书馆 CIP 数据核字(2021)第 094618 号

出 版 者	中国政法大学出版社
地　　址	北京市海淀区西土城路 25 号
邮寄地址	北京 100088 信箱 8034 分箱　邮编 100088
网　　址	http://www.cuplpress.com (网络实名: 中国政法大学出版社)
电　　话	010-58908586(编辑部) 58908334(邮购部)
编辑邮箱	zhengfadch@126.com
承　　印	固安华明印业有限公司
开　　本	880mm×1230mm　1/32
印　　张	8.625
字　　数	210 千字
版　　次	2021 年 7 月第 1 版
印　　次	2021 年 7 月第 1 次印刷
定　　价	49.00 元

总 序
GENERAL ORDER

　　河海大学的法学教育始于 1988 年。经过三十余载的努力，法学院拥有较为完整并颇具特色的学科体系。设有法学本科专业、法学硕士学位一级学科授权点、法律社会学二级学科博士点。在健全的学科体系和浓厚的学术氛围中，法学院青年骨干教师谨怀"崇法明理、尚德致公"之院训，着眼社会发展、法治建设和民族复兴，上下求索，扎实研究，以研促教，寓教于研。在法学理论、宪法学与行政法学、民商法学、经济法学、环境与资源保护法学和国际法学等领域广泛开展教学和研究，取得有一定显示度和影响力的系列学术成果，引领带动学科发展和学术创新。

　　"河海大学法学青年文库"是法学院青年教师在科研项目中形成的研究成果与理论创新之丛书集成。我们希望"河海大学法学青年文库"能够成为理论研究持续创新、青年教师快速成长的园地，成为河海大学法学青年教师研究成果的展示窗口。要使如此构想成为现实，除得力于中国政法大学出版社的帮助外，更有赖学界同仁提携和鼎力相助。

　　千金之裘，非一狐之腋；清泉潺潺，端赖源头活水。区区微衷，尚请贤明鉴之。

　　是为序！

陈广华

河海大学法学院 教授 博士生导师

二〇二一年九月

目 录
CONTENTS

老龄化背景下生前预嘱制度的中国检视

　　截至 2017 年底，我国 60 岁以上老年人口已达 2.41 亿人，占总人口的 17.3%。预计到 2050 年前后，老年人口占比将达 34.9%。[1]我国的老龄化和高龄化形势极为严峻，针对老龄化社会到来的各项应对措施不少是仓促出台的，也有不少是处于探索或摸索之中。我国人口基数大，人均占有资源少，老龄化给整个社会带来的压力是空前的。而我国政府和社会各界也一直把老龄化问题视为一个重大问题积极予以关注和推进解决。2018 年《老龄蓝皮书》里面提出了一些解决老龄化问题的核心观点或对策，例如，体现老年人的个人价值，提高生命品质；开展失能老年人帮扶工程；制定并出台与老年人切身利益相关的专项法律法规；加快改革医疗卫生服务体系，完善老年人健康支持体系，提高老年人的生活质量；重点发展面向失能老年人群的长期照顾服务制度。[2]从这些观点和对策不难看出，我们制度设计和改革的出发点完全没有问题，但是从作为服务接

---

　　〔1〕　党俊武主编：《老龄蓝皮书：中国城乡老年人生活状况调查报告（2018）》，社会科学文献出版社 2018 年版。

　　〔2〕　党俊武主编：《老龄蓝皮书：中国城乡老年人生活状况调查报告（2018）》，社会科学文献出版社 2018 年版。

受对象的老年人群体的角度来分析，老龄化问题的对策设计好像缺少了一点应有的韵味，也即我们所设计的对策或提出的建议有没有征求过老年人群体的意见？我们所提供的服务是不是老年人群体所需要的？从法律的角度来说，制度或对策的设计有无体现老年人的自我决策权？《经济学人》信息部发布的《2015年全球死亡质量指数》显示，英国、澳大利亚、荷兰、美国等国家的死亡质量指数高居前十，中国在80个国家中仅排第71位，这反映了我国患者生命末期的生活质量不尽人意，这与我国缓和医疗以及生命末期尊严死理念发展欠成熟有密不可分的关系。[1]生前预嘱制度对于绝大部分人来说，其含义不易被理解；即使理解生前预嘱制度者，也并不能够完全接受这个制度。生前预嘱是指完全民事行为能力人，在身体健康或意识清楚时签署的，旨在明确其在不可治愈的伤病末期或临终前并丧失决策能力的情形下接受或拒绝哪种医疗护理的指示文件。[2]生前预嘱在世界上许多国家已经建立，而且在应对人口老龄化方面发挥着重要的作用。那么，生前预嘱制度能否为我国所用来应对人口老龄化问题？在我国实施生前预嘱制度会遇到哪些阻碍？基于国情不同，我国生前预嘱制度的设计需要注意哪些问题？对于这些问题，笔者将一一检视。

---

〔1〕 "2015年全球死亡质量指数报告排名榜：中国仅排名71位"，载 http://www.mnw.cn/news/china/1017965.html，访问日期：2020年8月20日。

〔2〕 Susan J. Nanovic, "The Living Will: Preservation of the Right-To-Die Demands Clarity and Consistency", 95 *Dickinson Law Review*, Fall, 1990, 209.

第一节　生前预嘱制度引入的必要性

一、释放宝贵的医疗资源

维持生命技术的重大进步始于 20 世纪 20 年代。胰岛素于 1921 年被发现，使糖尿病的治疗成为可能。几年后，第一台机械呼吸机"铁肺"问世，抑制致病细菌生长的磺胺类药物和青霉素被临床应用。20 世纪 40 年代，人造肾脏问世。20 世纪 50 年代，医学的进步包括心内直视手术、小儿麻痹症疫苗的发现、人工呼吸机的改进以及重症监护病房的首次使用。[1]心肺复苏在 20 世纪 60 年代问世。[2]20 世纪 70 年代的这十年，医学在癌症、心脏病、心肌梗死和中风等维持生命治疗方面取得重大进展；1979 年引入环孢素。20 世纪 80 年代，一颗人造心脏被植入老年患者体内，而到了 90 年代，我们发现了染色体 1 和染色体 14 上的基因可能是导致家族性阿尔茨海默病的原因。[3]现代医疗技术使老年患者活得越来越久成为可能，而社会也慢慢接受了这种可能。然而，我国老年人口数量大，医疗资源极为宝贵，高水平医院等床位做手术的现象已经成为常态。据罗点点的团队估算，中国每年近 80% 的医疗支出是用于临终维持的。[4]生前预嘱制度追求的目标就是自然死亡，拒绝延长生命的治疗，

---

〔1〕　U. S. Congress, *Office of Technology Assessment*, *Life – Sustaining Technologies and the Elderly*, OTA-BA-306, 1987, p. 39.

〔2〕　Clifton B. Kruse, Jr., "A Call For New Perspectives for Living Wills（You Might Like it Here）", 37 *Real Property*, *Probate and Trust Journal*, Fall, 2002, 545.

〔3〕　Marcia Barinaga, "Missing Alzheimer's Gene Found", 269 *Science*（1995）, 917.

〔4〕　Qingyun Wang, "Association Urges Chinese to Have a Living Will", *China Daily*, 2013.

提倡有质量的生命，这在一定程度上可以释放宝贵的医疗资源，将这些宝贵的医疗资源分配给紧迫需求者或用于医疗科研提升我国的医疗水平。

二、减轻家庭的经济负担

从罗点点的团队对临终维持生命治疗费用的估算不难得出，一个普通家庭对于维持生命的治疗通常存在不小的经济压力。在金钱与孝道之间，中国人基于传统的道德理念，在对两者进行权衡时，通常选择恪守孝道，抱着宁可倾家荡产也要维持家人的生命到最后一刻的态度。也就是说明知道老年患者已近临终，在很短的时间内会死亡，疾病的治疗不具备逆转性，只是花费大量的金钱在一定程度上延长了老年患者的生命，也即延长生命的代价是巨额的医疗费用。由此，最后形成的局面是家庭成员承担了巨额的医疗费用之后，老年患者最终也去世了。我国不存在生前预嘱制度，因此，目前在老年患者丧失决策能力的情形下是否维持生命治疗的决策权一般掌握在家庭成员手中，也即所谓的"家长中心主义"。家庭成员在进行维持生命治疗决策时会面临巨大的压力，进而会陷入一种两难的困境。那么，生前预嘱制度就是为了解决这种困境而诞生的。一方面，制度设计将决策权赋予当事人，使其在有决策能力时预先为自己将来的临终治疗进行选择，缓解了家庭成员的决策压力；另一方面，如果当事人选择拒绝维持生命的治疗，那么在一定程度上可以减轻家庭基于维持生命治疗所需承担的沉重经济负担。

三、尊重老年人的自我决策权

自 1914 年以来，"决定自己命运的权利"一直是美国法理学的基石，当时的本杰明·卡多佐法官说："每一个成年且心智健全的人都有权决定如何对待自己的身体，外科医生未经老年患者同意就进行手术，这是一种侵权行为，他应该为此承担损害赔偿责任。"[1]生前预嘱制度的设计目标之一是平衡法律与个人权利不受干扰之间的冲突。在决定是否执行生前预嘱时，平衡测试的方法通常会得到采纳。我们首先考虑到的是老年人的自主决策权，并将这一权利与国家利益进行比照衡量。在生前预嘱制度的设计中，我们主要考虑四个方面的国家利益：第一，保护生命，注重生命的神圣性和个人的尊严与价值；第二，对第三方如未出生胎儿或未成年儿童的保护；第三，防止自杀，这与国家保护生命的利益有关，因为不少人将取消生命支持等同于自杀，然而，取消生命支持并不是自杀行为，而是一种对自然死亡的遵从；第四，维护医疗行业的道德完整性，认为医疗行业的道德要求医生不惜一切代价进行干预。而在许多情况下，当死亡的问题出现时，医生对老年患者的唯一责任是提供安慰和减轻死亡的痛苦。与四个方面的国家利益相对的是个人的自决权利，即控制自己身体的权利，而这四个方面的国家利益无法超越个人的决策自由权与隐私权。[2]基于此，生前预嘱制度一改以前的"家长中心主义"，将临终治疗的决策权赋予老年人自己，最大限度地尊重老年人的意愿。

四、重视生命的质量而非数量

生前预嘱是一种先进的医疗照顾指示，它能够阐明一个人在丧失决策能力的情况下对医疗决策的偏好。生前预嘱是一种工具，即老年患者身患绝症或病入膏肓，而又无法与医护人员沟通有关接受或拒绝医疗服务事宜，则该指示工具能够表明老

---

〔1〕　Schloendorff v. Soc'y of N. Y. Hosp. , 105 N. E. 92, 92-93 (N. Y. 1914).

〔2〕　In re Conroy, 486 A. 2d 1209, 1221-23 (N. J. 1985).

年患者拒绝接受特定医疗服务，并免除医护人员的责任。[1]绝症被定义为由伤害或疾病导致的不治之症，合理的医学判断发现老年患者患有这种疾病会在很短的时间内死亡，因此，采用维持生命的治疗只能推迟死亡的时间。维持生命或延长生命的治疗是使用人工手段代替人体重要功能的医疗程序或方法，其目的只是延长绝症老年患者的死亡时间。[2]也即通过医疗技术的使用，人为地延长生命至极限。从某种程度上来说，生命的意义在于生活。当一个人躺在那里，跟植物人一样，其生命相当于不存在。虽然从技术上来说这个人还活着，但他的生命已经毫无意义。[3]在某种程度上来说，个人在生命临终期间的生命质量处于极低水平。所以，虽然我们取得了不小的医学成就，但是许多人还是希望避免通过人工手段来维持生命。因为随着死亡可能性的增加，人们往往更加关心生命质量而不是剩余生命的数量，进而老年患者宁愿选择自然死亡，以提升自己生命的质量而非人为地通过增加数量却降低生命的质量。[4]生前预嘱制度可以帮助老年患者在生命质量和生命数量两个方面作出自我决策。

第二节　生前预嘱制度在我国实施的可能性阻碍

一、医疗技术的复杂性

治病救人属于医疗机构的最直接的当然使命，似乎所有的

---

〔1〕　Black's Law Dictionary 945-46 (7th ed. 1999).

〔2〕　Lawrence A. Frolik & Alison McChrystal Barnes, Elderlaw: Cases and Materials 567 (2d ed. 1999).

〔3〕　Sam J. Saad, "Living Wills: Validity and Morality", 30 *Vermont Law Review* 71, Fall, 2005, 24.

〔4〕　Kutner, "Due Process of Euthanasia: The Living Will, a Proposal", 44 *Indiana Law Journal*, 539, 551 (1969).

医学进步都是为了维持生命。但是，我们通常所遇到的关键问题是：在什么情况下，这些尝试是徒劳的？什么情形是死亡迫在眉睫以至于我们必须放手，让死亡自然发生？这个问题是我国与其他国家在生前预嘱制度实施方面所面临的共性问题之一。医疗技术本身的复杂与医学技术的进步使得对这个问题的判断更加困难。此外，死亡迫在眉睫的问题将依然是困难的，因为医疗技术的进步和这些进步的速度使得死亡变得并不紧迫。医疗技术的复杂使得绝症的判断变得更加困难，而只有医生证明老年患者患有绝症，生前预嘱才有可能生效并得到执行。那么，关于绝症的判断难点可能存在两种情形：第一，医学的研究取得重大突破，原本被视为绝症的疾病问题被攻克，绝症能够得到控制或疾病可能会得到治愈，那么，这种情形的出现就会影响到生前预嘱的生效；第二，如果一个人依靠人工机器可以存活数十年例如持续性植物人，那么，这是否属于迫在眉睫的情形？是否属于绝症？这些问题是我们无法避免且必须回答的问题。对于第一个难点的回答不难，如果绝症可以得到控制，死亡并不是那么迫在眉睫，或者是绝症可以得到治愈，那么就不足以激发生前预嘱的生效。针对第二种情形可能就不是那么容易回答了。临终状态一般被定义为一种无法治愈且不可逆转的疾病，在主治医生看来，如果不进行维持生命的治疗，这种疾病将会使老年患者在较短的时间内死亡。绝症的定义要求医生诊断老年患者的死亡迫在眉睫。然而，死亡的迫近取决于对老年患者的治疗。因此，针对这个问题的辩论可能会导致循环现象的出现。只要不给予治疗，老年患者就会一直处于病危状态，生前预嘱的生效条件就可能会成就，针对生前预嘱就可以进行决策和执行。然而，如果给予治疗，死亡将变得不再迫在眉睫，激发生前预嘱的生效条件尚不具备，医生可能会基于职业道德的要求选择对老年患者继续进行治疗。

二、道德的强烈束缚性

生前预嘱被誉为尊严死或自然死亡，老年患者在被确诊为患有绝症且会在短期内死亡，其要求在临终之前有尊严地活着，进而决定拒绝维持生命的治疗，让其有尊严地死亡，老年患者的生命质量得到保障。虽然这一行为没有得到法律的认可，但也没有违背国家的法律。因为对于公民来讲，法不禁止即自由。这一行为与安乐死存在本质区别，安乐死是提前结束生命，而生前预嘱并非提前结束生命，而是遵从生命的自然规律，强调自然死亡。虽然生前预嘱并不违法，但是与我国传统的伦理道德可能会大相径庭，这是生前预嘱制度在我国施行所遭遇到的特有的较为强烈的阻碍。从儒家伦理来看，这种"生前预嘱"既不能保证老年患者的最佳利益，也有悖于医护人员的基本社群责任；对于这种做法，儒家伦理认为必须予以良心反对。[1]因此，在深受儒家文化熏陶的民族，孝道是必须坚持而不能违背的，家人对家人的义务或者责任在一定程度上来说可以超越一切。对于自己的亲人尤其是长辈，就算有一线挽救生命的概率，即使是倾家荡产，谁也难以做到见死不救。如果真的没有尽力，那么可能背上的就是"大逆不道""不忠不孝"的骂名。反之，如果倾其所有，仍没有能够挽回家人的生命，大众通常会给予赞许，并认为是尽到了责任。[2]在强烈的道德束缚之下，患有绝症并在短期内会死亡的老年患者，其医疗的自我

---

〔1〕 吴静娴、范瑞平："良心反对：儒家养老伦理新论"，载《伦理学研究》2017年第2期。

〔2〕 朱永华："'生前预嘱'的善意更需社会善解"，载《人民法院报》2013年8月1日。

决策权可能被剥夺，或者生前预嘱的执行可能会遭到阻碍，即使家属明知针对老年患者的抢救是毫无意义的，也会选择使用人工支持设备去尽量延长老年患者的生命。强烈亲情观念束缚之下的家人，并没有选择最科学最理性的方式，可能导致四种后果：第一，"家长主义模式"替代了老年患者的医疗自我决策权；第二，老年患者在痛苦和丧失尊严的情形下去世；第三，家庭承担了巨额的医疗费用；第四，浪费了宝贵的医疗资源，增加了医疗负担。虽然存在这么多负面后果，但是在对生前预嘱进行决策时，家属仍是极其矛盾的，他们很难摆脱道德的束缚。想要摆脱道德的束缚，就需要对公众进行一个生前预嘱的宣传，对公众思维进行一个重大变革，使他们理性对待生命和死亡，促进社会人文性色彩和人性化意识逐步走向成熟。当然，想要做到这一点，需要全社会的共同努力，而且是一个漫长的过程。[1]

三、生前预嘱语言的模糊性

制定一份明确的生前预嘱其实并非易事，因为生前预嘱涉及的是人生中尤为重要的事务，即个人决定在其身患绝症时可以采用或拒绝何种医疗措施。生前预嘱可能措辞过分狭窄或不充分，需要相关方在可能的理解中鉴别预嘱人的真实意思表示，这使得决策过程复杂化，生前预嘱的执行发生执行难或执行延迟，生前预嘱的实施遇到阻碍，有时问题的解决还需要进入漫长的司法审查程序，因此，生前预嘱的制定必须尽量采用具体明确的语言来避免解释性问题，使生前预嘱成为具有权威性的文件。例如，"绝症""果断措施""生命延长程序"等措辞就

---

〔1〕 毕晓哲："'生前预嘱'对社会的正面意义不容低估"，载《贵阳日报》2013年8月1日。

会在理解上产生歧义，这在国外生前预嘱的法定格式中是禁止或避免使用的，因为这些语言的使用会造成更多理解上的混乱。生前预嘱语言的模糊性主要存在于两个方面：一方面，描述老年患者病情的语言，例如"病入膏肓""没有合理的康复预期"等；另一方面，关于医疗措施的类型或者老年患者避免特定治疗措施的要求，例如"果断措施""延长生命的程序"等。[1]这些表达在医学界可能存在多种解释，存在模糊性和不确定性。当面对这样的语言时，医生无法确定老年患者的真实意思表示，因此，不敢轻易采取行动，因为医生担心如果他们根据自己的理解去采取行动不一定会得到法律的认可。生前预嘱中在描述老年患者所处的状态和可以接受或拒绝的医疗措施方面可能包含各种模糊的术语。不幸的是，没有什么神奇的词语可以精确定义一份生前预嘱何时生效。那么，这就需要立法者使用已经存在的语言，并努力避免使用含糊不清的语言。[2]

第三节　我国生前预嘱制度设计需要关注的问题

生前预嘱制度已经在全球多国开花结果，无论是基于尊重自我决策权理念的要求，还是从整合社会有限资源的角度来看，我国确立生前预嘱制度也只是时间的问题。那么，在我国设计生前预嘱制度时，一方面，需要吸收和借鉴国外在生前预嘱制度发展过程中的经验，国外所走过的误区我们要尽量避免，另一方面，需要考虑我国的政治、经济和文化特征，尤其是要关

---

〔1〕　Emanuel & Emanuel, "The Medical Directive: A New Comprehensive Advance Care Document", 261 *The Journal of the American Medical Association*, 3288, 3289 (1989).

〔2〕　Hoffman, "Planning for Medical Decision Making: Living Wills and Durable Powers of Attorney", 38 (2) *Maryland Medical Journal*, 154, 156 (Feb. 1989).

注文化特征。只有做到这两点，生前预嘱制度设计才能真正为我国所用，才能真正发挥实效。我国生前预嘱制度的设计需要关注以下三个主要问题：

一、立法理念的转变

尊严死的出发点是基于对老年患者的人文关怀，优化生命治疗，保障公民的基本权利即人权。[1]生前预嘱是维护人的尊严和尊重自我决策权的重要方式。其通过特定的方式来对自己将来临终前的医疗决策进行指示，以体现自己对治疗选择的偏好，同时也体现为对临终前医疗措施的知情同意。我国《民法典》中的成年监护制度规定了意定监护制度，也即个人在丧失行为能力之前可以根据其自己的意思表示预设监护人，在其丧失行为能力之后由其任命的监护人代为进行人身和财产事务的决策。成年监护制度中意定监护制度的引入，突出了"家长中心主义"理念向"尊重自我决策权"理念的转变，实现了成年监护制度质的飞跃，拒绝治疗权是生前预嘱理念的核心。我国目前虽然没有确立生前预嘱制度，但是在现实生活中，临终前的医疗决策也一直在进行，只不过决策的过程比较艰难。当老年患者病入膏肓，其临终前的医疗决策通常由家庭成员代为作出，这与改革之前的成年监护制度别无两样，也就说目前名无实存的临终前医疗的决策权通常由老年患者之外的人行使，实行的是"家长中心主义"。如果允许老年患者拒绝各种其他类型的治疗，那么同样也应该允许其拒绝维持生命的治疗。老年患者拒绝治疗的权利必须得到尊重，即使拒绝治疗可能会导致死亡。这意味着老年患者在神志清醒且有决策能力的情形下，可以

---

〔1〕　陈龙："人权视角下尊严死合法化研究"，载《医学与法学》2018年第6期。

直接拒绝治疗。[1]但是，更多的情形是老年患者临终前丧失了决策能力，关于医疗的决策权将转移至家人或其他人，然而，这种情形下的决策权并不能够体现老年患者的意愿。基于此，生前预嘱制度应运而生。生前预嘱制度以知情同意为前提，认为每个人都有权决定如何处置自己的身体，而这种决定可以事先针对未来作出，由此，临终前的治疗决策能够在最大限度上尊重老年患者的自主决策权，体现老年患者最真实的意愿。生前预嘱的正当性在于由国际法、宪法中的人性尊严、自由权利以及隐私权所推导出来的一项基本人权——患者自主权。[2]我们将来的立法必须抛弃"家长中心主义"，将"自我决策权"理念贯穿于生前预嘱制度设计的全过程，让个人可以根据自己的价值观对治疗进行选择，确保人性的尊严性和身体的完整性，同时亦可提升我国的人权保障水平。

二、预嘱内容的明确

只有在预嘱内容明确的基础上，我们才能建立违反生前预嘱的法律责任机制，约束医方无视这一表达医疗自主的法律工具。[3]影响生前预嘱内容是否明确的因素主要有两个方面：第一，生前预嘱语言的模糊性；第二，老年患者医疗决策的动态性变化。关于第一个方面，主要体现为对于生前预嘱制度中的"维持生命"和"临终状态"规定可能在生前预嘱实施时存在问题。"临终状态"被定义为"维持生命"，反之亦然。因为两

---

〔1〕 吕建高：《预先指示法律制度比较研究》，法律出版社 2017 年版，第 14~15 页。

〔2〕 韦宝平、杨东升："生前预嘱的法理阐释"，载《金陵法律评论》2013 年第 2 期。

〔3〕 孙也龙："违反生前预嘱的法律责任——美国法的考察与启示"，载《金陵法律评论》2016 年第 1 期。

个术语都没有统一且具体的含义，因此，区分的难度比较大。而这些术语对于生前预嘱的生效极为关键。医生需要依据这些术语来确定治疗措施是否符合生前预嘱的生效要件。我们在制定生前预嘱时需要使用明确的语言来避免可能产生的误解。例如，我们可以这样表达："如果我处于患有不可治愈或不可逆转的疾病且会在相对较短时间内死亡的状态，同时我丧失了医疗治疗措施的决策能力，那么，我要求主治医生拒绝或终止仅仅是延长死亡过程的治疗，仅需减轻疼痛的缓和治疗。""状态"一词所指的是一种由意外事故或可能导致死亡的疾病引起的情形。而临终状态则可以被定义为基于此状态下的死亡将在较短的时间内发生。在定义得到明确之后，采用医疗程序来进行临终状态的判断可能就会比较容易。虽然"相对较短时间内"一词的使用回答了关于"迫在眉睫"的一些问题，但我们也不难发现这个词仍然存在一定的模糊性，也即这个词仍然不是最恰当的词。因此，生前预嘱语言的明确性尤为重要，因为其直接影响生前预嘱的效力与实施。[1]第二个方面为，个人在具有决策能力时制定生前预嘱，但是随着时间的推移加之个人观念的变化，个人可能会对之前制定的生前预嘱内容产生不同意见甚至完全否定，那么，这种变更或者完全否定对于生前预嘱效力的影响如何？在实践中如何来证明老年患者在制定生前预嘱后的不同意见或完全否定，也是一个很复杂的问题。如果存在多份生前预嘱，那么可以按照时间的先后顺序确定以最新的生前预嘱为准。如果个人按照法定的程序对生前预嘱进行更新，那么以更新后的生前预嘱为准。如果仅仅存在一份生前预嘱，但是后来预嘱人明确表达过对生前预嘱进行变更的内容或撤销生

---

〔1〕　Rizzo, "The Living Will: Does it Protect the Rights of the Terminally Ill?", *New York State Journal of Medicine*, 72, 74 (1989).

前预嘱，那么这就需要依据严格的证明标准通过证据来明确预嘱人的意思表示。同时，医学术语也需要清晰度和一致性，医生和医学专家必须有所作为，就持续性植物人和延长生命治疗的治疗方法等专业知识进行公众教育和宣传。立法中应该有医生或医学专家的参与，因为与立法者相比，医生可能更清楚哪些术语更准确，并最大限度地避免歧义。立法者与医学专家进行合作，了解与这一领域有关的医疗现实，只有如此，个人、家庭成员、医生乃至司法人员才能够对生前预嘱知情并及时作出适当的决定。总之，语言的模糊性和老年患者医疗决策的动态性变化都会直接或间接影响生前预嘱的效力，且并不存在完全绝对明确的语言用以确保生前预嘱人的指示得到精确表达，但是我们可以利用现存的语言来尽量避免生前预嘱语言的模糊性。

三、程序设计的缜密

尽管很多人认为临终前有关医疗的自决权具有很高价值，但实际上却很少有人能够使他们临终前的愿望得以实现，因为一旦个人丧失了为自己进行医疗决策的能力，那么就会缺乏足够的形式和程序来确保自己的愿望得到执行。程序设计是否缜密直接影响预嘱的可执行性。在未来的生前预嘱中，我们需要重视生前预嘱程序的设计，采取一些切实的措施，尽量确保生前预嘱的决策符合老年患者的意愿，提升生前预嘱制度的实效。生前预嘱的执行是尊重老年患者自我决策权的贯彻。如果生前预嘱的执行并不符合老年患者的意愿，那么就会与生前预嘱制度的最终目标相违背。因此，我们必须重视生前预嘱的程序，可以从以下几个方面强化生前预嘱程序的履行：第一，医生与老年患者就治疗偏好进行沟通，确保医生了解老年患者的愿望，

并将生前预嘱放入老年患者的医疗档案之中；第二，指定一个
熟悉老年患者关于生前预嘱理念和感受的人替代老年患者做医
疗决策；第三，在两个不存在利害关系的见证人和一名公证人
在场的情况下签署生前预嘱；第四，将预嘱副本交给家庭成员、
律师和其他可能参与或执行决策过程者；第五，每间隔两年或
三年到公证处公证人面前签字确认并注明日期。这些程序中的
亮点之一表现为代理决策相关方与老年患者的沟通。生前预嘱
制度的设计不可能完美无缺，生前预嘱的内容也可能存在模糊
性，老年患者对生前预嘱的理念也会发生变化，那么如何来确
保生前预嘱的执行符合老年患者的意愿？这时沟通程序的作用
就会凸显出来。虽然存在生前预嘱的书面文件，但这并不能取
代关于生命尽头最重要事情的真正对话，因此，需要鼓励医生、
家庭成员、代理决策者和老年患者之间的真正对话。作为鼓励
老年患者与代理决策者之间的沟通是生前预嘱执行成功的关键。
沟通或对话的目的就是了解老年患者对临终治疗选择的真实意
愿或者偏好，因为人的理念会随着时间的推移逐渐发生变化，
那么，沟通的益处就是可以对老年患者的预嘱理念进行跟踪，
随时检视老年患者可能出现的与之前所持有的观念的不一致的
地方。如果代理决策者与老年患者之间并不存在真正的沟通，
那么，基于生前预嘱语言的模糊性、内容的不明确性、老年患
者理念的变更等因素，代理决策者的理解就会出现偏差，不尊
重或忽视被代理人的意愿而径直替代决策，违背老年患者的意
愿，还可能侵犯老年患者的合法权益。[1]而如果相关方能够遵
循这些程序，将这些程序付诸实施，那么生前预嘱实施的复杂性

---

〔1〕　孙海涛：“论欠缺行为能力老年人政府监护模式的困境与重构”，载《河
海大学学报（哲学社会科学版）》2018年第4期。

将会大大降低。[1]当然，不管是生前预嘱内容的明确性，还是程序的缜密性，最终的目标都是确保老年患者的生前预嘱能够得到执行。

第四节 结 语

我国老龄化与高龄化形势日益严峻，对医疗服务的供给提出了更高要求。与此同时，世界范围内的医疗技术不断取得突破，人类的寿命不断得到延长。然而，不少老年患者并不愿意依靠生命保障系统延长自己的生命而降低生命的质量，沦为"医疗技术的囚徒"。生前预嘱制度正迎合了老年患者的这种特殊需求。生前预嘱制度被誉为"尊严死"或"自然死亡"，其法理基础为个人对自身医疗决策的自我决策权。对于生前预嘱制度这样一个"舶来品"，直接强制引入我国肯定会出现"水土不服"的情形，其阻碍一方面源自于国内外存在共性的医疗技术的复杂性，另一方面则源自于中国特有的社会环境，如道德的强烈束缚性。但是，生前预嘱制度能够释放有限医疗资源、减轻家庭经济负担、尊重当事人自我决策权、重视生命质量的优点我们无法视而不见。因此，生前预嘱制度需要"入乡随俗"，在综合考虑我国社会环境和法律环境的基础之上，从立法理念、程序设计和内容要求方面进行适合我国国情的制度设计。

生前预嘱背后的理念是高尚的：每个人都应该有权选择接受或拒绝治疗。自我决策权理念根植于伦理、道德、宪法以及现在的法律概念之中，不可否认，这是每个公民都应受到保护的权利。生前预嘱的立法将通过在个人拒绝医疗的权利受到侵

---

[1] Jones, "Legal Significance of Living Wills", *Pennsylvania Medicine*, 34, 37 (Mar. 1989).

犯时提供救济措施来促进公平。生前预嘱的问题之一是存在很大的模糊性。老年患者和医生对于预先指示的有效性没有确定的权威。因此，立法机构应该集中精力使用现有的语言来提升预嘱语言的明确性，力求阐明患者临终时的愿望，并鼓励老年患者和决策者进行讨论。有效的生前预嘱立法只有在立法者理解生前预嘱自身的目标，并在起草生前预嘱立法时集中精力实现这些目标的情况下才能实现。一旦做到这一点，司法系统将不再需要对模糊生前预嘱所产生的死亡权利案件进行解释。立法者应力求统一，避免被狭义解释限制的可能。该制度的重点应该着眼于全面考虑患者的情况，而不是狭隘地看待现有的医疗手段和拘泥于传统道德的约束。在死前徘徊的恐惧超过对死亡本身的恐惧时，就必须维护体面地死去的权利。

第一章

生前预嘱制度的基础理论

第一节 生前预嘱制度的概念与伦理基础

一、生前预嘱制度的概念

伴随着科学技术的创新与进步，当前的医疗技术水平正在朝着不断拓展人类生命长度的方向延伸，使提高患者寿命的可能性逐渐增加，甚至帮助患者的存活时间超出了人道医疗实践所规定的限度。但是很多患者为避免自身成为"医疗技术的囚徒"，主观上开始排斥通过医疗技术中的生命保障系统延长生命长度而降低生命质量的做法。在中国传统文化中，当患者处于临终状态时，亲属出于保护患者的意愿常常选择对其隐瞒真实病情，这会导致患者对自身的病情状态无法准确知悉，不能对自己的临终事务进行预先有效的安排。生理和精神处于巨大痛苦的末期患者渴望最大限度地减少疼痛的折磨，以平和、有尊严的方式离开，而非被动接受"无谓的维生治疗"。随着我国老龄化加速、养老危机加剧以及医疗需求多样化和层次化多向发展的问题日益突出，[1]生前预嘱制度的发展为保障患者医疗

---

〔1〕 王海燕、赵晓甦、徐雨婷："生前预嘱国内外实践研究进展"，载《中国护理管理》2019 年第 8 期。

自主权和患者的知情同意权的研究者们提供了新的视角。[1]生前预嘱制度是指完全民事行为能力人在身体健康或意识清楚时签署的，旨在其不可治愈的伤病末期或临终前并丧失决策能力的情形下接受或拒绝哪种医疗护理的指示文件。[2]生前预嘱制度通过缓和医疗的方式让患者在生命末期以最低程度的痛苦度过生命的最后一程，从而保障患者尊严死的权利。当患者进入生命的末期，在尊重患者医疗自主权的前提下，对医疗措施的种类作出理性选择。

二、生前预嘱制度的伦理基础

生前预嘱制度的伦理基础是生命质量论、人道主义原则和公平分配原则。[3]首先，医学技术的不断成熟使患者生命长度延长成为可能，但是患者生命的质量没有在本质上得到提升，反而增加了其在病痛下的痛苦程度。生前预嘱的设立旨在减轻患者所承受的不必要痛苦，保护患者免受疼痛的折磨，在临终时可以有尊严地离开。其次，生前预嘱的提出和施行以高度尊重患者的知情同意权为基础，对医疗高度自主认同的同时加强对生命的理性讨论和思考。[4]充分保障预嘱人意思表示的真实性，不使用生命保障系统，使患者自然死亡，符合人道主义原则。最后，生前预嘱制度虽然属于"舶来品"，但是在我国现有

---

〔1〕 吴梦华等："我国生前预嘱的应用现状与展望"，载《护理学报》2018年第18期。

〔2〕 Usan J. Nanovic, "The Living Will: Preservation of the Right-To-Die Demands Clarity and Consistency", *Dickinson Law Review*, 1990, p. 219.

〔3〕 王龙、阚凯："生前预嘱的立法问题研究"，载《医学与法学》2020年第3期。

〔4〕 张蓉蓉、姜叙诚："社区老年人生前预嘱认知和态度的调查研究"，载《护理管理杂志》2017年第3期。

的法律制度体系中已彰显了其主旨理念。新颁行的《民法典》"人格权"编第 990 条规定："人格权是民事主体享有的生命权、身体权、健康权、姓名权、名称权、肖像权、名誉权、荣誉权、隐私权等权利。除前款规定的人格权外，自然人享有基于人身自由、人格尊严产生的其他人格权益。"第 1002 条规定："自然人享有生命权。自然人的生命安全和生命尊严受法律保护。任何组织或者个人不得侵害他人的生命权。"第 1003 条规定："自然人享有身体权。自然人的身体完整和行动自由受法律保护。任何组织或者个人不得侵害他人的身体权。"由此可见，《民法典》对生前预嘱制度在我国的确立预设了空间。虽然我国法律规范中并没有明确的法律文件对此作出规定，但生前预嘱制度的确立能够给中国社会带来多方面的积极影响，它不仅仅能合理分配紧张的医疗资源、尊重患者的自主权以及保障个体的生命质量；同时，生前预嘱制度也能发挥医疗资源的最大效益，符合医疗资源公平分配原则。

第二节　生前预嘱制度的研究价值与目标

在中国，每年约有 270 万癌症患者死亡，治疗花掉了他们毕生 70% 以上的积蓄，占国家卫生总费用的 20%。[1]全国政协会员陶斯亮曾在 2010 年两会提案"倡导生前预嘱，实现科学人道主义"。2013 年 6 月，"北京生前预嘱推广协会"正式成立，陈小鲁任协会理事长。美国前总统克林顿、新加坡前总理李光耀、我国著名演员赵宝刚、著名作家毕淑敏均大力提倡或已签署生前预嘱。生前预嘱（Living wills）是指人们事先，也就是在

---

〔1〕 王海燕、赵晓甦、徐雨婷："生前预嘱国内外实践研究进展"，载《中国护理管理》2019 年第 8 期。

身体健康或意识清楚时签署的，说明在不可治愈的伤病末期或临终前并丧失决策能力的情形下接受或拒绝哪种医疗护理的指示文件。其与缓和医疗相结合，能够大大减少家庭的负担，节省大量优质的医疗资源，并能实现少痛、体面而有质量的"尊严死"或"自然死亡"。患者的"医疗自主权"得到尊重，这对于走向深度老龄化的中国来讲，不仅仅是医疗体系发展所需，更是对每一个生命的敬畏和尊重。因此，从立法论的角度出发，根据我国当前的实际状况，适当借鉴发达国家的先进立法经验和理论建树，科学设计一整套全新的法律制度，就显得尤为紧迫和重要。

一、理论价值

第一，更新生前预嘱制度的基本理念。生前预嘱的新理念以"尊重自我决策权"替代原来的"法律父爱"。第二，构建相关的法律制度。目前，我国《民法典》尚未承认生前预嘱制度，而现有的成年监护制度并不能够替代生前预嘱制度解决现实问题。因此，应该结合我国国情，适当借鉴发达国家的法律制度，提出科学的、切实可行的立法建议。第三，尝试突破语言模糊性导致的立法困境。避免采用临终患者、没有合理的复苏预期、延长生命的过程等模糊性表达，增强立法语言的具体性与明确性。

二、实际应用价值

第一，有利于减少医疗费用的支出，减轻家庭的经济负担。第二，有利于降低或消除医生执行生前预嘱面临的法律风险。第三，有利于减少患者治疗过程中的痛苦，维护患者的尊严。

三、研究目标

本书旨在研究解决人口老龄化与高龄化、癌症发病率逐年上升、医学技术的发展等所带来的法律问题。

（1）夯实基础理论。准确把握生前预嘱制度的目标、属性、价值依据、社会效果，从而为立法机关和学者提供分析问题、解决问题的框架。

（2）深入、系统、准确地掌握发达国家的相关法律制度。通过阅读第一手资料，掌握发达国家生前预嘱制度的内容，从而为法律移植提供基础。

（3）提出立法建议。结合中国国情和现有立法体系，适当借鉴发达国家的有益立法经验、先进学说，就生前预嘱制度的具体设计提出立法建议。

第三节　生前预嘱制度的研究思路与方法

一、研究思路

（1）进行社会实证调查。通过社会调查、阅读立法资料、权威学说，全面准确地把握中国目前生前预嘱的现状、公众期待、文化观念以及可能产生的社会效果。

（2）掌握先进的法律制度。通过阅读日文、英文、德文文献，深入、系统、准确地把握发达国家的成文法和判例法，掌握立法规律，弄清立法价值。

（3）提出立法建议。将发达国家的先进立法经验与我国国情和现有法律体系结合起来，提出立法建议，以供立法机关或解释机关参考。

二、研究方法

（1）文献分析法。对国内外生前预嘱的研究文献进行分析、解构，总结其立论的长处和不足，为本书的研究打下坚实的文献基础。

（2）法律教义学与历史研究法。通过各种解释方法对我国现有规定进行解释，从而分析《民法典》中的设计规范，有无可能成为成年监护制度之组成部分。对生前预嘱制度采用历史研究方式，探知各国老龄化、癌症高发应对措施的产生与发展历程，探索各种应对措施的形态与其背后的传统、伦理和法制的关系。

（3）比较研究法。对发达国家自 20 世纪 70 年代以来积累的立法经验和立法成果进行研究，实现借鉴吸收。

第四节　生前预嘱制度的特征

生前预嘱制度体现的是一个人在丧失决策能力的情况下接受或拒绝何种医疗服务的事宜，属于一种指示性工具。临终期制定救治方案的重要依据是患者对疾病状况、治疗措施充分知情和同意，从而进行事先的自主选择。知情同意权行使的前提是生前预嘱制定的主体应当有完全民事行为能力，其在对生前预嘱制定的要求和特征均知悉的情形下，通过真实意思的表达更好地保障自身的生命自主权，实现患者自身利益的最大化。对于生前预嘱制度的特征应当从设立主体、具体内容、生效时间以及是否可以随时进行变更、废止等角度进行把握。

一、设立主体为完全民事行为能力人

我国《民法典》对行为能力的划分依然坚持三分法，即将自然人的行为能力划分为完全行为能力、限制行为能力和无行为能力。生前预嘱制度对生前预嘱制定者的行为能力要求比较明确。因为生前预嘱的设立系患者自身权利行使的产物，所以设立的主体应为完全民事行为能力人。生前预嘱制度通过确保患者意愿得到遵守来赋予患者权利，对于患者本人而言是极为重要的个人选择，因此需要对医疗指示是否出于主体的真实意思表示进行确认。首先，应当确认预嘱的设立人具有表达自己意愿的行为能力，年龄已满 18 周岁且智力健全，可以独立表达自己的意思，就相应的事项进行自我决策。其次，设立人对于预嘱的内容要充分知晓和理解，这是完全行为能力人进行自我决策的基础前提。[1]设立行为是设立人对生命自主权、医疗决定权的处分，关乎预嘱人生命健康权的保障。因此，生前预嘱文件的内容应当建立在行为人充分了解和知悉的基础之上。最后，设立行为的实施应当出自设立人的自愿行为，不得受到外界的影响、指引或暗示干扰，进而导致所作出的自我决策可能会违背自身的真实意愿。[2]生前预嘱制度不仅仅涉及法律方面，同时还涉及伦理学、医学、管理学等诸多方面。生前预嘱的制定主体不仅仅需要符合前述所列条件，同时为了使其决策更接近设立人的真实意思表示，有关医疗知识方面的理解与沟通不可或缺。因此，生前预嘱建立在患者知情同意权的基础之上时，同样需要契合当前的医疗技术水平。患者应当与主治医生及相关病理专家对生前预嘱中包含的医学方面的专业内容进行详尽的沟通，对于文件中涉及的抢救措施的种类和医疗事项的具体

---

〔1〕 睢素利："对生前预嘱相关问题的探讨"，载《中国卫生法制》2014 年第 2 期。

〔2〕 睢素利："对生前预嘱相关问题的探讨"，载《中国卫生法制》2014 年第 2 期。

内容以及所引发的后果等应当进行全面的知悉，以保障患者在完全知情的情况下进行生前预嘱的设立。

二、设立的内容应当明确具体

生前预嘱的内容主要围绕当事人在生命末期时选择要或不要哪种医疗照顾。对于医疗方案的选择是患者基于进行治疗前，医疗方根据患者的病情、适应证、并发症以及替代治疗方案等情况在向患者及其家属进行告知后，患者最终决定治疗方案的过程。根据设立预嘱的内容，执行医生按照患者的自主愿望，不使用辅助性的生命保障系统来维持不可治愈的伤病末期，帮助患者实现以较小的痛苦自然地应对死亡。2006年，罗点点等人发起并成立了"选择与尊严网站"（网址：http://www.lwpa.org.cn/），该网站以生前预嘱之我的五个愿望的形式进行推广——"我要或不要什么医疗服务、我希望使用或不使用生命支持治疗、我希望别人怎么对待我，我想让我的家人和朋友知道什么以及我希望谁帮助我"。[1]每个愿望下有对应的选项，个体只需进行勾选或者补充即可，从而形成患者专属的"生前预嘱"文本。当然也可以对文本之外的其他事项进行补充说明，最大程度地满足当事人的需求。预嘱中明确的内容是后续执行的重要依据，设立时的文字表达应当明确具体且不存在争议。在签署的过程中，应当要求有两名无利害关系的完全民事行为能力人在场见证。当然，生前预嘱内容应当具体明确可能极具理想性，因为，基于语言本身的模糊性，一种语言可能会包含两种或两种以上的理解，生前预嘱的模糊性无法避免，而在生前预嘱制度的设计中，我们只能尽力优化生前预嘱的表达，结

---

〔1〕　北京生前预嘱推广协会："我的五个愿望"，载 http://www.lwpa.org.cn/Pub/s11291461，访问日期：2020年3月25日。

合其他辅助制度，来提升生前预嘱内容的具体性与明确性。

三、生前预嘱生效的时间点为患者的临终状态

生前预嘱制度彰显的是对生命的负责、死亡的尊重，仅能在当事人不可治愈的生病末期或者临终前丧失意识状态时才会生效并实施。"临终"在《现代汉语词典》中被解释为"人即将死亡"，这是一个约定俗成却又比较模糊的说法，属于一般性的概念，外延过于宽泛。[1]民间对于临终状态的界定既指患者濒临死亡的状态，也不排斥身患绝症的患者处于相对稳定的境况，例如艾滋病患者等。临终状态的认定在生前预嘱执行中应当经两名以上专业医生的确认后才可适用，不得基于自身或者他人的怀疑和猜测。临终状态是一个连续性的状态，对其认定应当设置一定的观察期限。生前预嘱的签订与生命攸关，应当细致谨慎的对待，在签订之前应当与专业人员沟通，并获得确认和认可。这份指示性文件具有高度的专业性，可以通过书面方式进行确认，涉及的医疗方案和照顾方案中的相关主体如预嘱人、继承人、执行人、监护人以及医生等应当分别进行确认。

四、生前预嘱可随时进行变更或废止

个体在不同的身体状态下对待生死的态度是不同的，在身心健康的时候对于死亡的态度是平静的，但是当经历过病痛折磨的压力稍有缓解的时候，会意识到生命的弥足珍贵。为充分保障当事人基于生命的自我决策权，具备完全行为能力的当事人可以对于生前预嘱随时进行变更或废止。生命末期的预嘱决定事关重大，生前预嘱人在签订生前预嘱文本时应当与亲属、

---

[1] 王锡民、王建新、郭清秀："对晚期病人'临终'界定的思考"，载《中华医院管理杂志》1994年第6期。

医生多方沟通，确立最有利于自身的治疗方案。每个人对于生死的认知程度不一，但对于自身的决定应当保持绝对的理性和思考。生命最后阶段的决定应当出自患者自身真实意思的表达，不应当过分掺杂他人的建议与意见。当事人在作出决定后应当明确地将真实意愿告知亲友，避免日后可能产生困惑与纠纷，应当采取适当的保存方式以便相关主体较易获取到，进而有利于生前预嘱的执行。在"选择与尊严"网站中，设立人在预嘱签署满一年后将会收到网站工作人员发送的一份电子邮件进行提醒，以重新确认申请内容，给予其变更、撤销的权利。此后的每一年，工作人员都会对设立人进行一次确认，这体现了对设立人真实意思的尊重，保障了设立人可以随时进行变更和废止的权利。

第五节　生前预嘱制度与遗嘱制度

一、遗嘱的概念

遗嘱是指人们按照法律规定的方式对其遗产或其他事物所作的预先处分，在其死亡后发生效力的法律行为。遗嘱主要有以下五个特征：其一，遗嘱属于单方法律行为。遗嘱基于遗嘱人的单方意思表示即可发生预期的法律后果。其二，遗嘱设立人必须是具备完全民事行为能力的自然人。由于无民事行为能力人和限制行为能力人不具备设立遗嘱的年龄和智力标准，其所设遗嘱不发生效力。其三，设立遗嘱的行为应当由设立人亲自实施。设立遗嘱属于具有人身性质的民事法律行为，不得进行代理。其四，只有当设立人身处紧急情况，有两个以上无利害关系见证人在场的情况下才可以采用口头形式；待危机解除后，设立人可以以书面形式或录音形式立遗嘱的，所立口头遗嘱无效。其五，遗嘱在遗嘱人死亡时生效。生前预嘱制度与遗嘱的共性在于都体现了行为主体的意思自治，是行为主体预先对个人事务作出的安排。二者的不同主要在于规制的范围，前者是对身处生命末期的医疗措施进行的安排，后者则是对生前的合法财产进行的预先处分。

生前预嘱和遗嘱都是民事主体对个人事务预先作出的安排，二者都是民事主体实现权利的方式。并且，生前预嘱这一概念就是美国律师路易斯·库特纳在受到遗嘱的启发后所提出的。他认为，既然人们可以对自己的财产进行支配，那么人们也可以对自己的身体进行支配，因此生前预嘱和遗嘱存在诸多相同点：

第一，生前预嘱和遗嘱都要求当事人具备完全民事行为能力。不论是生前预嘱还是遗嘱都涉及当事人的切身利益，无民事行为能力人和限制民事行为能力人不具有订立预嘱和遗嘱的资格。无民事行为能力人即使于死亡之前已为完全民事行为能力人，在其不具有完全民事行为能力时所立的遗嘱和生前预嘱仍然是无效的，而不会因其具有了完全民事行为能力而有效。

第二，生前预嘱和遗嘱都是单方法律行为。单方法律行为与双方法律行为相对应，它并不需要其他人的配合就可以发生法律效力。因此，不论是生前预嘱还是遗嘱，只需要预嘱签署人和遗嘱人单方面的意思表示就可以发生当事人所预期的法律效果。

第三，生前预嘱和遗嘱在订立之后都可以进行变更。随着实践的检验和阅历的丰富，一个人对一项法律制度的认识会不断发生变化。民事主体在设立遗嘱或者预嘱后，由于主客观原因，可以依法变更遗嘱或预嘱的某些具体内容，也可以撤销遗嘱或预嘱的全部内容。

第四，生前预嘱和遗嘱都不能进行代理。代理在民事活动中的适用范围很广泛，但并不是所有的行为、所有的民事活动都适用代理。由于生前预嘱和遗嘱都与当事人的人身利益密切相关，因此为了尽可能避免犯罪行为及道德风险的发生，生前预嘱和遗嘱都必须由行为人亲自实施，不得由他人代理。

第五，生前预嘱和遗嘱都不得违背社会公共利益。违反法律和社会公共利益的民事法律行为无效，并且，民事主体实施民事行为必须要符合社会的公序良俗。如果遗嘱和生前预嘱的内容违背社会公共利益或公序良俗，将会直接对其效力产生影响。

二、生前预嘱与遗嘱的区别

（一）客体不同

设立遗嘱的行为既具有财产属性又具有人身属性，是设立主体对个人的财产及其他事物所作的个人处分。生前预嘱具有较强的人身性和伦理性，是设立人对自身生命末期接受或放弃何种医疗措施所作的安排。遗嘱是按照遗嘱人的真实意思表示对于其财产的分配，有利于保障个人财产的所有权，更有利于防止在被继承人死亡、继承开始时亲属之间发生遗产争夺纠纷，保障家庭成员之间的内部团结。生前预嘱是对于治疗措施的安排，不仅有利于保障患者的生命自决权，也能有效缓解家属因作出放弃治疗的决策，陷入心理的痛苦和道德的谴责中。在我国，子孙后代对于临终长辈的孝道体现在：尽最大努力延长他们的生命，但是这种孝道并没有充分尊重患者的意愿，家属这么做更多的是为了减少道德的批判和内心的愧疚。生前预嘱制度在患者意识清醒的状态下给予患者一个充分表达自身医疗意愿的机会，患者、家属与院方三方对于病情充分沟通，尊重了患者的生命自决权和医疗自主权。

(二) 生效时间不同

遗嘱与生前预嘱文本的生效时间不同。遗嘱是死因行为,设立人对死后财产的分配所做的处分,以设立人的死亡为生效要件。[1]生前预嘱是患者在意识清醒状态下订立的指示文件,在丧失意识的生命末期生效,与遗嘱设立人不同的是,此时的生前预嘱人仍然是一个鲜活的生命个体。二者生效时间的不同也是其所保护权益不同的彰显。遗嘱的设立是为了更好地保护公民个人的财产所有权,防止在被继承人死亡后,亲属之间因财产继承发生纠纷,促进家庭成员之间的和睦与团结;设立人通过遗嘱可以取消虐待、遗弃甚至谋害自己的法定继承人的继承权,而将遗产留给对自己尽到赡养义务的法定继承人,对于中华传统孝道的遵守与传承具有重要意义。生前预嘱的设立是为了保障预嘱人的生命自主权和自我决策权,使其以自然的方式面对死亡,减少生命末期病痛折磨带来的困扰,从而有尊严地死去。

(三) 形式不同

根据我国《民法典》第 1134 条至第 1139 条的规定,遗嘱的形式包括自书遗嘱、代书遗嘱、打印遗嘱、录音录像遗嘱、口头遗嘱以及公证遗嘱六种。其中自书遗嘱由遗嘱人亲笔书写、签名,并注明订立遗嘱的时间。代书遗嘱、打印遗嘱、录音录像遗嘱均需要两个以上的见证人在场并签名。口头遗嘱一般是在危急情况下所立,同时需要两个以上的见证人在场,危机情况缓解后,遗嘱人应当及时设立其他形式的遗嘱取代口头遗嘱。公证遗嘱是指设立人依公证方式而设立的遗嘱,在设立遗嘱后

---

〔1〕 王毅纯:“共同遗嘱的效力认定与制度构造”,载《四川大学学报(哲学社会科学版)》2018 年第 1 期。

经公证机关办理。当设立人设立了数份相冲突的遗嘱时，应当以最后的遗嘱为准。即使数份中存在公证遗嘱，公证后又有新的遗嘱，也应当以后立的遗嘱为准。所以，立遗嘱时一定要注明年、月、日。但是当前对于生前预嘱的设立，大多数国家采用书面形式的文件，指示他的医生在出现终末期疾病时停止或撤销维持生命的程序。对于可否采用口头形式，学界颇有争论，未能形成一致意见。

第六节　生前预嘱制度与成年监护制度

一、成年监护制度的概念

成年监护制度起源于罗马法，是对无行为能力成年人的财产利益和人身利益给予特殊保护的一项重要制度。该项制度具体是指已满 18 周岁的自然人，因智力、精神障碍、身患疾病等原因导致不能辨认或者不能完全辨认自己的行为，不得已依靠外部力量对其人身、财产及其他合法权益进行保护的制度。[1]成年监护制度是尊重成年人自我决定权的体现，相比其他监护制度更具一定的合理性与正当性，能够确保行为能力欠缺的成年人利益最大化。[2]用成年监护来为自己的生活作出安排，是我国监护领域的一大进步。监护人包括配偶、父母、成年子女、其他近亲属以及关系密切的其他亲属、朋友等。没有上述监护人的，可以由他所在的单位或住所地居民委员会、村民委员会或民政部门担任监护人。成年监护的类型包括：成年法定监护、

---

〔1〕　孟强："《民法总则》中的成年监护制度"，载《中国人民大学学报》2017 年第 4 期。

〔2〕　孙海涛："人权视角下的成年监护制度改革"，载《内蒙古社会科学（汉文版）》2011 年第 2 期。

成年意定监护、遗嘱监护、指定监护。其中意定监护制度属于我国《民法典》中成年监护制度新增的类型，即个人在丧失行为能力之前可以根据自己的意思表示预设监护人，在其丧失行为能力之后由其任命的监护人代为进行人身和财产事务的决策。成年监护制度中意定监护制度的引入，体现了"家长中心主义"理念向"尊重自我决策权"理念的转变，实现了成年监护制度质的飞跃。

二、生前预嘱制度与成年监护制度的区别

（一）理论基础不同

成年监护制度的理论基础具有多样性，包括"法律家长主义""尊重自我决定权"以及"生活正常化"等理论，从而较好地保障了被监护人的人身权益和财产权益。"法律家长主义"的特征有：第一，法律以保障当事人利益、满足当事人需求以及实现当事人福利为目的。第二，其实现方式必将对当事人的自由或权利形成一定的限制。第三，其实现方式在客观上有助于公共利益的实现。"尊重自我决定权"包括：第一，自主决定权。个人的事务应当尽量由其个人自主决定和处理。第二，救济自主权。当行为人的意思表示与行为效果不一致时，需要寻求救济自主权进行改进，从而达到满足自身生活所需。"生活正常化"旨在为障碍者提供与其他普通公民平等的生活环境及条件。监护权作为一项基本的民事权利，本质在于监护人与被监护人之间基于被监护人的人身和财产为基础的支配关系。生前预嘱制度以尊重个人对自身医疗决策的自我决策权为理论基础，拒绝治疗权是生前预嘱理念的核心。

（二）适用对象不同

成年监护制度保护的对象是判断能力存在缺陷的成年人的

人身权益和财产权益。从实践性的角度看，成年监护制度对于成年人既有监督与保护的意义，还体现了照顾与协助的性质。结合各国有关成年监护制度的规定，可以把成年监护的对象可以分为三类：一类是精神病人，精神病人的智力发展和年龄状况不相一致，属于无民事行为能力人和限制行为能力人；一类是不能进行正常日常活动的残疾人，如盲、聋、哑以及植物人等；一类是智力上存在一定障碍的人，先天性的遗传和后天的意外伤害和疾病都可能造成智力障碍，需要完全民事行为能力人代为处理相关事宜。生前预嘱制度适用的对象是完全民事行为能力人设立的，其在自身在不可治愈的伤病末期或临终前且丧失决策能力的情形下接受或拒绝哪种医疗护理，从而达到"尊严死"的目的，是当事人生命自我决策权的体现。

（三）生效依据不同

成年监护制度包括成年意定监护和成年法定监护两种。随着国际人权理念的发展和普及，"自我决定权""生活正常化"两项价值取向成为主流，驱动监护制度进一步的改革与发展。意定监护是指具有完全民事行为能力的成年人以书面的形式确定自己的监护人，监护人可以是近亲属或其他愿意担任监护人的个人或者其他组织。当成年人丧失相应行为能力成为被监护人时，意定监护协议生效，监护人按照协议履行监护职责。成年人法定监护人的确定具有明确的顺位，成年意定监护关系不成立或者协议无效、终止是适用法定监护的重要前提。[1]生前预嘱是患者在意识清楚的情况下，对于自己可能的治疗手段和方式所做的一种观念上的、倾向性的、可更改可撤销的意思表示。生前预嘱不具备法律的执行效力，只是当事人表达放弃治

---

[1]　冯浩、朴宇芊："我国现行成年监护制度的反思与完善——兼评《民法总则》成年意定监护相关条款"，载《长沙大学学报》2019 年第 1 期。

疗的一种意愿。执行医生按照患者的自主愿望，不使用生命保障系统维持患者不可治愈的伤痛末期，让患者以更自然的状态面对死亡，有尊严地死去。

（四）保障的权益对象不同

"从监护制度学说的渊源看，格劳秀斯认为监护是指某人对其他人财产享有的合法权威（lawful authority），其目的是为了被监护人的利益。"[1]成年监护制度的主要意义在于：为身心障碍者之权益保障与老龄化社会问题之解决提供法律支持，保护身心障碍者和老年人的生存与发展。生前预嘱制度则旨在保障当事人能够选择有尊严的死亡，拒绝治疗权是生前预嘱理念的核心。救死扶伤是医生的职责，对于身处生命末期的病患，医院方面一般会提供几套方案供家属选择，只有患者和家属均同意不实施治疗，院方才会为家属提供缓和的治疗方案，以改善患者症状、缓轻患者痛苦为主。随着医患纠纷的不断增长，充分保障患者的知情同意权是生前预嘱制度得以良好实施的基础。在患者进行选择或者放弃某种治疗前，院方应当就患者的病情、并发症、替代治疗、不良反应等情况向患者、授权人或者家属进行告知，患者在与家人协商一致后作出生前预嘱的指示。成年监护旨在保障当事人更好的生存，生前预嘱注重保护的是生前预嘱签署人有尊严面对死亡的权利。

第七节　生前预嘱制度与安乐死制度

一、安乐死的概念

安乐死是一个饱受热议的话题，引起了国内外的广泛关注。

---

　　[1]　[荷]胡果·格劳秀斯：《格劳秀斯私法导论》，张淞纶译，法律出版社2015年版，第200页。

安乐死分为积极安乐死和消极安乐死，消极安乐死是指对生命终末期患者终止维持其生命的措施，听任患者的死亡。[1]但是学界对于积极安乐死并没有一个统一的概念界定，我国学者的观点同样众说纷纭。高铭暄教授将安乐死界定为"受托杀人的行为"，即当患者身患绝症、在精神和肉体处于极度痛苦时提出要求他人实施促使其提前死亡的行为。[2]张明楷教授认为安乐死是实现患者"无痛苦死亡"的方式，患者为了减少自身患有不治之症或濒临死亡的痛苦，嘱托他人对其实施安乐死，实现无痛苦的死亡。[3]陈兴良教授认为安乐死不仅可以减少患者的痛苦还可以减少采取相应医疗措施带来的经济负担，请求实施安乐死的主体可以是患者本人，也可以是其近亲属。[4]田宏杰教授认为安乐死是只有医生或取得法定医师资格证的人才可以在患者或者家属真诚、自愿的请求下，实施的为了达到减少身患病症、濒临死亡的患者肉体痛苦目的，依照法定程序进行的，提前结束患者生命的行为。[5]前面提到的安乐死的定义都是在法学领域中不同学者的见解，既有共性又有不同。

生前预嘱所倡导的"尊严死"主张实现临终患者的医疗自主权，无论其作出什么样的医疗决定，只要是出于本人的真实意愿，都应当得到尊重。它是为了避免患者在不可治愈的疾病末期由于不能清楚地表达自己的意愿，被迫承受痛苦的抢救措

---

〔1〕 徐宗良、刘学礼、翟晓敏：《生命伦理学：理论与实践探索》，上海人民出版社 2002 年版，第 123 页。

〔2〕 高铭暄、马克昌主编：《刑法学》（第 3 版），北京大学出版社、高等教育出版社 2007 年版，第 520 页。

〔3〕 张明楷：《刑法学》（第 4 版），法律出版社 2011 年版，第 758 页。

〔4〕 陈兴良：《陈兴良刑法学教科书之规范刑法学》，中国政法大学出版社 2003 年版，第 459 页。

〔5〕 田宏杰：《刑法中的正当化行为》，中国检察出版社 2004 年版，第 449 页。

施。提前为自己的"大限"之际做好充分的规划，可以让患者遵从规律使生命回归自然，体面地和世界告别。安乐死指为了减少减轻绝症患者的痛苦，在其要求下，通过采取一定的医疗措施，提前结束患者生命的过程。[1]值得一提的是，法国学者玛丽·德卢拜在其著作《我选择，有尊严地死去》中把安乐死分为主动安乐死和被动安乐死，[2]她对主动安乐死的定义和国际上的主流观点大体相同，即为了减轻患者的痛苦，在其要求下借助药物提前结束他们的生命。但是，她对被动安乐死的理解却超出了人们对该制度的认知，她认为被动安乐死是指不给或者撤除生命支持医疗措施而听任患者死亡。但是，通过其对被动安乐死的定义我们不难发现，她所理解的被动安乐死正是生前预嘱制度的精髓所在。事实上，虽然生前预嘱和安乐死有很大的相似性，但其实它们是两种不同的制度。虽然我国法律上并未确认安乐死制度，但是民间对这一法律上的禁忌问题的讨论却十分激烈。一些学者也认为，虽然安乐死与我国传统的伦理道德确有违背之处，但是该制度的推行能够用人道主义的方法减轻绝症患者的痛苦，没有痛苦地走向死亡也是对人权的保障。[3]而生前预嘱作为保障患者临终决策权的制度则受到了更多人的支持。

二、生前预嘱制度与安乐死制度的区别

（一）适用主体不同

安乐死的适用对象要比生前预嘱宽泛，安乐死适用于生命

---

〔1〕 宋晓东："浅谈安乐死"，载《知识经济》2013年第9期。

〔2〕 ［法］玛丽·德卢拜：《我选择，有尊严地死去》，孙敏、张怡译，上海社会科学院出版社2015年版，第176页。

〔3〕 贾亦真："中国部分地区不同人群对安乐死观念的调查与探索"，载《现代商贸工业》2019年第9期。

末期状态的各类患者，但生前预嘱的适应对象有具体的要求：在现有的医疗水平下已经被诊断为不治之症、遭受严重且持久的病痛折磨的患者本人。[1]安乐死强调的是在生命末期状态下，患者因无法忍受疾病以及治疗过程带来的痛苦，而选择在医生的协助下通过注射试剂或口服药物的方式非自然死亡。与安乐死相比，生前预嘱强调的是当事人对自己的临终医疗护理选择的自主性，并不是变相加速患者的死亡而是通过保护患者的医疗自主权，尊重当事人选择的医疗措施保障其有尊严地走完人生旅途。

（二）对待死亡的态度不同

安乐死制度中的当事人对待死亡是积极、主动的，其借助注射的药物及早结束生命。生前预嘱制度则是当事人为了能够实现尊严死亡的权利，在不可治愈的伤病末期或临终前拒绝接受医疗护理，对于死亡的态度是消极、放任的。安乐死是提前结束生命，而生前预嘱是遵从生命的自然规律，强调自然死亡。安乐死是医生在当事人或其家属的授意下，在约定的时间对患者实施注射，患者的死亡日期是确定的。生前预嘱则只是拒绝使用无谓的医疗手段维持生命，采取缓和的方式保障患者尊严死的权利，容易被社会公众所接受。[2]安乐死则是采用比较积极的手段加速患者死亡的进程，与我国传统的孝道观念相背，容易引起患者和家属的排斥。

（三）作出意思表示及订立文件的时间不同

患者作出安乐死意思表示的时间通常是在患者伤病终末期深受剧烈疼痛和精神压力折磨的时候。虽然是患者本人根据医

---

〔1〕　孙慕义："放弃治疗与生命质量——对生命质量和'放弃'的求证"，载《医学与哲学》2000年第6期。

〔2〕　曾德荣、范以桃、刘鑫："生命预嘱制度建构初探"，载《中国卫生法制》2014年第1期。

疗自主权作出的，但不可避免的是安乐死可能成为患者在疼痛难以忍受的情况下选择通过死亡摆脱病痛折磨的手段。但是对于患者本人而言，当身体状况一旦出现好转的状态又将会表现出强烈的求生欲望，因此，患者在作出安乐死决定时，对其意思表示是否真实难以确定。生前预嘱是当事人在身体健康或者精神状态正常的情况下设立的，是具备完全民事行为能力的设立人经过长期的深思熟虑后审慎作出的真实的意思表示，与安乐死相比较之下更能够反映自然人的真实想法。

第八节　生前预嘱制度与预先指示制度

一、预先指示制度的概念

预先指示制度又被称为"预先医疗指示制度"，是当事人为自身在将来丧失意思自治的情况下制定的表达自己医疗意愿声明的法律文件。[1]预先指示包括指令型预先指示和代理型预先指示两种，前者旨在说明在终末期是否接受某些医疗护理措施，后者是指定替代医疗决策者的预先指示文件。[2]生前预嘱制度属于指令型预先指示。预先指示制度的目的在于确保患者自身利益的最大化，通过事先立下自己的愿望或者委托代理人让失去行为能力的患者发声，很大程度上保障了患者权利的完整性。[3]

---

〔1〕 BryanA. Garneretal, *Black's Law Dictionary*, *Ninth Edition*, St. Paul：Thomson Reuters, 2009, p. 634.

〔2〕 韩大元：《生命权的宪法逻辑》，译林出版社 2012 年版，第 16、98、154~156、181 页。

〔3〕 邹如悦、杨雪柔、杨芳："比较法视阈的预先医疗指示制度及其在我国的构建"，载《医学与法学》2019 年第 4 期。

二、生前预嘱制度与预先指示制度的区别

（一）概念不同

生前预嘱是预先指示制度的雏形。预先指示包括生前遗嘱和医疗决策代理，生前预嘱是一种先进的医疗照顾指示，它能够阐明一个人在丧失决策能力的情况下对医疗决策的偏好。生前预嘱制度不排斥当事人的其他选择，只是给当事人在其丧失医疗决策能力之前安排其在生命末期接受或者拒绝护理意愿的途径。[1] 当事人在作出了选择后，可以按照自己的选择去实现它，这就是无上的尊严，生前预嘱赋予当事人一个选择的权利。预先指示的核心理念是强调并尊重患者的自主权，并被认为是维护患者自主权的重要形式。[2] 预先指示作为一种制度设计，是患者有效行使知情同意权和自我决定权的一种途径，其目的是提高患者的生命价值和生存质量，这一制度在欧美等发达国家已经有了一定的发展，但很多因素影响了其在中国的普及和应用。[3]

（二）价值不同

预先医疗指示是制定人对自己医疗决策的系统规划，高度的切身性完全体现个体的主观意愿和价值观念。[4] 生前预嘱制度追求的目标是自然死亡，拒绝延长生命的治疗，提倡有质量的生命，

〔1〕 张纤、梁红、王汕珊："生前预嘱在我国的应用现状"，载《循证护理》2018 年第 7 期。

〔2〕 Silveira M J, Kim S Y, Langa K, "Advance directives and outcomes of surrogate decision making before death", N Engl J Med, 2010, pp. 1211~1218.

〔3〕 刘瑞琳、王健："临终关怀中的预先指示制度安排"，载《武汉科技大学学报（社会科学版）》2013 年第 5 期。

〔4〕 孙也龙："论预先医疗指示的若干法律问题"，载《淮南师范学院学报》2019 年第 5 期。

这在一定程度上可以释放宝贵的医疗资源，从而将这些宝贵的医疗资源分配给紧迫需求者或用于医疗科研提升我国的医疗水平。

生前预嘱可以对进入生命末期的当事人作出预先医疗指示也可以同时设立预立医疗委托代理人，患者处于意识不清醒的状态时可以指定代理人为患者做决定，充分维护了患者的医疗自主权。

（三）设立程序要求不同

在设立程序上，生前预嘱制度的内容直接关乎生命，故较之其他阶段、内容的预先指示更为严格。[1]预先指示包括生前预嘱和持久医疗授权。生前预嘱是患者真实意愿的表达，但是在更多情况下设立人对于自身何时陷入危险境地无从知晓，难以把握设立时间。持久医疗授权则弥补了生前预嘱这一不足，当事人可以事前出具授权委托书委托医疗代理人，代其作出采纳何种医疗措施的决定。[2]持久医疗授权是患者授权他人决定，可以认为是患者决定的延伸，但是从结果而言并非是患者自己直接作出的。预先医疗指示本身主要适用于临终医疗决定，临终状态下的患者多半已经丧失意识。因此，实际上预先医疗指示在判例法上少有对患者能力问题的争议。

第九节　生前预嘱制度的历史发展

一、国外生前预嘱制度的实践与发展

（一）立法现状

1969 年在美国，路易斯·库特纳博士提出"生前预嘱"的

---

〔1〕　陶鑫明："论民法典之'生前预嘱'规定的基础与方式"，载《医学与法学》2019 年第 3 期。

〔2〕　Brown，BA，"The History of Advance Directives：A Literature Review"，*Journal of Gerontological Nursing*，2003，p. 414.

概念，同时论述了包括设立程序、见证程序以及撤销程序在内的基本框架，他认为患者虽然不能强求他人结束自己的生命，但有权拒绝医生为其治疗。[1]继而，1976 年美国加利福尼亚州通过《自然死亡法案》，允许不可治愈的患者临终时拒绝使用生命保障系统，换言之，就是患者可遵循自身的意愿达到自然死亡的目的。截至目前，美国已有 35 个州通过了《自然死亡法案》。其他欧洲国家也相继立法，德国在 1986 年颁布了《临死协助法案》，规定患者可以根据其真实意愿中断或者控制治疗。[2]德国最高法院在 1994 年明确了"完全民事行为能力人有权拒绝医疗"，德国联邦法院在 2003 年用判决的方式认可了"预立遗嘱"的效力。

　　1998 年，英国立法机关推行包含生前预嘱的欧洲大会人权法案。[3]在亚洲，新加坡最早实现生前预嘱的立法。新加坡在 1996 年出台《预先医疗指示法》，规定身处生命末期的患者可以通过设立预先医疗指示拒绝维持生命的治疗以相对自然的状态应对死亡。[4]印度和韩国紧随其后，新西兰和澳大利亚也进行了相关立法。生前预嘱制度正在全球范围内获得广泛的认可，民众通过签订生前预嘱的方式，对于生命末期的医疗方案和措施进行安排，从而达到尊严死的目的。

---

〔1〕　Luis，K，"Due Process of Euthanasia：The Living Will, A Proposal"，*Indiana Law Journal*，1969，p. 539.

〔2〕　曾德荣、范以桃、刘鑫："生命预嘱制度建构初探"，载《中国卫生法制》2014 年第 1 期。

〔3〕　Institute of Medicine. *Dying in America*：*improving quality and honoring individual preferences near the end of life*，Washington DC：National Academies Press（US），2015.

〔4〕　韦宝平、杨东升："生前预嘱的法理阐释"，载《金陵法律评论》2013 年第 2 期。

（二）实施现状

多个学者指出，[1]当事人在身体健康或意识清醒的疾病早期，应尽早与医生沟通，认真积极地选择发生意外时的治疗方案，医生在充分了解当事人的治疗意愿后，在执行的过程中应严格地遵守。韩国、新加坡和美国在具体的实施过程中有不同的要求和程序。在韩国，若主治医师和相关领域的1名专家同时诊断患者身处疾病末期且无治愈的希望，患者可决定是否接受心肺复苏、血液透析、抗癌以及人工呼吸器四种维持生命的治疗。在新加坡，要求生前预嘱不可终止安宁医疗相互措施，如缓解疼痛等。[2]但是在美国部分州中关于生前预嘱的内容过于宏观和概括，关于生命治疗的条款并不够明确、具体和细致。2009年，德国在其《民法典》中正式确立了医疗代理人制度，为了平衡患者的医疗自主权与人口老龄化之间的冲突，将"预立医嘱"作为普通法的理念贯穿到民法典中。其中规定完全民事行为能力人可以以书面的方式签订"预立医嘱"，对于丧失行为能力后的相关医疗事项进行提前安排。

（三）文本形式和时效性

在美国，一份完整的生前预嘱应当包括生前预嘱、医疗护理授权书、精神健康治疗委托书和不施行心肺复苏四部分，有些州也会将不予急救作为生前预嘱的一种形式。[3]所有的生前预嘱立法都要求具备一定的执行手续，其中部分州允许口头说明，其余州要求声明的形式为书面形式。此外，预嘱的制定必

---

〔1〕 Wang SC, Chang CJ, Fan SY, et al, "Develop-ment of an advance care planning booklet in Taiwan", *Tzu Chi Medical Journal*, 2015, 27（4）, pp. 170~174.

〔2〕 李欣："个人主义与人的社会属性——预立指示制度的法理阐释"，载《学术界》2016年第4期。

〔3〕 代志敏、许琢、左小波："286名老年慢病住院患者对生前预嘱态度及影响因素的调查分析"，载《现代医学与健康研究电子杂志》2018年第6期。

须自愿;预嘱还必须具备签名和日期以及见证人。英国对生前预嘱的形式并未严格进行限制,无论是书面还是口头甚至是以含蓄的词汇表达的方式均认可其效力。[1]各国对生前预嘱的时效的限定也有所不同,法国规定每三年更新一次;[2]奥地利综合考虑时效性和需求变化的情境下,规定每五年更新一次。[3]

二、我国生前预嘱制度的实践与发展

我国至今未有明确的法律文件对生前预嘱进行立法上的规制,但是生前预嘱在实践中正在积极地运用。2006年罗点点等人发起并成立了"选择与尊严"网站(网址:www.xzyzy.com),该网站以"生前预嘱之我的五个愿望的形式"进行生前预嘱推广。2013年6月,北京市民政局批准成立了"北京生前预嘱推广协会"。随着我国近年来老龄化人口的增加,癌症负担持续上升,群众的自主意识增强,医疗水平不断提高等因素,生前预嘱制度在我国逐渐得到认可。目前,我国医学、法学、伦理学等领域的学者正积极投入生前预嘱制度的研究,从文化的适应性、立法的可行性和公众的认知状况以及伦理与尊严等方面考量生前预嘱制度的"本土化"。有学者指出,[4]生前预嘱本身应当是合法的。在我国现有的法律体系中并没有法律禁止公民订立生前预嘱,"法无明文规定不为罪,法无明文规定不处罚"。

---

〔1〕 Matesana MB,"Advances statements:Legal and Ethical Implications", *Nursing Standard*, 2006, pp. 41~45.

〔2〕 Rüdiger Thiesemann, "Advance care planning-eine buchbesprechung", *Zeitschrift für Gerontologie und Geriatrie*, 2016, pp. 162~163.

〔3〕 张蓉蓉、姜叙诚:"社区老年人生前预嘱认知和态度的调查研究",载《护理管理杂志》2017年第3期。

〔4〕 睢素利:"对生前预嘱相关问题的探讨",载《中国卫生法制》2014年第2期。

生前预嘱的订立者具有直观的同意权和医疗自主权，是其自主意愿的表达，本身与我国的现行法律并不冲突。《民法典》虽未采纳2017年6月中国民法学研究会提交的《中华人民共和国民法典·人格权法编专家建议稿》第8条的内容为放弃生命末期维生治疗规范，即"生前预嘱"条款的规定，[1]但是其新增了自然人有权维护生命尊严之表述，彰显"生前预嘱制度"已经有意识从立法层面进行推广和规制。[2]

但是生前预嘱制度在我国地区实践的推广中仍受到相关因素的制约，首先，生前预嘱制度的放弃治疗理念与中国传统的文化相冲突；我国深受儒家文化的影响，对于无法救治的患者会选择向其隐瞒病情。当患者身处生命末期，家人面临着亲人在病痛折磨下的情感压力和放弃治疗之舆论压力的艰难抉择。其次，患者作出放弃治疗的决定可能是由于家庭经济水平，维生治疗一般需要昂贵的费用，容易使一般的家庭负债累累，患者自主放弃治疗并不是因为追求生命的质量而是避免支付昂贵的治疗费用，与生前预嘱制度尊重生命自主权和追求生命质量的理念相冲突。最后，我国没有明确的法律文件认定生前预嘱效力。虽然签订的生前预嘱文件与现行法律相冲突，但是由于缺乏法律的规制，因其产生的医患纠纷无法得到有效缓解，将会严重影响生前预嘱制度的推广。生前预嘱制度的实践与发展在国外经历了萌芽、合法化及逐渐完善的过程，保障患者临终治疗与其意愿的高度一致性，是社会与医疗发展的一个新的阶段目标。生前预嘱制度虽尚未在我国完成立法，但已经具备良

---

〔1〕 该条规定："基于维护自然人人格尊严的需要，依照法律规定的条件和程序，自然人可以自主决定放弃救治，但实施该行为不得违背公序良俗。"

〔2〕 王晓琳："人格权编草案：让你我活得更有尊严"，载《中国人大》2018年第18期。

好的群众基础，多领域的研究实践和立法基础正在同步推进。

第十节　生前预嘱制度的作用

生前预嘱来自于患者的真实意思表示，选择有尊严、无痛苦的离开，而不是在病床上身处无谓的维生治疗忍受难以名状的痛苦。对于社会来说，终止无意义的治疗可以让有限的医疗资源得到更加有效和优化的利用；对于患者的亲友而言，可以帮助患者完成其最后的嘱托，是尊重患者意愿的方式也是尊重生命的应有方式。生前预嘱制度的作用主要体现在尊重患者的生命自主权、提高临终患者的生命质量、实现医疗资源的合理分配、尊重生命健康的延续权利以及缓解医患之间的紧张关系五个方面。

一、尊重患者的生命自主权

生前预嘱的法理学基础在于保障患者的自主权，而患者自主权的保障又依赖于知情权的保障。[1]生前预嘱制度旨在确保患者的意愿得到遵守，保障患者有权在具有完全民事行为能力的状态下决定将要采取何种医疗和护理，甚至是放弃无谓的维生治疗。医生协助患者制定符合自己意愿的临终意愿，从而使患者从容面对死亡，生命得到最大的尊重。生前预嘱制定的过程，给患者、家属和医生提供了一次公开交流的机会，这种交流方式使患者能够正视即将到来的死亡，有效缓解患者和家人的焦虑和不安，进而使他们保持平静，并详细地讨论可能的代替方案。患者在意识清醒的状态下对自己接受或者拒绝哪种医

---

〔1〕　齐乔松、徐继强："关于我国生前预嘱立法的相关思考"，载《吉林工程技术师范学院学报》2019 年第 8 期。

疗护理作出事先的安排，这些决定和安排会得到尊重和实施，使患者在生命末期应对死亡时能够获得自尊和安全感，更好地保障患者的自我管理权和生命自主权。

二、提高临终患者的生命质量

当前医疗技术的快速发展正在不断延长生命的长度，给生命轨迹带来改变，创造了一个又一个的生命奇迹，但是生命数量的增加是以牺牲生命质量为代价的，这给患者的生理和心理带来了巨大的痛苦。生命质量高低的评判因素不仅包括生存时间的长短，还包括身体和心理上的舒适程度。[1]与生命末期遭受生理痛苦相比，患者更倾向选择在意识清醒、不成为他人负担、还可以感受家人温暖的情况下诀别。[2]在订立者与医生交流的过程中，医生应当给患者提供符合患者自身情况的治疗方案，对涉及的专业知识和可能引发的后果及时对当事人进行告知，确保患者在对自身情况详细了解的情况下作出真实意愿的表达，进而保障当事人的最佳利益。生前预嘱制度顺应了我国人口老龄化的趋势，允许处于生命末期的患者对自己的生命权益做出预先的处置，保有生命的尊严，优化生命的质量。[3]承认患者拥有预立生前预嘱的权利，是提高生命质量、尊重和珍视生命的真正体现。[4]

---

〔1〕 曾德荣、范以桃、刘鑫："生命预嘱制度建构初探"，载《中国卫生法制》2014年第1期。

〔2〕 [美]阿图·葛文德：《最好的告别——关于衰老与死亡，你必须知道的常识》，彭小华译，浙江人民出版社2015年版，第140~151页。

〔3〕 余文诗等："'尊严死'还是'赖活着'？——我国生前预嘱的伦理困境分析及对策研究"，载《中国医学伦理学》2018年第6期。

〔4〕 曾德荣、范以桃、刘鑫："生命预嘱制度建构初探"，载《中国卫生法制》2014年第1期。

三、实现医疗资源的合理分配

生前预嘱充分体现了生命伦理学"尊重自主"的基本原则，它为临终前的人提供了新的选择方向，避免其遭受因过度医疗带来的病痛折磨，而能以尊严的方式结束最后的生命。生前预嘱制度追求的目标是自然死亡，拒绝延长生命的治疗，提倡有质量的生命，这在一定程度上可以释放宝贵的医疗资源，将这些宝贵的医疗资源分配给紧迫需求者或用于医疗科研提升我国的医疗水平。根据罗点点团队的估算，中国每年近80%的医疗支出是用于临终维持的。[1]现代医学技术的发展导致临床应用的医疗费用急剧上涨，以重症监护治疗（Intensive Care Unit，简称"ICU"）为例，对于末期患者而言，ICU帮助一部分在过去医疗条件下可能死亡的患者得以存活，但是维生治疗所花费的代价是巨大的。[2]巨额代价的开支带来的反馈是极低的，对于患者的痛苦没有减少反而会增加，使患者死期仅仅推迟几周或者几个月。[3]换言之，患者可以通过设立生前预嘱拒绝接受医疗救治，可以减少过度医疗产生的医疗资源的浪费，使紧张的医疗资源得到高效分配，同时也缓解了家庭因维生治疗所支出的巨额医疗费用陷入的经济困境。

四、尊重生命健康的延续权利

生命权固有的内在逻辑起点是生命和健康，生前预嘱制度的设计符合生命和健康的延续权利。生前预嘱的设立者自主安

---

〔1〕 Qingyun Wang, "Association Urges Chinese to Have a Living Will", *China Daily*, 2013, pp. 8~4.

〔2〕 朱凡、邓孟姣："论预先医疗指示制度"，载《医学与法学》2019年第5期。

〔3〕 万慧进：《生命伦理学与生命法学》，浙江大学出版社2004年版，第10页。

排生命末期，强调追求遵循生命的自然规律。当死亡来临时患者有权要求抢救，同样也有权要求放弃接受治疗，两种要求并不存在对生命权和健康权的损害或者剥夺，其体现的是一种尊重。生前预嘱制度彰显的是对生命健康延续权利的尊重。生前预嘱概念的引入和推广，可以让患者以更加自然、有尊严的方式面对死亡，避免患者家属之间因采取医疗措施的意见不合产生纠纷，在一定程度上缓解患者家属因作出拒绝继续医疗而面对的道德和内心的谴责。

五、缓解医患之间的紧张关系

法律中虽然规定了医患双方为平等的民事主体，但是在传统的医疗模式中，医生具有绝对的权威。医疗过程具有一定的特殊性，医患纠纷难以达到真正的平等。[1]主要原因在于医学知识具有一定的专业性和复杂性，患者本身缺乏对医学专业知识的了解，只能被动地接受医生的建议和嘱托。医患关系本质上是一种合同关系，患者是医疗服务合同的购买者，融洽的医患关系是促进有效沟通的前提，良好的医患关系也是生前预嘱制度开展的关键因素。生前预嘱的建立应当以患者和医生相互理解为基础，具有专业医学知识的医生参与生前预嘱的制定过程，能够让患者对于自身的身体状况有更加深入的了解和明确具体的认识。这对于促进良好的医患关系形成、缓解患者和家属的负面情绪具有深远的意义。

生前预嘱制度的设立与尊严死在伦理层面维护人的尊严及合法权益的医学伦理理念相一致。生前预嘱制度是现代文明的产物，指引民众通过设立生前预嘱来选择在生命尽头是否需要

---

〔1〕 刘瑞琳、王健："临终关怀中的预先指示制度安排"，载《武汉科技大学学报（社会科学版）》2013 年第 5 期。

接受维生治疗。在我国生前预嘱并没有与之相关的立法相佐，在实际的传播过程中会遇到重重阻碍：生前预嘱的推广与我国民众传统的孝道观念相悖、将会遭受伦理层面的阻碍以及与主流的风俗文化相冲突等。因此，要着力推进生前预嘱制度在立法层面的规制，如此才能加快生前预嘱制度的蓬勃发展，从而缓解我国当前老龄化加剧、医疗卫生资源不足、医患纠纷紧张等问题。生前预嘱制度背后的理念是高尚的：每个人都有权选择接受或拒绝治疗。维护人的尊严是生命伦理学的核心价值，预防现代科技对于人性尊严的侵犯，生前预嘱制度是患者对自己未来医疗和死亡路径作出的安排。

生前预嘱权的法理剖析

　　权利是自身采取或不采取某些行动的权利、处于或不处于某些状态的权利，也可以是要求他人采取或不采取某些行动、处于或不处于某些状态的权利。权利在任何一个社会都基于其独特功能发挥着无法替代的作用，因为权利主导着现代社会所允许行为的范畴以及制度是否公正的界定。各国在权利理解与范围界定方面存在差异，因此权利塑造下的各国政府模式、法律内容以及道德形态亦存在不一致性。接受一套权利就是认可自由和权威的分配，从而认可某种观点，即什么可以做、什么必须做、什么不能做。[1]涉及死亡权的制度主要有安乐死制度和生前预嘱制度。安乐死制度是对死亡权自我决策的尽情展现，但是由于其涉及提前结束个人生命、实施过程中风险过高、违反社会公共利益等因素，在全球并未获得普及。生前预嘱制度是对自然死亡权的完美呈现，其并非提前结束生命，而是对医疗科技延续生命的一种拒绝，崇尚的是尊重生命自然规律的人的自然死亡，重视的是人类生命的质量而非生命的数量，彰显的是临终末期丧失决策能力的患者的预先决策权。生前预嘱权

---

　　〔1〕　Wenar, Leif, "Rights", *The Stanford Encyclopedia of Philosophy* (Spring 2020 Edition), Edward N. Zalta (ed.), URL = <https：//plato. stanford. edu/archives/spr2020/entries/rights/>.

基于其优越价值而在全球遍地"开花结果"。

第一节　生前预嘱权的概念解析

从现有的理论分析可以得出，权利的来源是多元化的，基于此，权利也被划分为多种类型。权利可能源自于自然权，也可能来自于法律的规定或双方之间的约定。自然权利是一种政治理论，其主张个人进入社会时享有某些基本权利，任何政府都不能否认这些权利。现代的自然权利思想是从古代和中世纪的自然法学学说中产生的。这些学说主张，人作为自然和上帝的创造物，应该按照自然或上帝制定的规则和戒律生活或组织他们的社会。随着个人主义思想的发展，特别是在 17 世纪，自然法学说被修改以强调这样一个事实，即由于个人是自然存在的，所以他们拥有不被任何人或任何社会所侵犯的权利。例如，在最初的生存中，人有权享有生命、自由和财产的权利。[1] 然而，并不是所有的人都选择生活在自然法则的范围内，从而可能对他人的自由构成威胁。在这个阶段，人类进入了一个社会契约时代，通过成立一个国家（政府）来保障社会成员的权利。法律规定的权利由此而生，即由自然权而衍生出的相关权利，通过法律确认这些权利，以维护社会的秩序与正常运转。自然权可能较为固定和稳定，但法律规定的权利和通过约定而产生的权利会随着社会的发展发生变化，以与经济社会发展相协调。权利依据不同的标准可以被划分为不同的种类。例如，依据享有权力的主体进行分类，可以将权利划分为儿童权利、动物权利、工人权利、国家权利、公民权利等，生前预嘱权主要归属

---

[1]　R. Hittinger, *A Critique of the New Natural Law Theory*, 1988.

于公民权利；依据权利所涉及的具体行为、状态或对象，可以将权利划分为言论自由权、判断决策权、隐私权、保持沉默权、财产权、人身权等，生前预嘱权主要归属于隐私权和人身权；依据权利的基础来源或存在依据，可以将权利划分为基于道德理由存在的权利和基于国家法律或习惯法而存在的权利，生前预嘱权主要归属于基于国家法律或习惯法而存在的权利；依据主张的权利是如何被权利人的行为所影响的，可以将权利划分为不可剥夺的生命权、可放弃的自由权以及可放弃的守诺权，生前预嘱权属于一种可以放弃的自由权。

这些分类中的许多权利类型还可以进行进一步的细分。例如，自然权利是人类因其本性而拥有的道德权利的一个子类，或者说政治言论权利是言论自由权的一个子类。对特别权利的研究主要是对这些范畴和子范畴重叠问题的分析。例如，关于人权是否是一项自然权利，隐私权是否是一项法律权利，以及生命的健康权利是否是一项可剥夺的权利，已经有了很多的讨论。有学者也会对单个的子范畴进行分析。例如，斯坦纳质疑不可剥夺或不可放弃的权利在逻辑上是否可能，[1]安德森讨论了谁是道德上的右者等。[2]

第二节　生前预嘱权的表现形式

有权利就有主张，有权利就有救济。那么，对于生前预嘱权的理解，我们首先需要明确权利的确切含义是什么。这就需

---

〔1〕 Steiner, H., "Directed Duties and Inalienable Rights", *Ethics* 123 (2013), 230~244.

〔2〕 Andersson, A-K., "Choices, Interests, and Potentiality: What Distinguishes Bearers of Rights?", *Journal of Value Inquiry*, 47 (2013), 175~190.

要对权利进行剖析，了解权利的构成与功能作用，从根本上理解权利的表现形式。权利构成主要是理解权利的内部构成，权利的组成要件，即权利的外在表现形式。虽然学术上对霍菲尔德体系的细节存在学术上的争论，但是霍菲尔德体系关涉权利表现形式的描述仍被广泛接受。不同的权利依据其特征通常呈现出不同程度的复杂性。常见权利，如财产权、言论自由权等内部结构均呈现出较高程度的复杂性，对其进行解构通常具有一定的难度。这些权利中的要素或基本构成按照其应有的序列排列着，犹如基因序列或化学元素的排列一样，具有一定的稳定性与可持续性。权利的四个基本组成部分以发现它们的美国法学理论家韦斯利·霍菲尔德的名字命名，被称为"霍菲尔德事件"。这四个基本要素为特权、要求、权力和豁免权。每一个霍菲尔德事件都有独特的逻辑形式，这些事件以独特的方式组合在一起，构造出复杂的"分子"结构。一旦了解了霍菲尔德体系，就可以精确地分析任何一个权利主张的含义。每一个事件原子即特权、要求、权力和豁免在孤立发生时都是一种权利。这些原子事件也会以独特的方式结合在一起，形成复杂的权利。[1]下文，我们将借用霍菲尔德体系来对生前预嘱权进行分析解构。

一、特权

所谓特权，意指个人有权自由选择去做一件事情，且不做也不会违反任何的义务。例如，你在海滩上发现一个海星，你有权去捡起它，不捡起它也不会承担任何责任。这种权利就是一种特权：当且仅当你没有义务不去做什么，那么你就有一项特权做什么。说你有捡起海星的权利，就是说你没有义务去捡

---

[1] Hohfeld, W., *Fundamental Legal Conceptions*, W. Cook (ed.), New Haven: Yale University Press, 1919.

起它。同样，你有权按照你的偏好把你的房子装修成你喜欢的风格、你有权按照你的方式设置你的电脑屏保等，这些都是你的特权。特权标记了权利享有人没有义务不做的事情。个人基于生命权和隐私权，有对自己的医疗事务进行决策的自由，其在有行为能力与决策能力时，可以根据自己的偏好，决定在丧失行为能力之后且处于生命的末期时，拒绝延续生命的治疗，这也是一种特权，而其如果不行使生前预嘱权也不违反任何义务，更不会因此而承担任何的责任。因此，生前预嘱权属于一项特权。然而，生前预嘱权也存在特殊性，因为个人如果不行使生前预嘱权，那么其将来的医疗决策权将会由他人替代行使。你不捡海滩上的海星，海星可能会被别人捡走，其对自身权益并无太大的影响。而个人不行使生前预嘱权，那么替代决策者的医疗决策可能并不符合患者个人的偏好，那么个人将可能会承担不行使生前预嘱权产生的不利后果。

二、要求

买卖合同双方基于合同的约定，设定了各自的权利与义务。买方有要求卖方交付质量合格产品的权利，而卖方有要求买方按照约定支付货款的权利。这样的权利就表现为一个要求：当且仅当甲对乙负有义务时，乙对甲就存在一个要求。卖方有交付合格产品的义务，那么，买方有权要求卖方交付质量合格的产品；买方有向卖方支付货款的义务，那么，卖方有权要求买方按时支付货款。从这个简单的案例分析不难得出，每一项权利要求均与另一方主体的义务相关。也即一方享有的权利对应的是另外一方的义务，这就是要求的独特之处，即义务承担者的义务是指向或归属于特定权利人的。个人有制定生前预嘱的权利，相对应的是他人有遵守患者生前预嘱的义务。当然，依据要求的不同情形，有的要求所指向的是特定个人，也有的要求指向多人。生前预嘱是基于自愿行为而产生的，基于生前预嘱产生的要求对应于多个主体的义务。对于患者的生前预嘱权，其原则上独立于任何人的行为而存在，生前预嘱的要求与每个人不侵犯或违背其生前预嘱的义务相关，该要求权属于对人权。生前预嘱权的要求权是限制相关责任主体采取违背患者的医疗决策，是一种以权利主张为核心的范式权利。

三、权力

特权和要求定义了哈特所说的"基本规则"：其要求人们采取或避免采取特定行为的规则。[1]事实上，对行为进行规制的主要规则都可以用特权和要求理论来进行分析。通过特权和要求理论对所有行为进行分析之后，我们就可以得出哪些行为是允许做的、哪些行为是必须做的以及哪些行为是禁止做的。通过实现行为的规制目的，维护一个社会的正常秩序与运行。在特权和要求之外的两个霍菲尔德事件定义了哈特所说的"次要规则"：对如何更改主要现有规则的情形进行了规定。霍菲尔德所谓的权力是能够通过一定的方式来改变原有基本规则的事件：当且仅当一个主体有能力改变他或她的霍菲尔德事件，那么这个主体就拥有一种权力。[2]

单位领导命令一名员工换至新工作岗位，从事新的工作。那么，单位领导行使这种权力就改变了员工的工作状况，员工到了新的工作岗位，与原工作岗位脱离关系，取消了其在原先工作岗位的特权，而在新工作岗位承担着新的责任与义务。在

---

〔1〕　Hart, H., *The Concept of Law*, Oxford：Oxford University Press, 1961.

〔2〕　Hohfeld, W., *Fundamental Legal Conceptions*, New Haven：Yale University Press, 1919.

合同法律关系中，合同双方当事人通过缔约行为来创造承诺，接受要约进行承诺者将要履行承诺内容的义务，实施承诺的行为，否则将要承担相应的责任。甲同学将自己的电脑借给乙同学使用，那么，甲同学放弃了其他人不能够使用其电脑的特权，从而使得乙同学获得了使用甲同学电脑的特权。命令、许诺、免除、放弃、同意、出售和判决，这些都是一个权利持有者运用权力来改变自己或他人行为的例子。[1] 研究发现，改变他人权威的权力是所有成熟的法律和政治制度的决定性权力。生前预嘱权主要体现的是患者对自身医疗事务的自我决策权，只要生前预嘱权的行使是合法、自愿的，那么几乎就不存在凌驾于生前预嘱权之上的权力。但是也存在特殊情形，例如，生前预嘱权的行使与国家或公共利益保护发生了冲突，国家就需要利用行政权力或者通过司法程序来确认生前预嘱的暂时中止或部分无效甚至是全部无效，这时患者的生前预嘱权行使特权就会发生改变，如果仅仅是中止，那么在中止事由消失之后，生前预嘱特权会恢复，生前预嘱得以继续执行；如果生前预嘱被认定为部分或全部无效，那么基于生前预嘱产生的特权就会部分丧失或全部丧失，针对患者的医疗决策会按照法律规定重新进行决策。

四、豁免

最后一个霍菲尔德事件的原子是豁免权。当甲方有能力改变乙方的霍菲尔德事件，那么甲方就有一种权力。当甲方没有能力改变乙方的霍菲尔德事件时，乙方有豁免权。当且仅当甲方缺乏改变乙方的霍菲尔德事件的能力时，乙方拥有豁免权。

---

[1] Sumner, L., *The Moral Foundations of Rights*, Oxford: Oxford University Press, 1987.

在医疗事务的决策方面，政府在通常情形下没有强制公民接受治疗的权力，那么，公民就享有豁免权。这种豁免权就是公民医疗事务决策权的核心要素。生前预嘱权体现出来的豁免权，对应于他人或其他主体没有权力在某种程度上改变生前预嘱权持有者的正常情况。

第三节 生前预嘱权的功能：意志理论和利益理论

权利功能意指权利对于拥有者来说能够为权力者如何使用？具有何种功效？究竟何种理论能够最好地解释权利的功能，学界对此的争议一直较大。生前预嘱权的功能意指生前预嘱权在社会中所能够发挥的作用，能够给权利人带来何种功效。目前学术界，能够较好地被应用于对权利功能进行解释的理论主要有两种：意志理论和利益理论。权利功能的意志论和利益论之争已经持续了数百年。有影响的意志理论家包括康德、萨维尼、凯尔森、威尔曼和斯坦纳。重要的利益理论家包括边沁、议赫林、奥斯汀、麦考密克和克莱默。每一种理论都有其优缺点，说明了权利对权利持有者的作用。[1]根据理解主体和理解角度的不同，每一种理论都存在普通理解和专业理解两种类型。普通理解比较直观，即生前预嘱权为公民带来了什么。专业理解可能较为深奥，即生前预嘱的作用和功效是什么。意志理论家和利益理论家的立场是随着技术的日益成熟而发展起来的。划分两大阵营的问题是明确的，他们之间的辩论往往是激烈的。[2]那

---

〔1〕 Wellman, C. H., *Rights*, *Forfeiture*, *and Punishment*, Oxford: Oxford University Press, 2017.

〔2〕 Frydrych, D., "The Theories of Rights Debate", *Jurisprudence* 9, (3) (2018), 566~588.

么，在意志理论与利益理论之间，究竟何种理论更能够对生前预嘱权的功能进行解释，是学界争论一直较为激烈的话题之一，且至今无胜负定论。

一、意志理论

基于权利的特定功能，意志理论家坚持认为一项权利会使权利人成为一个"小有权势的君主"。[1]意志理论抓住了权利和规范控制之间的强大联系，认为有权利就是有能力决定别人可以做什么，不可以做什么，从而对某一领域的事务行使权利。权利和权威（控制他人行为的权威）之间的共鸣联系，对于一个意志理论家来说是一个定义问题。意志理论家亦认为不存在不可放弃的权利，同时有些重要权利是不能被剥夺的。[2]具体来说，意志理论家认为，权利功能的外在表现是赋予权利持有者对他人义务的控制。例如，财产权，如果个人对某个物品享有财产权，那么其可以通过将财产借给他人使用，放弃他人未经允许不能使用财产的义务；其也可以将财产权转给他人，此时权利人主体发生了变更，他人义务履行的对象亦发生了变更。同样，生前预嘱权人通过制定生前预嘱行使其权利，其对医师在其终末期的医疗行为享有特权，生前预嘱制定者可以通过修改生前预嘱实现放弃或取消医师在执行生前预嘱时应当履行的义务。在霍菲尔德术语中，意志理论家断言每一项权利都包含了霍菲尔德对一项主张的权利。用通俗的话来说，意志理论家认为所有的权利都赋予了对他人以特定方式行事的义务的控制。

〔1〕 Hart, H., *Essays on Bentham: Studies in Jurisprudence and Political Theory*, Oxford: Clarendon Press, 1982, p. 183.

〔2〕 MacCormick, N., "*Rights in Legislation*", in P. Hacker and J. Raz, (eds.), *Law, Morality and Society: Essays in Honour of H. L. A Hart*, Oxford: Oxford University Press, 1977, p. 197.

然而，意志理论存在一定的缺陷，其认为所有的权利都是赋予有行为能力者的，无行为能力者如婴儿则不可能享有权利。但是事实是，婴儿完全享有不受虐待的权利。[1]

二、利益理论

利益理论与意志理论相比，更具灵活性、开放性和广博性。一方面，利益理论既认可权利对持有者能够带来一定程度的益处，有些权利是不可被剥夺的；另一方面，其亦认可无行为能力者也可以享有特定的权利，而这些权利能更好地维护和保护无行为能力者的利益。利益理论家认为权利归属于特定主体，其能够给权利人带来特定的利益，亦能够在某种程度上促进权利人的利益，这使得其与意志理论家之间的理解存在差异。利益理论家认为，权利人享有权利并非仅仅获得了选择权，更多的是使得权利人获得了一种优先权或优越地位，而这种优先权或优越地位往往更直接地体现为利益。生前预嘱权人行使权利，拒绝或接受延续生命的治疗，表面上看似不存在获益，但在实际上对于患者来说存在巨大利益，因为生前预嘱权的行使者所追求的是尊严死或自然死亡，拒绝利用医疗技术手段延长自己的生命，拒绝延长生命而降低生命的质量，接受放弃延续生命的治疗而提高生命的质量。因此，生前预嘱人享有对自己的医疗事务进行决策的权力，是因为预嘱人对生前预嘱的执行享有一定的利益。根据利益理论家的理解，个人享有的权利是对其有益的霍菲尔德事件。但是，在特殊情形下，个人享有特定的权利，权利实施的受益人并非权利享有者本人，而可能是第三人或者公众，例如，法官行使其判决的权力，并非使其本人获

---

[1] MacCormick, N., *Legal Right and Social Democracy*, Oxford: Oxford University Press, 1982, pp. 154~166.

益，而是为了保护第三人利益或公共利益，因此，利益理论也存在一定的困境。[1]

第四节　生前预嘱权的内涵与属性界定

在对生前预嘱权的概念、表现形式和功能进行探讨之后，我们对生前预嘱权的含义已经有了一定程度的理解。那么，我们现在必须对采取或不采取导致自己死亡行为的权利含义要形成一个一致的理解。因为谈及死亡权，很多人要么避而不谈，要么对他人主张死亡的权利存在不同的理解。对许多人来说，一些人所主张死亡的权利，与他们对有权利的理解背道而驰。

一、权利的内涵解析与分类

近现代以来，权利一词在全球范围内得到广泛使用，但是不管是在学术界，还是在实践领域，对于权利的含义与属性都未能达成一致意见，其仍处于一个模糊地带，缺乏一个确切的定义。有时在对权利的含义与属性进行剖析时，会使用正义一词来与权利进行关联，分析两者之间的密切关系，以呈现出权利与正义背后不可或缺的道德要求或道德原则。如果仅仅从字面含义来理解权利，那么可以从主体之间的关系来切入。例如，一个主体主张享有某个行为的自由，那么另一个主体必须尊重其自由，不能随意进行干涉或阻止。虽然两个主体之间的行为向度相反，但是两者之间存在密切关联。因为在两者之间建立关联的权利是基于人的自然属性而当然享有的，此类权利的享有并不需要以具备某种社会成员资格为前提。因此，这些权利

---

〔1〕　Lyons, D., *Rights, Welfare and Mill's Moral Theory*, Oxford: Oxford University Press, 1994, pp. 36~46.

被认为并非基于法律的制定而产生，而是在法律制定之前就已经存在。立法机构并不是创制新的权利，而是对已经存在的权利以法定形式予以确认并确保权利的实现。[1]

合法权利与非法权利的辨析通常不是很难，但是这种辨析并不能够明晰权利的内涵或定义，这给我们分析权利的内涵留下了很大的空间。通常我们分析权利含义的出发点并非借助于道德层面的正义理念或基于人性的基本原则。反之，我们认为权利意味着自由，这种自由是绝对且切实可行的。但是产生此类权利的基础并非来自于自然，而是借助于国家强制力来确保权利得到设立和实现。从这个角度来理解，权利即由立法机构设立或支持且能够得到国家强制力予以保障实现的行为。[2]

从以上两个角度对权利进行理解产生了较大的分歧，可见，对权利含义和属性进行界定的困难之处在于：我们需要一个合理且切实可行的方法来对权利这样一个难以捉摸的概念进行定义。依据宪法对权利概念的理解，我们可以将权利分为三类：自然权利、公民权利和个人权利。

自然权利是指人依据其本性而自然享有的权利，包括生命权、健康权、人身自由权等。这些权利并非立法所创造，而是从人类诞生之日起就存在的权利，立法仅是对已存在权利的确认。公民权利与自然权利则截然不同，其是自然人基于特定社会或特定国家的身份而享有的特定权利，这类权利通常是社会或国家为了维持社会的稳定发展予以创设的，是由立法机构创设并由国家强制力予以保障实现的。个人权利可以被视为是一

---

〔1〕 Nolan, Joseph R. et al., *Black's Law Dictionary*, 6th ed. Edited by Henry Campbell Black, St. Paul, Minnesota: West Publishing Co., 1990, pp. 1323~1324.

〔2〕 Nolan, Joseph R. et al., B*lack's Law Dictionary*, 6th ed. Edited by Henry Campbell Black, St. Paul, Minnesota: West Publishing Co., 1990, p. 1324.

个兜底性的概念，即个人所主张的权利并不属于立法中确切或具体的权利，但在一般情形下这种主张亦被视为一种基本的个人自由且值得保护。此类权利虽然在宪法中得到使用，但是并不存在确切含义。个人权利通常包括个人在人身方面享有得到安全保障的权利，个人的名誉和行动自由也应该得到保护等。[1]

此三类权利的定义之间存在一定程度的差异，但是三者之间亦存在一个共同点，即一项权利得到认可必须具备三方面要素：首先，必须存在一个自由权利的主张者；其次，主张者必须认为该权利主张对其具有积极价值或有益价值；最后，必须存在一些主体对这个被认为是有益的自由权利试图进行否认或拒绝。简而言之，一项权利想要得到认可，就必须得到肯定和否定。因为，如果不存在冲突，那么，权利得到满足就不存在任何障碍，这样的权利即不存在法律确认的必要性。

二、生前预嘱权的属性争辩

将权利的含义应用于死亡权来剖析死亡权的内涵，在理论上并不存在任何的障碍。但是，死亡权赞成者对其内涵的解释，会遭到反对者的质疑和挑战。在众多反对者的观点中，最为直接且关键的一点是，他们认为死亡权的主张者所追求的是一种并非善而是恶的权利，因为死亡在大多数人的眼中并非是一种善的事情，反而被视为一种邪恶的事情，同时个人亦不能够从死亡权中获取到益处。这种反对的观点表面上看似合理，但是如果深入分析，则亦会发现其不当之处。因为依据我们对权利的分类不难发现，建立在论证主观是善还是恶的反对意见是站

---

〔1〕 Nolan, Joseph R. et al., *Black's Law Dictionary*, 6th ed. Edited by Henry Campbell Black, St. Paul, Minnesota: West Publishing Co., 1990, p. 1325.

不住脚的，其无法获得权利分类的支持。因为，如果死亡权被视为自然权利，那么其存在不会依赖于个人的主观想法，而仅仅依赖于人类存在的本源性基础。如果死亡权被视为一项公民权利，那么其存在依赖于立法机关的创设和国家强制力的保障，亦不依赖于个人的主观理念。如果死亡权被视为一项个人权利，那么根据对权利的传统理解，其对个人是有益处的，但是死亡从未被视为一种具备普遍性利益的权利。正因为无法获得绝大多数人的认可，死亡权存在的基础缺失而无法得到支持。[1]

在权利具有益处之外，权利的内涵还要求，对于权利的主张必须存在反对者，即对于一些主体主张的死亡权，其他主体存在拒绝的权利。虽然从字面意思去理解看似合理，但是众所周知，人类作为高级动物，深知任何人从出生之日起即走向死亡，谁都不能够拒绝死亡。所以，反对者所持的这个观点亦无法成立。[2]

对于反对者的观点，权利的主张者通常也会做出回应。对于反对者所持的认为死亡要求不具备善意的观点，权利支持者认为反对者只不过是在玩所谓的文字或逻辑游戏。反对者认为死亡的要求不可能被视为具有善意，但是权利支持者则认为，虽然死亡要求通常被视为不具有善意，但是能够控制死亡时间、地点和方式的死亡则被视为更符合患者的意愿，更符合医疗人性化的趋势，更能够彰显善的关怀。同时，死亡的必然性不可否认，但是针对死亡时机和方式的控制完全可以拒绝，这种控制在现代医疗技术发达的情形下变得极其常见。生前预嘱权中

---

〔1〕 Beschle, Donald L., "Autonomous Decision Making and Social Choice: Examining the 'Right to Die'", *Kentucky Law Journal* 11, (1988–89), 320.

〔2〕 Beschle, Donald L., "Autonomous Decision Making and Social Choice: Examining the 'Right to Die'", *Kentucky Law Journal* 11, (1988–89), 320.

对死亡权的主张与自杀、安乐死存在本质区别。自杀是提前结束自己的生命，是一种极具社会危害性的行为，引起自杀的因素多样化且较为复杂，几乎所有社会都会积极采取措施来预防和阻止公民个人自杀行为的发生。安乐死是对于无法救治的患者停止治疗或使用药物，让患者无痛苦地死去，其也可以被理解为一种提前结束生命的行为，安乐死在少数国家已经合法化，但是并未能够获得普及。自杀和安乐死的主张者单纯追求的仅仅是死亡。而生前预嘱权的要求是在患者临终末期，即很迫近死亡的时候，试图根据自己的意愿去控制死亡的过程，让死亡的过程变得更为舒适，与生命的数量相比，更重视生命的质量。通过对比分析，我们不难发现通过这样的方式来对生前预嘱中的死亡权来进行理解，在实际上更契合权利的定义。

生前预嘱权的主张者经常会被反对者激怒，因为他们认为反对者是在干涉属于私人领域的决策。这一观点能够得到隐私权或生命权理念的支持。但是，亦存在一定程度的困难，即，任何一个权利并非处于真空之中，完全归属于某个人。恰恰相反，任何一个权利的诞生都意味着两个主体之间的冲突产生了。究其原因在于，当一个权利确立得到认可或创造，那么一方则享有特定的权利，但另一方则负有不侵犯他人权利的义务或基于他人权利而产生的必须履行的责任。[1]从这个角度来分析，不难发现，权利的规定是为了防御或抵御他人的侵益行为。因此可以说，权利从来没有被承认或被创造出来，而仅仅是造就了不干涉他人自由或侵犯他人权益的一种正当理由，为他人设定了一种不能够自由选择而必须履行的义务。因此，生前预嘱的权利主张者追求的是自身对临终末期医疗决策的自主权、其

---

〔1〕 Finnis, John, *Natural Law and Natural Rights*, Oxford: Clarendon Press, 1980.

他主体对其临终医疗决策的尊重与执行。这在一定程度上为相关主体设定了尊重患者生前预嘱权的义务和履行患者生前预嘱的责任。生前预嘱权并非仅仅涉及患者，因为生前预嘱权的实施限制了家属在患者方面的医疗决策权、医疗机构与医师在治疗方面的决策权或医疗行为。因此，生前预嘱权的确认无法与另一方主体的义务和责任割裂开来。对于权利与义务之间的关联进行的分析看似有助于我们来理解权利，但实际上其并不能够明晰对权利含义的理解，反而使得我们对权利的理解更加模糊，不确定范围亦扩大。因为，虽然学界均认可权利与义务之间的重要关系，但是并不存在一个明确且公认的方法将两者进行区分，所以权利与义务之间的分析对于我们理解权利的确切含义并不能够发挥太大的作用。[1]

三、生前预嘱权的属性界定

与宪法对权利进行的分类不同，阿拉斯代尔·麦金太尔依据其来源将权利分成以下三类：

第一，契约性权利，意指由双方相互协商一致产生的权利或双方之间进行利益传递而产生的权利。这种权利的产生可以是双向的如买卖合同，亦可以是单向的如赠与合同。

第二，创造性权利，意指通过立法行为创造一种权利。这种权利享有的前提是对于作为社会或国家一员的个人，通过立法赋予其特定的权利，并通过国家强制力保障其权利的行使。这等同于宪法权利分类中的公民权利。

第三，自然权利，意指权利源自自然法，是固有的且不可剥夺的。这种权利的产生既非人为创设，亦非政府认可。因此，

---

〔1〕 Hinchman, Lewis P., "The Origins of Human Rights: A Hegelian Perspective", *Western Political Quarterly* 37, no. 1 (1984), 7.

这种权利的存在具备完全的独立性，是对人类与自然界之间的关系进行理性理解的结果。这种自然权利与宪法权利分类中的自然权利内涵一致。[1]

学界对契约性权利和创造性权利的理解较为一致，且认为这两类权利均有助于我们对权利的来源进行理解。唯独在自然权利方面，学者们的理解存在实质性的分歧。阿拉斯代尔·麦金太尔在他的文章《喋喋不休的死亡权》中驳斥了所有关于自然权利的概念。他指出，没有人给我们任何理由相信自然权利是存在的，而且这些权利与独角兽、女巫和麦诺格的玻璃山是一体的。为了支持这一观点，麦金太尔引用了功利主义者杰里米·边沁的话，因为当其被问及自然权利时，边沁称其为胡说八道，并继续谴责，将不可侵犯的、不可剥夺的权利视为高跷上的胡言乱语。[2]麦金太尔和边沁对自然权利均持否定的态度，他们认为通过制定法创设权利是权利的唯一合法来源，也即他们否定了自然权利存在的合理性与有效性。生前预嘱的支持者则坚持认为死亡权的本质是必然存在的，倡导者们并不否定在权利的产生形式上可能存在变通的方式，例如，可以通过立法对生前预嘱权进行创设，亦可以通过立法对生前预嘱权进行认可。但是毋庸置疑的是，不管是对生前预嘱权进行创设抑或是进行认可，这种权利都会一直存在。生前预嘱权的支持者亦会进行进一步的争辩，他们认为生前预嘱权赋予患者对死亡时间、死亡地点、死亡方式的控制权，这通常被视为作为人之本性所应当享有的权利，属于人之自由不可或缺的一部分。因此，在

---

[1] McMullin, Ernan, ed., *Death and Decision. Presented at the AAAS Selected Symposium 18. Boulder*, Colorado: Westview Press, 1978, p. 75.

[2] McMullin, Ernan, ed., *Death and Decision. Presented at the AAAS Selected Symposium 18. Boulder*, Colorado: Westview Press, 1978, pp. 75~76.

实质上，生前预嘱权不需要立法机关通过立法方式进行创设，只需要法律对生前预嘱进行认可，将其视为一项自然存在或不可剥夺的权利。因此，针对生前预嘱权含义和性质的讨论，根本无法回避的问题是自然权利存在与否以及生前预嘱权与自然权利之间的关系。[1]

可能在早期的法律实践中，尚不存在涉及自然人的独立主体和尊严理念。因为在古代，人类大多以群居生活为主，个人一般不视为一个独立的主体，更谈不上独立主体享有何种权利。因此，柏拉图和亚里士多德认为，国家在目的论和暂时性上优先于个人，因为一个人只有成为一个国家的成员，成为这个国家的公民，才能享有相应的公民权利，通过使公民保持其身份的国家监管结构来维持公民的生活与社会正常运转。进而权利被认为是习俗、传统和宗教信仰的结构，而不归属于个人。在这种哲学理念之下，个人只有在与国家的互动关系中才享有权利。虽然这个社会概念将坚定地接受法律实证主义的立场，即存在的唯一权利是被创造出来的权利，但它是一个与法律、政治理论截然不同的权利理论。随着社会的发展和法律制度的演变，权利理念得到认可，权利的内涵也发生了变化，即新理念认可了自然人的独立性，确认了自然人享有作为人的尊严和个性化的权利。而如此解释权利来确认个人独立主体的地位，其唯一的解释方法就是采纳自然法理念，确立自然法则、不证自明的真理和不可剥夺的权利，并最终将自然法理念融入宪法。也即在基于公民与国家关系的权利之外，还存在其他性质的权利，这是自然法理念发展的直接结果。自然法理念的出现与发

---

[1]　Hinchman, Lewis P., "The Origins of Human Rights: A Hegelian Perspective", *Western Political Quarterly* 37, no. 1 (1984), 8.

展，促使以国家或社会为中心的现状转向以个人为中心。[1]

正是自然法理念的确立，以及自然法理念在宪法中的体现，促进了死亡权的发展，亦促进了与之相关联的生前预嘱权的发展。先前的理念认为死亡权需要由立法机构通过立法来创设，因为社会存在这样的需求，需要通过立法创设权利来满足个人的权利需求。然而，自然法理念确立后，人们发现生前预嘱权属于私人性质的权利，属于原本就存在的人本性的权利，无需通过立法进行创设，只需要立法予以确认即可。可见，自然法理念颠覆了人们对生前预嘱权内涵的理解，生前预嘱的属性亦发生了根本性的变化，为生前预嘱权得到承认奠定了基础性的作用。

第五节　生前预嘱权的中国契合

一、尊重个人的自然死亡权

死亡是单向度的、不可逆转的，死亡也一直未被视为"善"的事务。在我国，对于绝大多数人来说，谈起死亡，更多的是忌惮，而面对死亡，更多的是恐惧。然而，安乐死所涉及的是生命的神圣不可侵犯性，尊严死所涉及的则是人有无选择或决定死亡的权利，[2]即生前预嘱权所要解决的并非是死亡本身，而是死亡过程或死亡方式问题，包括在个人对临终末期的治疗偏好进行事先选择，是否接受生命技术支持，如何让死亡过程更适合自己等，这些都是生前预嘱权的具体内容。如果患者在有行为能力时，未曾作出任何明确的意思表示，那么在其丧失

---

〔1〕 Raymond Whiting, *A Nature Right to Die*, Greenwood Press, 2002, p.54.

〔2〕 甘添贵：《刑法案例解评》，瑞兴图书出版公司1999年版，第117页。

行为能力后，可以将患者的医疗决策权交给其家属，以此来促进患者利益的最大化。而现实存在的情况是，有不少未丧失行为能力的癌症患者在晚期哀求自己的家属停止对其进行生命医疗技术支持，或者患者在有行为能力时曾经作出过明确的意思表示。然而，由于法律制度的掣肘和伦理道德的束缚，能够理性地拒绝医疗机构或医生为家庭成员实施医疗生命技术支持的并不多，患者的意愿往往得不到尊重，"家长主义"模式横行，患者在临终末期无法按照自己所希望的方式走完生命的最后一程。这种现象的出现，在很大程度上归咎于我国生前预嘱权及相关法律制度的缺失，尊重个人的自然死亡权是生前预嘱权最为直接的目标，亦是较为具体的目标。设立生前预嘱权的目的就是将个人临终末期的医疗决策权赋予患者本人，其通过特定的方式表达自己的治疗偏好，在其进入临终状态且丧失行为能力时，生前预嘱就生效且被执行。生前预嘱权尊重了特殊状态下个人的医疗决策权，尊重了生命末期患者的自然死亡权，使得死亡过程符合患者的意愿，在最大程度上满足了患者对死亡方式的需求，完美呈现出了死亡过程所具有的难得一见的"善"的一面。

二、实现人的全面自由发展

现代人追求生活质量，却常常忘记生活质量必须包含死亡质量在内，或者不如说生活质量和死亡质量是一体两面、不可分离的。[1]我国已经进入《民法典》时代，一些新权利的引入或确认，象征着我国公民权利的享有和保护已经上升至一个新的历史高度，人们将畅享各项权利所带来的全面且自由的发展

---

〔1〕 傅伟勋：《死亡的尊严与生命的尊严》，北京大学出版社 2006 年版，第 7 页。

机遇。意定监护权是新增设权利中的亮点之一，是对个人全面发展羽翼的丰裕，其赋予了个人在处于完全行为能力状态时，可对自己的人身事务和财产事务作出预先处理或者根据自己的意思指定一名替代决策者在自己行为能力丧失之后，替自己处理人身事务和财产事务。意定监护权的引入所彰显的是对个人自我决策权的尊重，而此理念在某种程度上与生前预嘱权完全契合。德国学者提出"客体公式"，认为凡具体的个人被贬抑为客体、纯粹的手段或是可任意替代的人物，便是人性尊严受到侵犯。生前预嘱权通过对个人自然死亡权的尊重，将是否接受医疗技术生命支持的权利交还给患者自己，破除了以往一贯的"家长主义"实践模式，使得公民个人能够在生命数量和生命质量方面进行自我决策，而这对个人全面自由发展的贡献将是不可估量的。与尊重个人自然死亡权的具体目标不同，实现个人的全面自由发展一般可被视为生前预嘱权设立的阶段性目标，因为人的全面自由发展与整个社会的发展、经济的发展存在密切关联，社会与经济的发展进入一个新的阶段，人的理念和需求也会随之发生改变，曾经人们寄希望满足于物质需求，而如今人们更多地寄希望于满足精神需求。同理，人们曾经寄希望于追求生命的数量，而随着医疗技术的发展，生命支持技术得到应用，人们理念境界的提升，越来越多的人会寄希望于追求生命的质量。在不同的发展阶段个人的需求可能会存在差异，而这些差异的产生均指向满足于个人的全面自由发展。因此，生前预嘱权是在我国社会和经济发展到一定阶段，公民基于自然死亡权和尊重自我决策权理念而产生的一项阶段性需求。

三、提升我国的法治发展水平

生前预嘱权属于自然权，人从出生之日起即享有此项权利。

然而，医疗技术的进步在立法之初无法预料，同时一项自然权利在一个国家或社会想要实现，就需要通过立法的形式予以确认，才能够将其从空洞的权利理论落实到具体的操作层面。社会法治发展水平的提升，离不开的是良法善治与全民守法。首先，对于良法善治来说，生前预嘱权虽涉及死亡，可能经常会被误解为是"恶"法，但其仅仅涉及的是死亡过程或死亡方式，是为了让死亡过程变得更舒适，死亡方式更符合患者的意愿，所以其在实质上是良法。因此，我国首先需要通过立法的方式对生前预嘱权予以规定，并设计相应的法律制度。生前预嘱权入法有两种途径：一是通过修订民法典，将生前预嘱权纳入民法典的具体内容之内；另一个是制定单行法《自然死亡法》。纵观我国立法史，第一种方式可能更为妥当。然而，有了良法并不意味着就能够善治，因为良法仅仅是善治的一个前提条件而已。欲使良法得到善治，就必须辅之以严格的程序，程序是保障生前预嘱权法律制度得到切实和有效实施的根本保障。因此，我国需要在生前预嘱权立法中重视生前预嘱实施程序的设计，使得程序既具备严谨性，亦具备可操作性，从而保证生前预嘱目标的最终实现。其次，对于全民守法来说，要求通过宣传的方式，让人们知道生前预嘱权的存在以及如何行使预嘱权。当然，全民并不仅仅局限于个人，而可能广泛涉及家庭、医疗机构、社会团体等，因为生前预嘱权的最终实现需要这些团体或机构的广泛参与和协助。只有每个人都能够正确行使生前预嘱权，才能让这个权利能够真正发挥实效，降低因"人财两空"引起的医患纠纷，保证个人的自然死亡权得到尊重，保障个人的全面自由发展，最大限度地实现提升我国法治发展水平的终极目标。

第六节　结　语

　　生前预嘱权的出现与全球蔓延并非偶尔，应属历史的必然，而这种必然性在很大程度上取决于生前预嘱权的自然属性。在老龄化形势日益严峻和医疗资源尚显不足的中国，生前预嘱权的确立和入法将能够保护公民的隐私权和患者的医疗决策权，与宪法保护公民权利的相关规定完美契合；能够节约有限的医疗资源，将稀缺和宝贵的医疗资源用于科研或真正急需者。同时生前预嘱权的引入在某种程度上可以化解一些矛盾如基于医疗决策产生的家庭内部矛盾、基于"人财两空"而产生的医患纠纷等，促进社会的和谐发展。生前预嘱权立法应该着眼于尊重患者的自然死亡权、促进人的全面自由发展和提升我国的法治水平三位一体建设的目标。然而，虽然生前预嘱权引入有诸多益处，但也要注意处理好生前预嘱权的设立施行与中国伦理道德之间的关系，尽量避免两者之间的矛盾，尽力促进两者之间的增益。

生前预嘱制度的基本原则

　　"生存还是死亡？"这是英国著名作家莎士比亚在其名著《哈姆雷特》中提出的一个直击人们内心深处的问题。千百年来，人们对这一问题的讨论从未停止。你是否也曾想过这样一个问题：当我们的生命不可避免地走向终点，你是愿意躺在冰冷的病床上，依靠生命保障系统，艰难地维持毫无质量的生存状态，还是想放弃过度医疗，在家人和朋友的陪伴下，尽量无痛苦、有尊严地走完生命的最后一段旅程？这一永恒的问题尤其困扰着由于身患多种疾病而处于生命末期的老年人及其家属。生老病死是自然界亘古不变的规律，我们应该认识到，无论社会如何发展，也不论人类医疗水平进步到何种程度，我们每个人的最终归宿都是死亡。我国已故著名作家史铁生曾对死亡有过经典的描述："死是一件无论怎样耽搁也不会错过的事情，一个必然会降临的节日。"他告诉我们死亡不可避免，但是我们可以微笑面对死亡。对待死亡的态度越乐观，我们越能体会到生命的真谛，感受到生活的乐趣。但是这个问题在我们的观念中，似乎有个"标准答案"，那就是——活下去！"好死不如赖活着"成了芸芸众生所信奉的理念。无论老年人身患什么恶性疾病，也不论老年人的真实意愿如何，其家属都会想方设法地让老年人接受医疗服务，以延长其生命的长度。近年来，随着人们生活理念的转变即人们越来越重视生命的质量而非长度。我们整个社会在对待这个问题的态度上有了很大的转变，临终治疗带给病患的痛苦、家属的煎熬以及医疗资源的浪费让我们开始对生命重新进行审视。人们逐渐地意识到，当一个人身患不可逆转的疾病，将在较短时间内死亡时，其接受再多的医疗服务也是徒劳的。长期的医疗服务只会让患者的生命质量越来越低，从而使患者沦为"医疗技术的囚徒"。由此，生前预嘱制度应运而生，作为一种为自己预先制定的医疗指示，[1]生前预嘱制度是指一个心智健全的人在充分了解该制度的含义并能够准确地表达自己意志的前提下，通过正式书面文件的形式为自己濒临死亡状态预先作出安排。[2]其可以在订立预嘱时明确表明自己在临终状态下拒绝或者接受何种医疗服务，即生前预嘱制度所追求的是有尊严的死亡。

　　生前预嘱的程序设计是否缜密是影响生前预嘱效力的关键一环。在签订预嘱之前，有关机构应当对老年人的权利能力进行调查，以确保预嘱人具备完全权利能力。在确保预嘱人具备权利能力之后还应当确保预嘱的内容是其真实的意思表示，以充分贯彻老年患者医疗服务的自主决策权。预嘱签订完成后还需建立有关机构和医院的对接机制，因为医生在诊疗过程中能够了解老年患者的真实意愿。这对生前预嘱的发展具有重要的稳定、协调和优化作用。根据预嘱人在临终阶段的意思表示能否完全得到落实，生前预嘱有指令型生前预嘱和代理型生前预嘱两种模式。[3]指令型生前预嘱是指医疗机构要完全按照预嘱

---

　　〔1〕　睢素利："对生前预嘱相关问题的探讨"，载《中国卫生法制》2014年第2期。

　　〔2〕　孙海涛："老龄化背景下我国公共法律服务体系建设的新思路"，载《行政与法》2018年第6期。

　　〔3〕　孙也龙："论预先指示制度及其在我国的构建"，华东政法大学2014年硕士学位论文。

人在预嘱文本中对自己临终阶段预先作出的医疗安排，来决定是否对其进行临终抢救或是撤除某些医疗维生设备。它的优点是能确保患者的意愿得到落实，但指令型生前预嘱的缺点也非常明显，由于它把预嘱人的意愿作为是否执行生前预嘱的唯一依据，因此它难以应对将来所出现的情势变化。代理型生前预嘱是指预嘱人在签订预嘱文本表达自己的临终愿望之后，还需另行准备一份持久医疗授权书，指定一名医疗代理人，由其辅助自己在丧失表达能力时作出最符合个人利益的决定。[1]与指令型生前预嘱相比，代理型生前预嘱比较灵活。因为预嘱人所作出的决定有时并不一定是最正确的，在预嘱人无法表达时，医疗代理人往往可以为其作出正确的抉择。

第一节 基本原则的概念界定

要想深刻把握生前预嘱制度的内涵及外延，并从中概括出该制度的基本原则，我们不仅要对与生前预嘱相似的概念进行辨别和区分，还要把握它们的基本原则，进行基本原则之间的比较分析，深究其背后的法理依据。

一、生前预嘱制度的基本原则概述

基本原则，是整个法律体系或者某一法律部门所适用的、体现法的基本价值的原则。生前预嘱制度的基本原则是指该制度的一系列程序设计所必须遵循的方法论。生前预嘱制度涉及的领域很广，包括医疗、法律与生命伦理等。生前预嘱制度的基本原则是在对这些领域进行全面分析之后所得出的。具体包

---

[1] 陶鑫明："论民法典之'生前预嘱'规定的基础与方式"，载《医学与法学》2019年第3期。

括最大尊重原则、最佳利益原则以及保障人权原则。

二、遗嘱制度的基本原则

遗嘱是指遗嘱人为了避免继承人在其死后因争夺遗产而发生冲突，预先按照法律规定的方式对自己所有的财产所做的安排。[1]生前预嘱和遗嘱都是民事主体对个人事务预先做出的安排，二者都是民事主体实现权利的方式。并且，生前预嘱这一概念就是美国律师路易斯·库特纳在受到遗嘱的启发后所提出的。他认为，既然人们可以对自己的财产进行支配，那么人们也可以对自己的身体进行支配，通过把握遗嘱的基本原则可以为我们正确认识生前预嘱的基本原则奠定一个良好的基础。

遗嘱的基本原则主要有以下几个：第一，公序良俗原则。公序良俗原则是民法领域的一项基本原则，也是对私法自治的一种限制，它指民事主体进行民事活动时不得违反公共秩序和善良风俗。倡导公序良俗原则的目的是为了弘扬社会正义，维护社会基本秩序。遗嘱是民法领域中容易引发道德风险的制度，因此，遗嘱的目的和内容只要违反公序良俗，[2]即使法律对该行为未作出禁止性的规定，也可以认定其无效。易言之，民事主体在订立遗嘱时应当尊重社会的公共秩序和善良风俗。第二，亲自实施原则。代理在民事活动中的适用范围很广泛，但并不是所有的行为、所有的民事活动都适用代理。由于遗嘱与当事人的人身利益密切相关，因此为了尽可能避免犯罪行为及道德风险的发生，遗嘱必须由行为人亲自实施，不得由他人代理。他人代替民事主体实施的订立遗嘱的行为不能发生法律上的效

---

〔1〕 姬嫣晴："共同遗嘱实证研究"，东南大学 2016 年硕士学位论文。
〔2〕 庄婷婷："浅析公序良俗原则与遗嘱继承的冲突及解决方法"，载《法制博览》2020 年第 24 期。

果。并且，订立遗嘱要求当事人具备完全民事行为能力。因为遗嘱涉及当事人的切身利益，无民事行为能力人和限制民事行为能力人不具有订立遗嘱的能力。无民事行为能力人即使于死亡之前已为完全民事行为能力人，在其不具有完全民事行为能力时所立的遗嘱仍然是无效的，而不能随其具有了完全民事行为能力而有效。第三，随时变更原则。遗嘱在性质上属于单方法律行为，只需要遗嘱人单方面的意思表示就可以发生当事人所预期的法律效果。但是，遗嘱也是可以变更的。随时变更原则是指民事主体在订立遗嘱之后可以随时对遗嘱的内容进行变更。一个人对一项法律制度的认识可能会不断发生变化，民事主体在设立遗嘱或者预嘱后，由于主客观原因，可以依法变更遗嘱或预嘱的某些具体内容，也可以撤销遗嘱或预嘱的全部内容。

通过比较分析，我们发现，不论是生前预嘱还是遗嘱都将公序良俗作为制度运行的基本原则，只不过生前预嘱的公序良俗原则更多地体现在其适用的例外情形上。如果遗嘱和生前预嘱的内容违背社会公共秩序或善良风俗，会影响其效力。遗嘱把随时变更作为基本原则，生前预嘱制度中的最大尊重原则也明确了预嘱人对生前预嘱文本进行变更的权利。[1]这说明生前预嘱和遗嘱都在最大限度上保护了民事主体的自主权。此外，生前预嘱制度中的最佳利益原则与遗嘱制度亲自代理原则中的要求遗嘱订立人具有完全的民事权利能力及行为能力有异曲同工之妙，因为这样规定的目的就在于实现遗嘱人利益的最大化。但是，遗嘱的基本原则与生前预嘱的基本原则也有相异之处。例如，遗嘱在订立方式上遵循灵活多样的原则，民事主体不仅

---

[1] 王怀晶、霍增辉："预先医疗指示制度在我国程序法中的建构"，载《中国卫生法制》2020年第6期。

可以选择效力较强的公证遗嘱，也可以选择较为便捷的自书遗嘱、代书遗嘱。相比之下，生前预嘱在订立形式上则遵循较为严格的原则。根据美国、新加坡等一些国家的经验，生前预嘱只能通过书面形式作出，口头作出的生前预嘱具有较大的局限性，有时被认为是不具备法律效力的。[1]

三、安乐死制度的基本原则

生前预嘱所倡导的"尊严死"主张实现临终患者的医疗自主权，无论其作出什么样的医疗决定，只要是出于本人的真实意愿，都应当得到人们的尊重。因为它是为了避免患者在不可治愈的疾病末期由于不能清楚地表达自己的意愿，被迫承受痛苦的抢救措施。提前为自己的"大限"之际做好充分的规划，可以让患者遵从规律使生命回归自然，体面地和世界告别。[2]安乐死指为了减轻绝症患者的痛苦，在其要求下，通过采取一定的医疗措施，提前结束患者生命的过程。[3]事实上，虽然生前预嘱和安乐死有很大的相似性，但它们其实是两种不同的制度，它们在制度运行及具体操作上有着很大的区别。通过把握安乐死制度的基本原则可以为我们了解生前预嘱制度的基本原则乃至生前预嘱制度提供基础。

通过对安乐死制度的梳理，我们可以总结出安乐死制度的几大基本原则。一是客观性原则。客观情况的存在是安乐死制度得以适用的前提。一般情况下，我们所说的现实情况是指现阶段生存质量极差且不存在改变的可能性。主要包括以下几类

〔1〕 杨雯："论生前预嘱及其在我国的立法建议"，重庆大学 2016 年硕士学位论文。

〔2〕 于凤丽："生前预嘱法律问题研究"，黑龙江大学 2019 年硕士学位论文。

〔3〕 宋晓东："浅谈安乐死"，载《知识经济》2013 年第 9 期。

人群：一是由于患有严重疾病且无法治愈的患者，例如，晚期恶性肿瘤患者、晚期艾滋病患者、因各种疾病或伤残致使大脑丧失功能的植物人、重要生命脏器严重衰竭并且不可逆转的人。二是先天性智力丧失、没有独立生活能力，且在现有的医疗条件下无法恢复正常。三是高龄病重者以及重度伤残者。当上述几种客观情况出现时，说明生存对他们已经成了一种负担，适用安乐死对他们是一种解脱，如果不存在上述几种情况，安乐死是不存在适用空间的。二是自主性原则。自主性是主体理性的基本特征，安乐死是个人自主性愿望的表达，自愿是安乐死的前提。所谓自主原则，是指患者作出的接受安乐死的决定完全是出于自己的真实意愿，没有掺杂他人的影响。[1]同时，自主性原则也是生命伦理学的首要原则，其本质在于个人自主地选择自己的思想和行为。自主原则在安乐死的实践中表现为尊重患有绝症的患者选择死亡的权利，即实现患者的思想自主、意愿自主，患者有寻求安乐解脱的意愿，患者主动与医生及家属的交流、沟通是判断患者自主性的重要方式。三是专业化原则。专业化原则是对自主性原则的一个补充，患者由于专业知识的缺乏，作出的安乐死决定很有可能因不符合科学或法律规定，并不一定能够得到执行，此时必须要经过专业人员（一般是医生）的判断。因为患者对自己疾病的认识往往带有强烈的主观色彩，只有经过医生的专业判断，才可能对患者的情况有一个客观的把握。值得注意的是，专业人员中还应当包括一名精神科的医生，这样做的目的是为了防止患有精神疾病的患者在丧失行为能力时作出接受安乐死的决定。在国外，为了体现专业性原则，还存在由熟知相关法律法规的资深医学专家、法

---

〔1〕 曾春燕、刘婵娟："伦理学视阈下中国安乐死社会意愿现状及合法化路径探究"，载《浙江社会科学》2017年第3期。

学家及伦理学、社会学家组成的审批委员会审批的情况。[1]

通过比较，我们不难发现，无论是生前预嘱还是安乐死都将患者的自主权放在一个重要的位置，生前预嘱的最大尊重原则和安乐死的自主性原则含义大抵相同。它们都强调患者的"个体自主性"，主张患者作为一个独立的个体，在自我的行为、选择与判断中始终处于主导地位。[2]并且，安乐死的实际操作还要遵循目的性原则，即实施安乐死是出于对患者死亡权利和个人尊严的尊重。[3]这和生前预嘱所倡导的"尊严死"理念有异曲同工之妙。但是，生前预嘱和安乐死的基本原则也有不同的地方，安乐死将法制化确定为实际操作的基本原则，为了减少道德风险的发生，主张安乐死的申请、受理、审批和执行都要受到法律的全程监控，而相比之下，生前预嘱制度的基本原则则较少体现出法制的意味。此外，不伤害原则是生前预嘱制度在实践中所要遵循的，强调要对临终的患者进行关怀，尽量减少对患者的伤害，相比之下，安乐死制度则是为了减少痛苦，提前结束患者的生命。

第二节　基本原则的历史演变与形成

生前预嘱的基本原则有一个不断发展与演变的过程。在中国，人们的观念长期受到传统文化的影响，自从西汉时期的董仲舒提出"罢黜百家，独尊儒术"的主张以来，儒家文化在我

---

〔1〕孙也龙："临终患者自主权研究——以境外近期立法为切入"，载《西南政法大学学报》2017年第5期。

〔2〕刘刚："安乐死与生命的自主性原则探究"，载《中国医学伦理学》2016年第1期。

〔3〕王晓翔："安乐死与死亡的自己决定权"，载《云南大学学报（法学版）》2016年第6期。

国一直居于正统地位。它影响到了社会的方方面面，中国传统的生死观就是在儒家文化的熏陶之下逐渐形成的。在中国这个重生不重死的社会，我们往往会忽视对死亡意愿的表达。人类对生命和死亡的了解本来就非常有限，中国人尤其缺少死亡教育，一切与死亡有关事务都被认为是不吉祥的。在这一传统观念的影响之下，家人之间并不会讨论死亡的话题，这使得老年患者无法留下确定的医疗决定。"身体发肤，受之父母"这一儒家传统观念让人们普遍认为人的生命是高于一切的，如果不对一个濒死的人施加干预放任其死亡是不道德的表现。任何人的生命都不能轻易放弃，否则这样的行为会受到严厉的惩罚。几千年儒家传统文化的熏陶塑造了中国人独特的家庭观念，"百善孝为先"更是被很多国人奉为至理箴言。当家里的老人身患疾病，无论其家庭经济情况是否宽裕，竭尽全力拯救患者的生命是绝大部分中国人的不二选择。他们往往基于爱与责任，让处于弥留之际无法表达意愿的家人接受过度医疗。因为，一个人如果不倾尽资财为家人治疗疾病，会被看作不孝，这导致很多人迫于压力进行一些明知无济于事的"治疗和抢救"。儒家"孝道"有其积极的一面，因为它维系着几千年来中国人的血脉亲情和家国情怀，但这种"孝道"亦有其消极的一面，因为家人在患者临终之前倾其所有帮助患者与死神斗争时，却忽视了其对于提高死亡质量和减少痛苦的诉求。[1]生前预嘱制度的基本原则是随着社会的发展而逐渐演变形成的。在其发展过程中，以下几个原因发挥了至关重要的作用：

---

〔1〕 张鹏："传统生死孝道观与老年临终关怀"，载《医学与哲学（A）》2014年第6期。

一、"家长中心主义"的逐步瓦解

"家长中心主义"萌芽于父权和母权的家庭之中，并在我国传统文化的熏陶之下不断发展。在家长制模式下，家长在家庭中具有不容挑战的权威，家长可以决定家庭成员的任何事情。它对中国社会的影响不可谓不深，范围不可谓不广。家长制直接影响到了中国社会的医疗实践，即患者是否接受医疗措施以及接受何种医疗措施都是家长在帮其做决定。[1]当社会群体规模有所扩大时，"家长中心主义"又被推广到更大的范围。家长制关系模式具有两个特点：一是人身依附；二是尊卑有序。这种"家长中心主义"经过多年的发展，在目前的医疗实践中仍牢牢占据着主导地位，治病救人这一行善主义被认为远远高于患者的真实意愿。在家长制关系模式中，医生认为患者的生命和健康高于患者自身的临终医疗意愿，医生不会因为患者的要求而放弃患者的生命。[2]并且，在"家长中心主义"的理念下，老年患者在丧失决策能力时，一般由其家庭成员来决定患者是否继续接受医疗服务。尽管患者自己的意见会被纳入考虑范围，但最终的决策权依然掌握在整个家庭中。特别是在临终患者的治疗上，家庭的决策权实际上高于患者本人。这种模式的结果是生死大事本人无法作出决定，而是由其家属代劳。无论医生是否知晓患者本人的意愿，最终尊重的都只是患者家庭的决定。[3]"家长中心主义"在中国医疗实践中盛行的主要原

---

〔1〕 YamingLi, "Dilemma of Consumerism in China: An Analysis Based on Survey on Five 'Third Level 1stClass Hospitals' in Beijing", *Journal of Cam-bridge Studies*, 7 (2012), 18.

〔2〕 Emanuel L, "Living wills can help doctors and patients talk about dying", *West J Med*, 6 (2000).

〔3〕 李亚明："'生前预嘱'与死亡的尊严"，载《哲学动态》2014年第4期。

因有两个：一是医生在面临重症患者时，为了使患者保持平和的心态，防止其在知道病情后由于情绪波动而加重病情，医生往往不会把真实情况告诉患者，而是将患者的实际情况告诉患者的家属，由家属决定是否将实情告知患者。二是由于中国人的家庭观念较强，所以当一个人步入老年尤其是身患各种疾病入院治疗时，这种对家庭成员的依赖感就会空前地强烈。患者对其家属非常信任，他们认为家属作出的决定都是正确且有利于自己的治疗的。因此，患者在临终之前的医疗决定往往由其家属作出。[1]近年来，在现代医学技术进步和人们思想观念变革的多重影响之下，尊重自主原则与知情同意权逐步在中国医院的医疗实践中取得了一席之地，"家庭中心主义"正在逐步瓦解，取而代之的是"个人中心主义"的兴起。所谓"个人中心主义"，就是指个人可以对涉及自身利益的事项独自作出决定，而不需要受他人的支配。它强调实现人的独立性和自主性。"个人中心主义"在医疗实践中的含义就是患者享有绝对的自主权，尤其强调患者在临终前的自主权，其可以决定是否接受治疗、如何走向死亡这些与个人利益息息相关的事项。现代医疗技术经过数百年的发展，取得了巨大的进步，已经能治愈绝大部分疾病，对于一些疑难杂症，例如艾滋病等也可以通过药物来加以控制。医疗技术的进步极大地提高了人类的平均寿命，为人们过上幸福的生活创造了条件。但是现代医疗技术也在挑战着传统观念，通过使用现代科技手段，患者在生命末期可以"延迟死亡"，家属在替患者作出使用医疗措施的决定后，他们看到的并不是患者脸上的笑容，而是患者在丧失尊严的情况之下，痛苦且孤独地离开这个世界。面对这样的情况，人们开始反思，

---

〔1〕 郑玉双："自我损害行为的惩罚——基于法律家长主义的辩护与实践"，载《法制与社会发展》2016年第3期。

在人的生命末期，不尊重患者的真实意愿进行医疗干预是否是有价值的。[1]在对临终患者及其家属进行调查后，人们发现"个人中心主义"最受人们的青睐，不仅临终患者希望能将自己的命运掌握在自己手中，而且患者的家属也希望能够将这一权利"还给"患者自己，以实现患者尊严死。因为生前预嘱制度本身就是"个人中心主义"之下人的亲情理念的表现，即家庭中各成员之间的权利平等，每个家庭成员都拥有对自身生存利益的决定权利，在患者遭受不可治愈的疾病折磨、难以忍受病痛的情况下，家庭成员拥有选择是否接受医疗服务的权利，子女要尊重父母本人的意愿才是孝顺父母。而且现代亲情理念还认为子女应注重在长辈生前关心长辈、尊重长辈、提高长辈生活质量，这样才是"孝"的表现，否则只能表明子女的自私自利。[2]

二、医事法和临终关怀理念的发展

近年来，我国法治社会进程不断加快，公民的权利意识也不断增强，再加上我国正大力倡导人文社会的建设，"以人为本"的理念已深入人心。这在医疗领域也有所体现，主要表现为人们越来越重视对临终患者的关怀，让其生命旅程的最后一刻也变得有尊严。[3]其实早在20世纪中叶，临终关怀观念在国外就得到了初步的发展，一种表达个人意志和临终愿望的文本在一些教区流行开来，这种以乡规民约形式出现的文本就是生前预嘱制度的雏形。生前预嘱以提高患者生命质量和维护患者

---

〔1〕 章樱馨："生前预嘱的法律问题研究"，甘肃政法学院2017年硕士学位论文。

〔2〕 范瑞平：《当代儒家生命伦理学》，北京大学出版社2011年版，第56页。

〔3〕 谢和成："临终关怀的伦理困境及对策探讨"，载《中国医学伦理学》2016年第2期。

尊严为目标，给予患者极大的尊重。这是传统医学所缺乏和忽视的内容，却是现代社会"以人为本"的精神诉求。诺贝尔奖得主特蕾莎修女就是推广这一先进制度和理念的先驱，她帮助许多人实现了自己的临终愿望，在这些愿望中就包括了以自己要求的方式走向死亡。即当我们的生命处于弥留之际无法抉择时，我们有权利按照自己的方式度过余生，真正做到"我的生命，我做主"。临终者在绝大多数情况下，身体和心灵都处于极度痛苦的状态，因此，必须给予临终者全方位多角度的关怀。临终关怀虽然是一个"舶来品"，但是它对生前预嘱制度的形成特别是基本原则的确立发挥了极大的作用。

医事法是调整医患关系、医疗实践和法律实务为内容的法律、法规的总和。因为生前预嘱制度涉及个人对临终医疗事务的处理，所以医事法对生前预嘱制度基本原则的形成有直接的影响。医学伦理是医事法律规范得以建立的前提和基础，而医学伦理的尊重自主原则是其根基，所以保护患者的自主权是医事法最重要的任务之一。同时，它也是生前预嘱制度的理论基础。医事法所规定的患者的自主权分为积极自主权和消极自主权。积极自主权是指患者积极配合医生的治疗，意欲通过规范的诊疗减轻疾病所带来的痛苦；消极自主权指的是患者拒绝使用生命保障系统的权利。[1]自从生前预嘱这一制度和理念产生以来，医事法所规定的患者的自主权就在不断影响着生前预嘱的原则的形成和制度设计。订立生前预嘱的当事人预先将自己在临终之际的医疗意愿固定下来，这样当预嘱签署人身患不可治愈的疾病等特定情况时，医生和家属就要充分尊重患者预先对自己所做出的安排，因此生前预嘱的理念正好与尊重自主原

----

〔1〕　胡超："论患者的拒绝医疗权"，载《医学与法学》2018年第2期。

则的精神相契合。此外，我们也不能忽略医事法的另一个重要原则——知情同意原则对生前预嘱制度基本原则的形成所发挥的重要作用。知情同意又被称为知情许诺，它是指医生在为患者作出任何决策之前，均需让患者知晓，并向患者说明此种治疗方案的优势及其潜在风险，患者的同意是医生实施某种治疗方案的前提。[1]生前预嘱的最大尊重原则、最佳利益原则、保障人权原则就是在知情同意原则的影响之下逐步确立的。因为知情同意原则可以保障患者得到充足的信息，其可以对这些信息进行分析后，在最符合自己最佳利益的基础上作出决定，为自己临终之际作出安排。患者得到的消息越充分，越有利于体现患者的真实意愿，并且，知情权本身就是人权的重要组成部分。

三、近现代民法的发展

说民法是一个国家最重要的法律一点也不为过，一个自然人的一生，从出生到死亡，乃至死亡后的遗产分割，我们都能从民法典中找到答案。民法具有重要的社会作用，它始终以保障自然人和法人的基本权利为己任，一个社会的文明程度越高，其民法体系也就越完备。世界上发达资本主义国家大多都拥有历史悠久的民法典，在民法典的引领之下，这些国家建立起了良好的社会秩序。并且，民法的意思自治精神对推动现代民法制度的建立和促进社会经济的发展发挥了非常重要的作用，因为它极大地提高了经济活动的效率。民法根据其所处历史阶段的不同，可以分为近代民法和现代民法。近代民法，是指以古罗马法为蓝本，并在结合日耳曼法一些习惯的基础上发展起来

---

〔1〕 杨平、肖进、陈宝珍主编：《医学人文科学词汇精解》，第二军医大学出版社 2002 年版，第 205~206 页。

的理论体系。比较典型的代表是《法国民法典》和《德国民法典》，近代民法的制定适应了资本主义经济发展的要求，为欧洲国家经济的发展奠定了法律上的基础。现代民法是指在近代民法的基础之上，针对社会上出现的新情况、新问题，对近代民法进行完善之后所形成的概念、学说、制度的总称。因此，近代民法和现代民法并无本质上的差别。不仅如此，近代民法与现代民法还有很多共通点，比如，它们都注重对私权的保障，都把当事人自我权利的实现作为其准则之一。这集中体现在民法的基本原则上，民法基本原则，是指其效力贯穿于民法始终（包括立法、守法、执法各环节）的民法根本规则。

民法规定的是私人的利益，强调主体之间的平等。客观上要求排除公权力的恣意干预和介入。[1]因此，民法应当体现当事人的意志，国家不应该过多地干涉，最好做到尊重和维护当事人的自由。自愿原则是民法的一项基本原则，民事主体在法律上的地位都是平等的，因此，民事主体有权自行决定是否从事民事活动，其他任何机关、团体和个人都不得干涉。以欺诈、强迫、威胁等违背交易主体意志的不正当竞争行为，都为法律所禁止。[2]简单地说，自愿原则的具体内容主要有四个：第一，民事主体有权自愿从事民事活动，其他民事主体不得干预，更不能强迫。第二，民事主体有权自主决定民事法律关系的内容，可以选择与谁建立民事法律关系，并决定具体的权利义务内容。第三，民事主体有权自主决定民事法律关系的变动。第四，民事主体应该自觉承担相应的法律后果。自愿原则的主要表现有：第一，当事人自主决定民事事项。在民事活动中，当

---

[1]　陈树茂："论民法中的自愿原则"，载《法制与社会》2018年第26期。

[2]　曾培培、强美英："论精神障碍患者的自主权问题——以《精神卫生法》自愿原则为视角"，载《医学与哲学（A）》2016年第4期。

事人可以自主决定各种事项，不仅可以决定是否实施某行为或参与某民事法律关系，而且可以决定行为的相对人、行为的方式以及法律关系的内容等；当事人不仅可自主决定实体上的权利义务，而且可自主处分其权利，选择处理纠纷的程序、方式等。当事人关于民事事项的约定，只要不违反法律的强行性规定，就有法律效力，并且"约定大于法定"，即当事人关于该事项约定的效力优先于法律关于该事项的任意性规定。第二，当事人对自己的真实意思负责。真实的意思表示是民事法律行为生效的要件之一，也是当事人承担法律后果的前提条件。反之，民事法律行为会因为缺少当事人真实的意思表示而不具备法律效力，民事主体也无需承担法律责任。并且，当事人对于自己在意志不自由的情况下造成的损害，原则上也不承担责任。按照自愿原则，民事主体在民事活动中，有权根据自己的意愿，充分表达自己的真实意志，自愿从事民事活动，按照自己的意思自主决定民事法律关系的内容，并承受相应的法律后果。

由此可知，把自愿原则确定为民法的基本原则是基于民法的性质。民法以人为本，把人置于整个社会的中心，始终用公平正义的观点来规范人的行为，对自然人和法人的权利义务关系作出了明确的规定。并且，民法的大部分法律规范为任意性规范。因此，只有贯彻自愿原则，才能够最大限度地发挥民法的作用，并激发当事人的聪明才智，促进竞争和商品经济的发展。此外，自愿原则的确立也有利于平等原则的贯彻落实，作为民法领域的两大基本原则之一，二者之间是相互促进、相辅相成的关系。在民事活动中，每位公民都享有自由、平等的权利。试想，如果民事主体从事民事活动要处处受限，那自愿原则又怎能落实？同样的道理，如果公民之间的民事权利并不平等，也就毫无自由可言。虽然意思自治原则最主要、最集中地反映在债法特别是合同法之中，但是它在物权法、继承法、亲属法（遗嘱自由）中也有所体现。生前预嘱作为民法领域的一项基本制度，自然受到了意思自治原则的影响。也可以说，意思自治原则是生前预嘱的理论基础。当他们产生"碰撞"之后，生前预嘱制度的基本原则就清晰地浮现在我们眼前。由于意思自治原则把民事主体设想为一个理性的人，可以对利益和风险作出判断，所以民法赋予民事主体广泛的自由权利。并且，国家要承认个体的独立性，一般情况下不得对其进行干预。[1]因此，在生前预嘱的制度设计中，应当将当事人的真实意愿放在最核心的位置，并在保障当事人利益和人权的基础之上，将对当事人的损害降至最低。当事人会在多种利益之中进行衡量，并在最佳利益原则的指引之下实现个人对临终医疗事项的诉求。只要预嘱人在签订文本时是自愿的，那么当事人的意思表示就应该得到执行。

第三节　最大尊重原则

一、最大尊重原则的基本概念

死亡是普世性的，是每个人都要面临的人生课题，没有一个人能逃过死亡的毒钩。在临终之际，我们有没有权利选择离开这个世界的方式？生命和死亡的权利到底属于谁？我们尊重生命就要尊重生命的自然规律和事实。每一个成年且心智健全的人都有权决定如何对待自己的身体，患者有权自行决定如何治疗，哪怕是临终患者失去了决策能力，其也不能失去临终决

---

〔1〕　谢怀栻："从德国民法百周年说到中国的民法典问题"，载《中外法学》2001年第1期。

策权利。[1]由于预嘱人的个人意见是生前预嘱制度的灵魂所在，因此，我们可以得出最大尊重原则是该制度的一项基本原则。最大尊重原则又称自主原则。作为医学伦理学的四大基本原则之一，最大尊重原则的具体含义是指医患交往时应该真诚地相互尊重，在这一相互关系之中，尤其强调医务人员在患者的诊疗、护理实践中应当尊重患者的自主性，让患者提前自主决定当"大限"来临时自己的死亡方式，不至于到了生命末期自我权利被其家属剥夺，以确保患者的真实意愿能够得到贯彻和执行。并且，最大尊重原则有狭义与广义之分。狭义的最大尊重原则主要是对医生的约束，由于医生在诊疗过程中处于主导地位，这间接导致了医务人员对患者人格权的损害。因此，最大尊重原则要求把尊重患者的人格权放在首要位置。[2]患者享有人格权，是狭义尊重原则具有道德合理性并能够成立的前提和基础。[3]广义的尊重原则还包括自主原则，即尊重患者及其自主性，确保患者在临终阶段所接受的医疗服务都是自己选择的。[4]自主选择的实质是对患者自主权利的尊重和维护。最能体现尊重患者自主性的方式是"知情同意"，医务人员所做的每一项诊疗活动都应当向患者解释清楚，患者在知情的情况下表达自己的意愿。在生前预嘱的制度设计中，很多方面都体现了最大尊重原则。生前预嘱面向所有年龄阶段的人，而不是像大多数人认为的只适用于老年人。并且，要求预嘱人在进行意思表示时是健康且神志清楚的，这样可以确保该意思表示只代表预嘱人

---

〔1〕 丁映轩："生前预嘱的伦理问题研究"，遵义医科大学 2019 年硕士学位论文。

〔2〕 丁树芹等："浅谈医事法学视野下知情同意权的制度研究"，载《中国卫生事业管理》2011 年第 7 期。

〔3〕 喻建军："生命伦理视阈下临终患者权利保障机制的建构"，成都中医药大学 2016 年硕士学位论文。

〔4〕 李恩秀："论医患关系中的知情同意权"，苏州大学 2007 年硕士学位论文。

的个人意志，而排除了可能对预嘱人造成影响的其他人的意见。

　　"选择与尊严"公益网站成立于 2006 年，它是向中国民众介绍并推广生前预嘱制度的窗口。在网站的宣传之下，很多人从对生前预嘱制度一无所知到成为这个制度的推动者。"生前预嘱""尊严死"这些原本陌生的词汇也逐渐被越来越多的国人知晓。[1]该网站制订了适用于中国人的生前预嘱文本，使该制度在中国的确立成为可能。到目前为止，已经有超过 37 000 人在"选择与尊严"网站上制定了自己的生前预嘱。根据该公益网站的理念，生前预嘱文本是随时可以改变和更新的，预嘱人在签订了文本之后仍然可以对文本的内容作出变更，其可以在文本中增加或者减少接受医疗服务的种类。这无疑是对最大尊重原则最好的诠释。因为一个人的医疗想法可能会随着自身的经历而不断改变。比如，预嘱签署人目睹其家属在临终阶段由于使用呼吸机这一生命保障系统而把气管切开的痛苦经历后，很有可能会在自己的生前预嘱文本中放弃呼吸机这一维持生命的医疗方法。但是最大尊重原则有一个例外情形，也就是医生在一定条件下享有干涉权，当老年患者放弃治疗的决定危害他人或者公共利益时，医务人员应当以公共利益为重。也就是说，最大尊重原则的例外情形是个人利益向社会公共利益妥协的结果。比如，当预嘱人在签订生前预嘱文本后身患某种传染性疾病，可能对他人的生命及公共利益造成威胁时，我们就不得不违背预嘱人的真实意愿。即医生将不会执行预嘱人作出的是否接受医疗服务以及接受何种医疗服务的意思表示。2020 年初，新型冠状病毒引发肺炎疫情，新冠病毒潜伏周期长、传播力度强、不易防控的特点使得该病毒在全球肆虐，截至目前，已经有超

─────────

　　[1]　邓仁丽、杨柳："大陆预立医疗照护计划的临床实践"，载《医学研究与教育》2019 年第 1 期。

过二百多个国家和地区的 2 亿多人被感染，超过 400 万人被病毒夺去了生命，疫情改变了全球经济发展的步调，改变了人们的生活方式，也让人们对生命有了新的看法。我们可以作出一个假设：如果预嘱人碰巧感染了类似于新冠病毒的传染病，并且随着病情的发展出现病危，这时，如果一味地按照预嘱人的意愿，不对其施加医疗服务，那么该预嘱人就会成为一个潜在的传染源，极容易将病毒传染给包括众多医护人员在内的其他人，其后果不堪设想。因此，在这种情形下，医护人员可以为了社会公共利益而对该预嘱人实施强制医疗。也就是说，患者的自决权与社会公共利益发生冲突时，我们应当以社会公共利益为重。由此，我们可以得出生前预嘱制度中的最大尊重原则需要同时满足以下条件：第一，最大尊重原则必须建立在医护人员为患者提供适量、正确且患者能够理解的信息基础之上。信息的双向流通对生前预嘱的制度设计来说至关重要。医生和患者之间详细的沟通能够加深医患之间的相互了解，特别是对于医生来说，能够洞察患者对于治疗手段及方式的态度。而信息的不对称只能加深医患之间的误解与不信任，不利于生前预嘱制度的贯彻执行。第二，患者应具有一定的自主能力。自主能力即独立思考、独立处理自己事务的能力。毕竟生前预嘱制度的执行事关当事人及其家属的切切利益，因此，这一决定的作出应当建立在患者具有自主能力的基础之上。如果患者在签订生前预嘱文本时处于精神失常状态，那么，该预嘱文本的效力也会受到影响。第三，也是最容易被人们忽视的，患者的自主性决定不会损害他人和社会公共利益。"公共利益保留"是我们确立一项制度或者原则时所要考虑的标准之一。如果一个人的决定会对社会公共利益造成损害，根据公共利益优先于个人利益的原则，其决定将不能得到执行。即预嘱人行使自我决策的权利应当在社会公共利益的框架之内，不得超出社会公共利益的基本范畴。

二、最大尊重原则与最小干预之间的关系

最大尊重同时意味着最小干预。生前预嘱制度中的最小干预和当事人的隐私权息息相关。隐私权是个人一种独处而不受外界侵扰的权利，我们每个人都有不愿意被他人知晓的生活隐私。并且，这种生活安宁也是受到法律保护的。在日常的诊疗过程中，除非得到患者的同意，否则医生不得将其所知晓的患者的私密信息向他人揭露。一旦民事主体的这种安定状态受到他人的侵犯，其便可以拿起法律的武器来保护自己的合法权益，追究他人的法律责任。生前预嘱文本中有很多涉及当事人隐私的内容，如预嘱人的健康状况、医疗偏好等。在中国，新颁行的《民法典》将隐私权确立为一项独立的人格权，作为一种基本的人格权利，其在保障人们的隐私上发挥着重要的作用。为此，在生前预嘱的制度设计中应当尽可能地让预嘱人成为整个制度的中心。执行预嘱人的意思表示应是生前预嘱制度设计中最为重要也是最核心的一环。除非预嘱人的意思表示有违反法律、法规及社会公共利益的内容，否则，预嘱人的想法一律应得到执行。反过来说，如果患者的隐私涉及公众利益，患者的隐私权就不是我们优先保护的对象。预嘱人在签订生前预嘱文本时，要排除其他因素的干扰，确保文本内容是预嘱人独立的意思表示。负责签订预嘱文本的工作人员仅能为预嘱人提供简单的说明服务，例如对文本的格式作出说明等。即工作人员不能有影响预嘱人作出决定的行为。也就是说，工作人员扮演的只是一个辅助性的角色，真正的"主角"还是签订预嘱文本的当事人。

三、最大尊重原则确立的意义

最大尊重原则是保障患者根本权益的必要条件，并且，它的贯彻执行还会给患者家属带来心理上的安慰，从更深远的意义上讲，最大尊重原则的确立还可以为我们整个社会带来不可估量的利益。

（一）最大尊重原则将极大地缓解目前医疗实践中普遍存在的"重病不重人"的现象

在医护人员的日常工作中，他们把大部分精力都放在了攻克疑难杂症上，这固然有利于提高我国整体的医疗水平，提高国人的平均寿命，却耗费了大量的精力。最大尊重原则在生前预嘱制度中的关键一步。由于患者已经对是否接受医疗服务以及接受何种医疗服务作出了选择，那么，医护人员就会在日常的诊疗过程中注重与患者进行交流，尊重患者的意愿。只有医生把目光放在患者身上，"重病不重人"这一问题才会得到解决。届时，"重病也重人"将会成为我国医疗领域的常态。并且，最大尊重原则是医学人道主义基本精神的必然要求。在传统的医患关系中，患者往往不参与决定自己的医疗问题，而最大尊重原则正是打破这一藩篱的利器。由于预嘱文本的存在，医生势必会与患者进行沟通，这样可以让患者在生命的最后时刻感受到来自医务人员的关怀与陪伴。同时这种临终关怀也可以提高我国医疗领域的人文情怀。最大尊重原则实现的关键是医护人员对患者的尊重，但同时也要有患者对医护人员的尊重。如果患者得不到医生的尊重，和谐的医患关系就难以确立；如果医生得不到患者的尊重，整个国家的医疗体系也会受影响。[1]

---

[1] 路薇："医学伦理学——基本原则及范畴"，载《诊断学理论与实践》2006 年第 3 期。

（二）最大尊重原则可以缓和目前我国紧张的医患关系

医患关系的两方当事人是医务人员和患者，这种关系存在于医生为患者诊疗的全过程。著名医史学家西格里斯曾经说过："每一个医学行动始终涉及两类当事人：医师和病员，医学无非是这两群人之间多方面的关系。"[1]医生和患者的相互尊重使中国和谐的医患关系维系了数千年，近年发生在医院里的暴力伤医事件屡屡成为舆论关注的焦点，根据最高人民法院2015年的数据，2014年全国共发生杀医伤医事件155起，并且这一态势在近年来呈持续上升趋势。如何减少医患冲突，增强两者之间的相互信任，构建和谐的医患关系，是留给全社会的时代命题。作为解决这一社会问题的最重要的制度设计之一，生前预嘱将是否接受医疗服务的权利交给了患者自己，最大限度地保障了患者自主权的实现，医生也从原来的主导者变成了配合者。正是由于这种角色的转变，医生和患者在某种意义上成了一个整体，这会大大减少医生和患者之间的矛盾冲突。因此，最大尊重原则的确立是建立和谐医患关系的必要条件和可靠基础。

（三）最大尊重原则是现代医学模式的必然要求

最大尊重原则的确立可以释放宝贵的医疗资源，缓解医疗压力。患者在临终阶段治疗必须要有先进的医疗技术做支撑，而我国人口基数大，医疗资源本来就非常紧张，"看病难"现象至今仍是我国社会面临的一个十分严峻的问题。家属违背患者意愿让其接受毫无意义的治疗，虽然绝大部分中国人在面对这种情况时会作出相同的抉择。但是，患者家属采取此行为的弊端也是显而易见的，它不仅使患者临终时的愿望落空，留下无法弥补的人生遗憾，也与现代医疗模式相违背。毫无疑问，对

---

〔1〕 印婧："构建和谐医患关系路径研究"，苏州大学2014年硕士学位论文。

重症患者的治疗占据了我国相当一部分的医疗资源。而生前预嘱制度的确立和执行将使这一社会问题得到缓解。由于很多重症患者放弃使用一种或几种医疗服务，重症医学科的压力将会减小，节约下来的医疗资源可以向欠发达地区倾斜，这样可以提高我国整体的医疗水平，避免医疗资源过于向大城市集中。此外，该原则的确立在特定情况下还将救国家于危难。新冠疫情让中华民族备受考验，武汉作为重灾区各种医疗物资全面告急，在这种危难关头，国家、部队和各省市累计派出 200 多支共计 3 万余名医护人员驰援武汉，实现了中国抗击疫情的重大胜利。而生前预嘱制度所追求的目标之一就是通过减少临终患者使用生命保障系统的概率，解放医务人员特别是重症医学科的医护人员，以备不时之需。

第四节　最佳利益原则

一、最佳利益原则的基本概念

一项法律制度或者社会制度可以成为社会进步的推动剂。例如，20 世纪 80 年代初推行的计划生育政策就极大地缓解了当时中国巨大的人口压力，实现了中国经济的高速增长。几十年后的今天，虽然这一政策的弊端已开始显现，但我们仍然不可否认其曾带给中国社会的红利。我们应该认识到，虽然一项制度带给社会的价值往往不止一种，但是这些价值有时却是相互矛盾的，这就需要我们根据社会的发展现状在进行比较分析之后进行取舍。最佳利益原则也被称为利益最大化原则，是指一项制度带来多种利益，并且多种利益之间存在博弈，我们需要在这其中选择一个最佳利益进行保护，做到"两利相权取其重"。即体现人类更高价值的利益往往会贬抑次高价值的利益。

生前预嘱这一制度在设计过程中，特别是在执行生前预嘱时，最佳利益原则就会"闪亮登场"。严重的医疗状况会让医生与患者各自产生不同的需求与欲望，患者的最佳权益在医生和患者之间却不是一致的。[1]国家有保护公民生命的义务，而老年患者有根据自身的医疗偏好及经济情况选择是否通过医疗服务延长生命的自由。当国家利益与个人利益发生冲突时，我们将如何抉择？此时，我们需要借助最佳利益原则来找寻答案。

二、生前预嘱制度的国家利益

（一）保护生命

生命是人类进行一切活动的前提和基础，同时，生命权也是人权最重要的体现。鉴于生命权至高无上的地位，保障公民的生命权也就顺理成章地成了一个国家最重要的任务，这也是衡量一个国家能否保护好其公民的重要标准。传统道德认为一个人通过预嘱的方式决定自己如何死亡是不能为人们所接受的，很多思想保守的学者甚至把它和自杀等同起来。他们认为如果医务人员执行了患者在精神状况良好的情况下制定的预嘱就是间接地参与到了患者的"自杀"行为当中。患者正是在医生的帮助之下才实现了"自杀"的结果，医生的这种行为可能会构成犯罪。因为在传统医学观念的影响之下，医生在面对患者时，无论其处于什么样的情况，医生都不能轻言放弃，此时医生所能做的就是竭尽全力挽救患者的生命。在这种观念下，生前预嘱被认为有悖于医生救死扶伤的天职，是医生不尊重生命的体现。[2]

---

〔1〕[美]彼得·于贝尔：《生命的关键决定：从医生做主到患者赋权》，张琼懿译，生活·读书·新知三联书店2017年版，第142页。

〔2〕余文诗等："'尊严死'还是'赖活着'？——我国生前预嘱的伦理困境分析及对策研究"，载《中国医学伦理学》2018年第6期。

如果不执行患者的预嘱决定，则有利于保护患者的生命权，实现国家对公民生命权益的保障。但是，临终患者的生命权更多强调的是对自然规律的尊重，让其有尊严地离开这个世界，而不是靠着呼吸机"苟延残喘"。如果临终患者要求接受生命保障系统，尝试各种先进的医疗措施，这无可厚非；如果其放弃临终抢救和无谓的医疗措施，我们并不能认为这是对生命的亵渎，相反，这是对生命最大程度的尊重。因此，生前预嘱制度并不是对生命的亵渎，而是对生命健康延续权利的一种尊重。

（二）保障特殊人群如未出生胎儿或未成年儿童的合法权益

对于未成年儿童来说，其在法律上是无民事行为能力人或者限制民事行为能力人，无法独立作出意思表示，需要未成年儿童的监护人或者代理人代其进行民事活动。此时，如果一个未成年儿童身患某种严重疾病，其监护人或者代理人由于经济原因或其他原因深感无望而放弃治疗，并为患病儿童签订了生前预嘱，那么此时的这份预嘱可能会违背患病儿童的真实意愿，因为他可能有着非常强烈的求生欲。此时，如果一味地执行监护人或者代理人的生前预嘱则会损害患病儿童的合法权益。相反，如果不执行监护人或者代理人的生前预嘱，患病儿童就有活下去的机会，这样才能体现未成年儿童的真实意愿，最大限度地保障未成年儿童的合法权益。因此，生前预嘱制度的相关制度设计如制定主体必须要具备完全行为能力等，即体现了对行为能力欠缺者的特殊保护。对于胎儿的利益保护，国家是基于保护生命的国家利益而保护未出生的胎儿。因此，部分国家在进行生前预嘱制度设计时，将女性怀孕设置为生前预嘱暂时中止执行的条件之一，也即如果女性怀孕，则其生前预嘱中止执行，待女性分娩之后则继续执行。但是这种制度也有其缺陷，因为胎儿出生之后即失去母亲，这对于胎儿和整个家庭来说也是一个极大的伤害。这时制度的设计就需要进行利益衡量，以确立利益保护的优先层级。

（三）能够降低社会上居高不下的自杀率

这与国家利益休戚相关，因为自杀率是衡量人民幸福指数的重要指标。在一些人类发展指数较高的国家，自杀率处于极低的水平。这让这些国家在国际上赢得了较高的国际声誉。很多人认为生前预嘱制度所推崇的减少或者取消生命保障系统是一种抛弃生命的自杀行为。因此，这一部分人的普遍共识是不执行生前预嘱制度是一剂防止自杀行为的"良药"。但是，在了解牛前预嘱制度背后的深刻含义之后，我们可以得出一个与我们平时的认知相反的一个结论，即执行生前预嘱制度不仅不会使自杀率升高，反而会降低自杀率。因为减少或取消生命保障系统并不是一种自杀行为，而是一种对自然死亡的遵从。如果不执行生前预嘱制度则意味着"缓和医疗"得不到贯彻执行，那些身患重病的老年患者可能就会因为对临终前过度医疗服务的恐惧而提前结束自己的生命。

（四）不执行生前预嘱制度能够维护医疗行业的道德完整性

这亦与国家利益休戚相关。救死扶伤是医护人员的本职工作。当一个人因为身患重病进入医院，无论其身患何种疾病，医生都会竭尽全力进行救治。只有这样，他们才是完成了自己的使命，医疗行业的道德完整性才得以维持。很多人认为执行生前预嘱会使这一道德完整性受到严峻的挑战。因为他们认为不论患者的真实意愿如何，医生所要做的就是使用一切医疗手段挽救患者的生命，就好比消防人员遇到跳楼自杀的人也要尽一切手段让他脱离危险一样。但是，在很多情况下，一味地按照医疗行业的道德标准并不会让一个家庭和社会从中获益。因为，当死亡的问题出现时，医生对老年患者的唯一责任是提供安慰和减轻死亡的痛苦。因为，医学的本质是尽可能地对患者进行帮助，并不是通过使用既有的医疗手段来改变生命的自然进程。现代医学应当以注重对人性和灵魂的帮助为己任，给处于临终之际的病患以人性的关怀。这与生前预嘱的理念不谋而合，不对重症患者施加过多的医疗服务，仅根据他的要求对其进行一些减轻疼痛的医疗服务。或许这才是一个医务工作者所要遵循的职业道德。从长远的眼光来看，生前预嘱制度的执行会使国家利益得到保障。

三、生前预嘱制度的个人利益

与国家利益相对应的是公民的私权利。简单地说，私权就是公民在自主、平等的社会生活、经济生活中所拥有的财产权和人身权。改革开放 40 多年来，中国社会发生了翻天覆地的变化，人民的生活水平不断提升，但是我们同时应当认识到在中西部地区以及广大农村人们的人均可支配收入还比较低。很多底层民众会因为一场疾病花光辛辛苦苦积攒几十年的积蓄，因病返贫的现象屡见报端。大数据显示，很多中国人一半以上的医疗费用花在了生命的最后半年。这是非常不经济的一种做法，由于很多国人想把自己的积蓄用在临终之际，且这一想法无时无刻不在束缚着国人，这使得很多人在身体健康时也无法提高其生活质量。因此，生前预嘱制度担负着重要的使命，它在保护患者的私权益上发挥着重要的作用。在临终时放弃过度抢救以及生命保障系统，以最有尊严的方式离开这个世界才是最好的安排。

（一）生前预嘱能够减轻患者的痛苦

如果对临终的患者进行过度医疗，只会徒增痛苦。现代医学在挽救患者生命的同时，也延长了其濒死过程。一个走到生命尽头的人不能安详地离去，而是要忍受带给其人生痛苦的各种急救措施，而这种急救措施还有可能对临终患者的身体造成进一步的损害。对一个身患绝症的患者来说，抢救技术可以人为延长患者存活的时间，但多数的抢救是创伤性的，比如，插管、电击、心肺复苏等。此时的患者在临终前还要承受极大的痛苦，这种痛苦甚至比死亡还要可怕。也许在一些人看来，这些插管和心肺复苏是为了让患者延续他的生命，但是延续生命的结果却是由患者的极度痛苦换来的。即使抢救措施得当，急救成功，他们也不能真正摆脱死亡，而很可能只是依赖生命保障系统维持毫无质量的植物人状态。而根据预嘱人先前的意思表示，医生将不会为挽救其生命而进行无谓的医疗服务，这样会使患者更加心平气和地等待死亡的到来，反而会减轻患者的痛苦。

（二）生前预嘱能够提升人们的生活质量

生前预嘱制度看似在讨论死亡这个严肃的话题，但是其深层含义却是如何让我们更好地活着。它既是关于如何"死得好"的优逝教育，更是"如何珍惜现在，好好活在当下"的生命教育。我们所处的这个时代，各种不确定的风险在不断增加，"及时行乐"主义受到很多人的推崇。生前预嘱的精神与这一理念有异曲同工之妙。但是，大部分人所经历的临终之前的过度的医疗服务会成为人们追求幸福生活的"绊脚石"，相反，生前预嘱制度则会成为人们追求幸福生活的"垫脚石"。生前预嘱制度将拒绝过度医疗服务作为其首要目标，它在"解放"人们的思想方面发挥了巨大的作用。人们逐渐认识到与其将毕生的积蓄都花在痛苦的临终时刻，不如通过拒绝临终前过度医疗的方式将积蓄用于提高平时的生活品质上。例如，可以适当地增加外出旅行等降低恩格尔系数的行为让自己的生命变得丰富多彩。

如果把这些钱放在对疾病的预防上，这将对社会资源的合理分配具有巨大的推动作用。并且，一个人在临终前无论接受多么昂贵的医疗服务，其生命质量都处于极低的水平。试想，一个人在临终之前，陪伴在患者身边的不是他最熟悉、最想念的亲人，而是各种冰冷的仪器，这是何等的残酷。当患者病情加重后，他们的身体上会逐渐插上各种管路，输液用的深静脉管、喂食用的胃管、维持呼吸用的气管插管，还有吸痰管、尿管等。而患者似乎只是这些仪器的配角，无声无息地躺在那里，只有偶尔的肢体活动或是眼睛的开合，才能够提醒人们他的存在。[1]

（三）生前预嘱制度能够极大地缓解家庭的经济压力

在所有国家和地区，医疗费用的支出都是一个无底洞，实际上，在人没有生命质量的时候，往往是医疗费用花费最多的时候。过去，人们大多在家中安详地离开这个世界，生老病死在很多人看来是一个自然的过程，而现在，随着人们理念的转变与经济水平的提高，越来越多的人选择在医院接受痛苦的治疗后离世。20世纪50年代，世界范围内的医疗技术取得了巨大的进步，其中就包括重症监护病房（ICU）的投入使用。而现在，重症监护病房成了各大医院的标配，那里每天都在上演和死神赛跑的故事，它也成了很多重症患者一生的终点站。但ICU每日动辄上万元的高昂花费使很多本来就不富裕的家庭更加雪上加霜。但令人遗憾的是，这种代价换来的却是患者短短几天甚至几个小时的生存时间，并不会改变患者在短时间内死亡这一结果。[2]对于那些经济条件不好的家庭来说，其家属患上重

---

〔1〕 李扬、李玲："临终患者预先护理计划的研究进展"，载《护理研究》2020年第5期。

〔2〕 刘宇鹏、万献尧："ICU临终患者治疗抉择的伦理问题"，载《医学与哲学（临床决策论坛版）》2011年第5期。

病之后会让他们陷入两难的境地，如果不让病重的老人接受医疗服务，会受到亲朋好友异样的眼光。如果一味地接受医疗服务，可能他们确实无力承担高昂的医药费。生前预嘱制度则是解决这一问题的良药，预嘱人通过放弃自己在病重时接受医疗服务的方式，不但可以节约高昂的医疗费用，并且避免出现家属出于感情或者孝心不愿放弃治疗，却违背患者愿望这一现象，正可谓两全其美。

（四）生前预嘱制度能够实现患者利益的最大化

过去，医生更多是考虑怎么抢救患者的生命，重点关心的是什么时候手术、心肺复苏、人工呼吸等延长患者生命的措施。医院往往会遵照患者家属的要求，进行明知无益的"临终救治"。但却没有意识到让患者减少痛苦、有尊严地死亡也是医生的责任。很多人认为生前预嘱就是不使用任何的抢救措施，放任患者死去。很多人也都有"怕痛不怕死"的想法，他们认为临终前不接受任何的医疗服务是非常痛苦的。于是，生前预嘱这一保障患者利益的制度让很多人望而却步。其实不然，生前预嘱并不意味着放弃抢救，也不意味着让末期患者"等死"。而是通过让患者自己决定如何死亡这一方式，明确表达其接受或者拒绝何种治疗手段。"缓和医疗"也被称为"安宁医疗"，是实现尊严死的手段。它的理念是为患有无法治愈疾患的患者提供积极的全方位照顾，减轻末期患者的身体疼痛和心理压力，陪伴患者安详地走完人生的最后一程。生前预嘱就是在最小伤害和最大尊重原则的前提下，通过减少生命保障系统的使用，让末期患者的最后时光尽量舒适、宁静和有尊严。这符合患者利益第一、尊重患者的原则，能够实现患者利益的最大化。

四、两利相权取其重

通过国家利益与个人利益即公权与私权的博弈，我们不难发现，不执行生前预嘱带来的所谓国家利益始终不能超越个人对其生命的决策权。虽然通过治疗使患者重获健康是我们追求的最佳利益，但是对于一些特殊患者来说，我们也必须考虑他们不同于常人的特殊要求。[1]虽然国家有义务保障公民的生命权，但是这并不意味着在任何条件下国家都必须行使权力强迫公民接受保护。[2]当生前预嘱的签署人处于弥留之际，将在短时间内死亡时，此时他就可以行使尊严死亡的权利，放弃使用生命保障系统来维持无意义、无质量的生存状态。国家享有的对公民生命的保障义务并不能对抗预嘱签署人对自己生命的自决权。并且，国家对公民生命权的保障义务主要体现在当公民的生命权受到外来侵害或者威胁的时候，允许患者自己决定死亡的方式，国家就完成了对公民生命权的保障义务。如果患者不能按照自己的意愿度过生命的最后时光，他们就无法享受到人世间最后的温情。在最需要家人陪伴的时刻，陪伴在患者身边的却是医务人员和护工，家人被挡在了病房门外，导致患者失去了与亲人相伴的权利。因此，我们应当将如何死亡的权利交给患者。当死亡来临时，我们可以选择一个拥抱它的方式。生前预嘱制度能够让普罗大众减轻对死亡的恐惧，以微笑的态度迎接死亡的到来。有尊严地活着，有尊严地死去，这大概就是我们所追求的人生的最高境界。

---

[1] 张娟："患者自主权：内涵、困境及突破——以马克思人学交往理论为分析视角"，载《福建论坛（人文社会科学版）》2018年第3期。

[2] 赵子夏："从生命权视角探究尊严死的正当性"，载《山东省农业管理干部学院学报》2013年第4期。

第五节 尊重和保障人权原则

一、尊重和保障人权的基本概念

我们每个人都是自己命运的主宰者，在生命的最后阶段，我们有权按照自己的意愿度过余生。唯有由此，我们才能实现个体的人生价值。人权，是指人的生存和发展所必须具备的基本权利。尊重和保障人权即尊重个体的生命权、财产权等基本权利，并为这些权利的实现提供必要的保障措施。尊重和保障人权是党和国家工作的重心，在宏观政策的指引下，政府也适时地推出了一系列尊重和保障人权的具体措施。虽然人权是"人因其为人而享有的权利"，但是缺少了法律的保障，就容易发生对人权的践踏。历史的经验告诉我们，只有将人权在国家的根本大法——宪法中进行规定，才能充分发挥人权对于人民权利的保障作用。并且，在当今主流社会的宪政体制中，宪法一般都将保障人权具体化和明确化。2004 年 3 月 14 日，注定是一个被世人铭记的日子，"人权入宪"在我国得以实现，几代人的梦想成为现实。关注人的价值、权益和自由，注重社会公平，保护弱势群体的利益是我们一直以来的追求。

二、推广生前预嘱对保障人权的具体体现

推广生前预嘱和安宁医疗，最大的价值就在于能够维护和实现当事人自己的基本人权。世界卫生组织提出了缓和医疗的原则，它们分别是：维护生命，把濒死认作正常过程；不加速也不拖延死亡；提供疼痛的缓解服务；提供支持系统帮助家属处理丧事并进行抚慰；要考虑到患者和家属的躯体、精神心理、社会和灵魂的要求。因此，当患者所罹患的疾病已经无法治愈

时，缓和医疗的人性化照顾被视为理所当然的基本人权。很多人认为，在生命即将走向终点的时刻想要留住人的尊严是一件十分困难的事情。生前预嘱的出现为解决这一难题提供了可行的方案，它使人们的尊严保留到了生命的最后一刻。因为生前预嘱制度也被称为"尊严死"，所以它的确立与人们尊严权的实现有着必然的联系。[1]尊严权是生命权和自由权的合理延伸，如果一个人没有尊严，那么他的生命至多是一种无人格的形式，这无疑是和人权所不容的。作为一种基本的人权，尊严的价值和重要性不言而喻。中国社会的飞速发展，冲击了人们固有的观念，如何有尊严地离开世界，是很多老年人日常思索的问题。生前预嘱制度的实施可以减少一些毫无意义的医疗措施，对于患者来说，他们在那个时刻最重要的不是使自己失去尊严的治疗，而是在亲人的陪伴下有尊严地离开。生前预嘱所推崇的"优逝"理念可以使患者在最痛苦的时刻得到心理上的慰藉，并且，它也最大限度地实现了对生命权的尊重。

"选择与尊严"网站为中国人审视生命与死亡提供了新的视角，开启了尊严地走向死亡的大门。"我的五个愿望"是北京生前预嘱协会为中国人量身定制的生前预嘱。为了冲破中国传统文化的束缚，更容易被普罗大众接受，该协会历经数载，反复推敲，终于制定出可用于实践的生前预嘱。它们分别是：我要或者不要什么医疗服务；我希望使用或者不使用什么生命支持医疗；我希望别人怎么对待我；我想让我的家人和朋友知道什么；我希望谁能帮助我。[2]即"生前预嘱"是一份表达个体对

---

〔1〕 朱博文："生前预嘱的正当性研究——以病患自主权为视角"，载《新疆社科论坛》2019年第1期。

〔2〕 柏昕、刘霞："生前预嘱及其在我国的实行建议"，载《医学与法学》2019年第1期。

临终医疗护理诉求的文件，此临终诉求需要在社会和他人的帮助下完成患者对死亡方式的选择，以及在延长生命和尊严死亡之间选择其主观意识的倾向。仔细阅读"我的五个愿望"后，我们会发现，我国所使用的生前预嘱文本以"自我"为中心，注重预嘱签署人个人意愿的表达，保障了预嘱签署人的基本人权。它鼓励人们说出自己在临终的时候到底想要什么和不想要什么。只要人们说出了符合本人愿望的安排，他的家人、朋友、医生乃至全社会都会帮助他实现这个愿望，那就是有尊严地死亡、不痛苦地离去。尊重每一种选择，最大限度地保障预嘱签署人的基本人权，是蕴含在"我的五个愿望"中最充沛的人文情怀。生前预嘱制度可以让人提前为自己的死亡做好规划，从而更加从容、淡定地迎接死亡的到来。

第一个愿望"我要或者不要什么医疗服务"，这里的医疗服务包括一些常规的治疗和检查，以及个人护理等服务。预嘱签署人在签订生前预嘱文本时可以根据自身的实际情况对自己临终前所要接受的医疗服务的种类作出安排。将如何死亡的权利交给自己，这是人权中自由权的延伸和应有之义，因为自由权中就包含了如何死亡的自由。在生命尽头选择要或不要哪种医疗服务以保持尊严是人们的一项基本人权。是否接受医疗服务以及接受何种医疗服务在很大程度上决定了一个人在生命末期的生活方式、生存状态以及生命质量，这些权利本就属于我们自己。临床上有很多医疗服务会对我们的身体造成各种创伤和副作用，比如，癌症患者接受的化疗、尿毒症患者接受的血液透析等。患者在接受这些医疗服务之后，身体内的各种器官都会受到不同程度的损害，人体的免疫力也会下降。癌症患者在接受化疗之后会因为辐射而使头发脱落。此时，为了避免自己在临终前的昏迷状态之下接受这些医疗服务所带来的痛苦，预嘱签署人可以根据自身情况选择不要这些医疗服务。同时，为了能减轻疾病带来的痛苦，预嘱签署人可以让医生和护士在这方面尽可能地帮助他。做到了这些也就对病患的基本人权进行了保护。[1]

第二个愿望"我希望使用或不使用生命保障系统，"生命保障系统包括心肺复苏术、呼吸机、喂食管及抗生素的使用等。虽然这些治疗措施在短期内会延长患者的生命，但它的弊端也是显而易见的，患者临终时的痛苦也会因此增加。死亡质量是衡量一个国家或地区临终关怀是否合格的一面镜子，社会能否为其公民提供"缓和医疗"是衡量其文明程度的一把尺子。在《经济学人》信息部发布的《2015 年全球死亡质量指数》中，英国、澳大利亚、美国等国家排在前列，这说明这些发达国家的临终关怀做得比较到位，人们的离去也更有尊严。在这份榜单中，中国在 80 个国家中仅排在第 71 位，这与我国缓和医疗及生命末期"尊严死"理念发展欠成熟有密不可分的关系。我国公民在临终之际使用生命保障系统维持毫无质量的生存状态已经成了常态。因为在中国，当一个人因为患病无法表达自己的意愿时，其如何走向死亡的权利就被"剥夺"了。在这种情况之下，其只能听从家人及医生的安排。但是，在临终之际是否使用生命保障系统是当事人的一项基本权利，是自由权的集中体现。预嘱签署人通过决定使用或者不使用生命保障系统的方式来对自己临终之际的生活预先做出安排，这是其表达诉求和人权的一种方式。

第三个愿望"我希望别人怎么对待我"，这是预嘱签署人表达自己在临终时希望完成的愿望，包括对于家人朋友的陪伴、离世的地点、最后的心愿等预嘱签署人心中的"大事"作出安

---

〔1〕 陆因："自主权视域下我国终末期患者选择尊严死的质性研究"，大连医科大学 2018 年硕士学位论文。

排，也包括一些生活中看似微不足道的"小事"，比如，是否希望有喜欢的音乐陪伴、是否和自己心爱的宠物见面、在所有时间里身体保持洁净无气味等。能否实现一个人的临终愿望事关人的尊严能否被关注和重视。根据调查结果显示，不愿意进 ICU 病房的患者数量庞大，但由于大部分患者进入 ICU 之前无法清楚地表达自己的意愿，所以都被默认进行抢救，哪怕是毫无质量地活下来。这在某种程度上剥夺了人们选择人生的尊严，不仅导致预嘱签署人无法实现自己临终前的愿望，而且其基本人权也受到了损害。事实上，预嘱签署人心中的愿望被实现的过程也是对其人权进行保障的过程，它让患者在生命的最后一段旅程有了充分的准备。在临终阶段没有疼痛的情况下尽量地减少医疗服务，平静地等待死亡才是大多数人的本来愿望。[1]

第四个愿望"我想让我的家人和朋友知道什么"，这是预嘱签署人在表达自己对家人和朋友想说的话和情感，请家人和朋友平静对待自己的死亡，因为这是每个人都必须要经历的生命过程和自然规律。当事人可以为自己去世后的葬礼等事情根据自己的心愿作出安排，比如是否要开追悼会、是否希望丧事从简等。在临终之际，每个人心中都会有一些心里话想对其最亲近的人诉说，如果这些话语能够表达出来让其家人和朋友知道，那么，他将安详地离开这个世界，反之，则会"死而有憾"。

第五个愿望"我希望谁能帮助我"，这与获助权有关，获助权常常和人道主义联系在一起。尊严死是尊严的重要组成部分，当死亡不可避免的时候，能帮助他人坦然地面对和接受死亡，最终按照自己所希望的方式死去，也是对生命权的重要保障和医学人道主义的真正弘扬。生前预嘱要想真正得到执行需要得

---

[1] Dan Brock, "A Critique of Three objections to Physician —Assisted Suicide", *Ethics*, *Vol*, 109, (1999), 520.

到别人的帮助，因为我国这一制度尚未具有法律效力，如果得不到别人的帮助，预嘱签署人所签订的文本就是一张空头支票。所以，预嘱签署人在签署文本时，至少要慎重地在其最亲近的家人朋友中选择一位，在他们的见证下签署这份预嘱，并且在当事人不能为其做决定时帮助预嘱签署人实现愿望。在生命的最后阶段能得到他人的帮助是多么温暖人心的一件事情，它让患者感受到人世间的温暖，保障了患者最后的人权。

第六节　基本原则对制度构建的作用

基本原则，是整个法律体系或者某一法律部门所适用的、体现法的基本价值的原则。法的原则，即"法律的基础性真理或原理"，[1]在法律体系中发挥着至关重要的作用。而法的基本原则，则体现着法的根本价值，"是整个法律活动的指导思想和出发点，构成法律体系或者法律部门的神经中枢"，[2]并且体现了法的基本价值。生前预嘱制度的基本原则是指该制度的一系列程序设计所必须遵循的方法论。生前预嘱制度涉及的领域很广，包括医疗、法律与生命伦理，生前预嘱制度的基本原则是在对这些领域进行全面分析之后所得出的。因此，生前预嘱制度的基本原则对于制度构建具有重要的指引、促进作用，我们应当以生前预嘱制度的基本原则为出发点，扫清阻碍制度落实的障碍，实现人们的医疗自主权，帮助人们实现有尊严的死亡。

一、增加民众对生前预嘱制度的认可度

民众只有对一项制度有了深刻了解，认识到这个制度可以

---

〔1〕 *Black's law dictionary*, *West publishing Co.* 1983, p. 1074.
〔2〕 沈宗灵主编：《法理学》，高等教育出版社 1994 年版，第 40 页。

为自己带来利益之后，才会发自内心地认可、接受它。如果民众对一项制度的含义、内容都不清楚，又何谈成为该项制度的拥护者和践行者？生前预嘱在我国还是一个待开发的领域，整个社会对生前预嘱制度缺乏系统的了解。从调查中发现，生前预嘱并未得到广泛的普及，听说过这个概念的人只占 38.3%，[1]在这些人中，医护人员、教育工作者占据了相当大的比例。[2]并且，大多数人对生前预嘱的认识还停留在"入门"水平，并未对该制度有进一步的研究。这说明生前预嘱就好比"水中花，镜中月"，并不能发挥其应有的作用。明确生前预嘱制度的基本原则或许是我们破解这个困境的重要途径，因为生前预嘱制度的基本原则直接决定了该制度的基本性质、内容和价值取向，能让人们以最少的时间了解一项法律制度的精髓所在。生前预嘱制度的最大尊重原则、最佳利益原则、保障人权原则都是以维护公民的合法权益为出发点和落脚点的。通过一系列制度设计，可以实现临终患者对其生命的自主权。由于受到传统生死观的禁锢，我国民众对生前预嘱制度还十分陌生，甚至有些排斥，这极大地影响了生前预嘱制度在我国的推广和实施。因此，贯彻该制度的基本原则是让民众认可生前预嘱制度的重要途径。在基本原则的指导之下，人们可以根据自己的意愿决定临终时想要过的生活，只要意愿是真实的，就会得到执行。[3]

---

〔1〕 梁爱华、张凤佩、韩春玲："放弃治疗与预先指示"，载《中国医学伦理学》2013 年第 3 期。

〔2〕 吴前胜等："国内医务人员对生前预嘱的认知研究进展"，载《护理研究》2019 年第 15 期。

〔3〕 邹如悦、杨雪柔、杨芳："比较法视阈的预先医疗指示制度及其在我国的构建"，载《医学与法学》2019 年第 4 期。

二、推动立法

立法，又称法的制定，是指法定的国家机关（在我国是全国人大及其常务委员会），依照法定的职权和程序实现国家意志的过程。立法活动具有如下特征：首先，它是一项国家机关的活动，是同国家权力紧密相连的活动。其次，它是国家机关的法定职权活动，是宪法和法律规定的专门国家机关的职权活动。最后，立法是新的国家意志代替旧的国家意志的活动，这是立法的直接目的和要求。不产生国家意志或者不改变法的内容，就不能称之为立法活动。立法是国家意志形成和表达的必要途径和方式，这是立法最重要的作用。2020 年全国两会，全国政协常委和法制委员会主任沈德咏围绕临终关怀和尊严死问题向大会提交了提案，建议有关部门对此能予以重视，对相关问题尽早组织研究、论证，并适时予以立法规制。生前预嘱的立法是表明一个社会在医学、伦理学、社会学、人口学等领域走向成熟的标志。目前，我国针对生前预嘱的立法基本上处于缺位状态，患者对自己生命抉择的自主权并不能够在现行法律之下得到完全保障。基本原则对立法的推动作用是显而易见的，因为基本原则中包含了一项法律制度最精华、最核心的内容。最大尊重原则、最佳利益原则等明确了生前预嘱制度的价值取向，这为该制度的立法奠定了基础。因此，通过对生前预嘱的基本原则进行分析、概括、总结，对我国生前预嘱立法的发展具有十分重要的意义。[1]

---

〔1〕 齐乔松、徐继强："关于我国生前预嘱立法的相关思考"，载《吉林工程技术师范学院学报》2019 年第 8 期。

三、促进生前预嘱制度的具体实施

对基本原则的梳理不清阻碍了生前预嘱制度在实践中的落实。在我国目前的医疗实践中，"家长主义"仍然占据一席之地，并且它也对相关立法产生了重要影响，如《民法典》第1219条第1款规定："医务人员在诊疗活动中应当向患者说明病情和医疗措施。需要实施手术、特殊检查、特殊治疗的，医务人员应当及时向患者具体说明医疗风险、替代医疗方案等情况，并取得其明确同意；不能或者不宜向患者说明的，应当向患者的近亲属说明，并取得其明确同意。"备受争议的《医疗机构管理条例》第33条规定，医疗机构施行手术、特殊检查或者特殊治疗时，必须征得患者同意，并应当取得其家属或者关系人同意并签字。因此按照法律规定，在患者病重昏迷并不可以逆转地临近死亡的情况下，采用或者放弃生命维持措施的决定权就从患者本人转移给了患者家属。[1]这样一来，生前预嘱制度在实践中并不能得到执行，老年患者也无法实现临终决策权。在目前我国并不存在生前预嘱专门立法的背景下，实践中如何操作该制度是留给我们的一个难题。此时，生前预嘱制度的基本原则就会派上用场，它是该制度精髓的集中体现，也是如何具体操作的方法论。我们应当以基本原则为指导，赋予患者临终自主权，为临终患者提供自我选择的尊严，允许患者自主地选择死亡的方式，而不是完全受制于晚期的健康状态。[2]

---

〔1〕 冯倩："生前预嘱生效决定的现实困境与对策研究"，重庆医科大学2019年硕士学位论文。

〔2〕 杜重洋："尊严视角下的临终自主权研究"，华东政法大学2019年硕士学位论文。

四、深刻推动医学的发展

目前，虽然在有的国家安乐死已经合法化，但是在任何一个国家推行安乐死都是一件十分困难的事情，其在医理、法理、伦理方面存在太多矛盾。传统的束缚不必多言，安乐死还面临着几个技术上的障碍：一是痛苦的衡量，终结生命与延续生命哪个符合患者的最大利益？二是推行安乐死的过程，可能会引发一些社会不公问题。三是知情同意权的问题，涉及本人、家属和医生之间意见的权衡。现在，我们还没有权利提前结束患者的生命，但是我们应该呼吁全社会在关注生活质量的同时，也关注死亡的过程，让死亡更有质量。生前预嘱基本原则所倡导的"尊严死"尤其是缓和医疗可以减轻患者的痛苦，是我们当下的最佳选择。生前预嘱通过一些原则性规定提升了医务人员从事缓和医疗工作的核心胜任力，也提升了公众对缓和医疗的认知。缓和医疗是多维度、充满人文关怀的。当前，我国有大量的心血管、肿瘤疾病患者需要通过缓和医疗来减轻痛苦，安详离世。据不完全统计，我国每年需要接受缓和医疗的患者多达4000万。缓和医疗以悉心陪伴和专业帮助的方式使医务工作者完成人道使命，改变了人们对医学"救死扶伤，治病救人"的理解，人们逐渐意识到，在某些特定的时刻下，有尊严地死去比活着更能体现医学的意义。同时，生前预嘱制度的基本原则也体现了医学的使命与本质，使"医学以人为本""医院、医生服务的中心是患者"的原则得以充分体现，其必将深刻推动医学的发展。

第四章

域外生前预嘱制度的发展与现状

第一节　美国的生前预嘱制度

一、概述

(一)《自然死亡法案》

生前预嘱的概念是由美国伊利诺伊州的一名叫路易斯·库特纳（Luis Kutner）的律师在 1969 年提出的。[1]随后，1975 年历史上第一个判定患者死亡权的案例——昆兰（Karen Ann Quinlan）案[2]掀起了对生前预嘱的研究热潮，极大地推动了生前预嘱制度的形成与发展。

1975 年，卡伦·昆兰在朋友举办的聚会上晕倒后，曾两次停止呼吸，朋友将其送往医院接受治疗，但昆兰持续处于昏迷状态并严重缺氧，无法自主呼吸，于是医生采用气切方法，利用呼吸机辅助昆兰呼吸。随后医院经过一系列的治疗最终确认昆兰陷入永久植物人状态，其不可能再恢复意识，接下来只能依靠呼吸机与药物维持生命。昆兰的家人不愿意看着昆兰如此

---

〔1〕 邹如悦、杨雪柔、杨芳："比较法视阈的预先医疗指示制度及其在我国的构建"，载《医学与法学》2019 年第 4 期。

〔2〕 Inre Quinlan. 70N. J. 10，355A. 2d647（1976）.

度过一生，并且表示卡伦·昆兰在处于健康状态时曾两次提及，如果自己因可怕的意外失去感知与自理能力，她不愿意像植物一样活着，最好的结局就是没有痛苦地离世。于是昆兰的父母向昆兰的主治医生明确表达了这种想法，希望医生可以摘掉昆兰的呼吸机，但是医院拒绝了他们的要求。医生认为，对患者进行何种治疗家属无权干预，双方的诉讼由此开始。昆兰的父亲约瑟夫·昆兰以监护人的身份，基于衡平正义、宪法隐私权以及宗教自由等内容向新泽西州法院提起诉讼，要求判决终止在昆兰身上进行的维生治疗，摘掉呼吸机。但法院不但驳回了昆兰父亲的诉讼请求，还否定了他监护人的身份，理由是昆兰仍然为一个独立的个体，且父母对于其死亡意愿的表述没有明确的证据可以证明，宪法中不存在有关死亡的权利，撤掉呼吸机会损害昆兰的生命权益。随后案件上诉至新泽西州最高法院，两个月后，最高法院下达裁决，支持了昆兰家人的请求，判决所依据的理由是宪法所保护的公民个人隐私权，即允许一个临终的无行为能力人的家人决定拆除患者的维生手段让其死亡，宪法保护的公民隐私权已经超越了维护生命的国家利益。[1]

昆兰案在司法领域确立了患者自主决定原则，是一个重要的里程碑式的案件。基于此，加利福尼亚州立法机构颁布了《自然死亡法案》（Natural Death Act），该法案也是世界上第一部关于生前预嘱制度的法律。[2]法案认为，医疗自主权作为患者权的一部分权利应比国家保障公民生命安全的义务具有更高的位阶以及优先性，进而在一定程度上保障了患者处于临终状态

---

〔1〕 吕建高："死亡权基础的法哲学疏释"，载《江苏行政学院学报》2010年第3期。

〔2〕 CAL. HEALTH&SAFETY CODE §§7185-7195（West Supp. 1989）

时可以选择拒绝维生治疗的介入并选择死亡的权利，[1]换言之，患者可以依照自己的意愿迎接自然死亡。赋予临终患者自己掌控命运的权利也是加利福尼亚州《自然死亡法案》的最大历史贡献。[2]随即，美国其他各州也相继以加利福尼亚州的法案为蓝图，出台了各州的生前预嘱法案。

（二）《患者自决法案》

众所周知，随着社会的不断发展，必然会不断迎来新的挑战。然而，法律作为一种上层建筑，在社会的不断发展过程中天然地具有一定的滞后性。换言之，已有的法律不能完全解决社会上出现的新问题，也即出现所谓的法律漏洞或法律空缺。因此，亟须制定新的法律从而适应生前预嘱所面临的新问题。在美国，新的法律规范——《患者自决法案》（Patient Self-Determination Act）得以制定，该法案是基于南希·克鲁赞（Nancy Cruzan）案所逐步确立的。[3]

南希·克鲁赞是一名 25 岁的年轻女子，她在一次车祸中受了重伤，丧失了行为能力。在得知南希无法恢复自己的认知能力后，她的父母向法院申请命令，要求撤除南希的人工进食和水分供给。南希的一位室友兼同事提供了证词，讲述了她跟南希之间的一些具体对话，内容是关于她陷入无法逆转的昏迷状态的情形后有关她所偏好的相关医疗决策。她的监护人也在诉讼中证实，停止试管进食符合南希的最佳利益。巡回法院加斯帕县遗嘱检验师指示，监护人的要求应该得到执行。然而，她的监护人在诉讼中提出上诉，指出该案作为密苏里州第一个无

---

[1] 邹如悦、杨雪柔、杨芳："比较法视阈的预先医疗指示制度及其在我国的构建"，载《医学与法学》2019 年第 4 期。

[2] 孙也龙："论预先医疗指示的应用领域"，载《中国医学人文》2016 年第 3 期。

[3] Cruzan V. Director, Missouri Department of Health, 497U. S. 261（1990）.

先例可循的案件，应该提交州最高法院审理。密苏里州最高法院最终推翻了这一判决，认为没有明确和令人信服的证据表明南希希望在这种情况下撤销维持生命的治疗。[1]最高法院在作出这一决定时认为，密苏里州法院可以根据宪法适用明确和令人信服的证据标准。然而，密苏里州法院对证据进行审查后，发现这些证据足以支持移除人工保障系统。遗嘱认证法官在1900年12月14日批准了这对父母的愿望。最终南希在12天后去世了。

南希·克鲁赞案表明，一旦患者处于植物人或无意识的状态，在丧失行为能力和决策能力的情形下，其不能决定是否继续实施对自己的维生治疗，因此，患者在处于神志清醒时所表达或推定的愿望也就显得愈发重要。[2]以该案为依据，美国各州法院在对各类生前预嘱案件作出终止维生治疗的决定之前，都要求有明确证据证明患者在神志清醒时已表达了该意愿。因为该证据能决定患者的医疗决策与生命走向。在这种背景下，美国国会于1990年通过了《患者自决法案》，该法案要求患者事先制定一份能够使人信服的书面指示文件，进而当出现患者描述的状态时医疗机构可以依据该书面指示文件决定是否进行后续的治疗。自南希·克鲁赞案[3]以来，美国民众对于生前预嘱的接受度也越来越高，当出现不可治愈的疾病等情形时，民众对于生前预嘱的使用也逐渐广泛。《患者自决法案》于1991年12月正式实施，最终在全美范围内确立了生前预嘱的法律地位。

---

〔1〕 吕建高："死亡权基础的法哲学疏释"，载《江苏行政学院学报》2010年第3期。

〔2〕 Zucker M. B., *The right to die debate: A do GUmentary history*, West port: Greenwood Press, 1999, p: 5.

〔3〕 Cruzan v. Missouri Department of Public Health, 497 U. S. 261 (1990).

（三）《统一医疗决定法案》

为了给各州在制定生前预嘱时有所参考，美国统一州法律委员会于 1993 年通过了《统一医疗决定法案》。[1]该法案对制定生前预嘱的程序、要求等作出了相关规定，概述了患者的愿望，并放宽了对见证人的限制。然而，该法案在制定之初缺乏关于委托代理人及患者在患者没有声明或没有任命代理人时应遵循的程序。所幸的是，法案最终增加了上述规定。许多州均批准通过了该法案。此外，部分州在制定各自的生前预嘱法案时均对此进行了参考借鉴。截至目前，美国已有 50 多个州制定了生前预嘱法案，以此为依据进一步保障了患者的医疗自主权。

二、美国生前预嘱制度的成立要件

（一）生前预嘱制度的主体资格

美国大部分州都规定，有权制定生前预嘱的必须是完全行为能力人，而不能是限制行为能力人和无行为能力人（主要包括未成年人和神志不清的人）。此处的完全行为能力人往往是从制定者的年龄及精神状态来进行设定的，如有的州规定"生前预嘱的制定者必须年满 18 周岁且神志清楚"，[2]即从年龄与精神状态双重角度来进行规制。此外，有的州只以年龄为制定生前预嘱的标准，即年满 18 周岁方可制定；有的州只以精神状态为制定生前预嘱的标准，由此也就表明美国部分州不允许未成年人和神志不清的人制定生前预嘱，或者即使他们制定了生前预嘱，最终也会被确认为无效且不会得到执行。值得一提的是，宾夕法尼亚州对于生前预嘱的主体规定较为特殊，该州规定"只

---

[1] Uniform Health-Care Decisions Act, prefatory note.

[2] N. J. STAT. ANN. § § 26: 2H-55, -56 (1996).

有年满 18 周岁的高中毕业生或已婚者方可制定生前预嘱"。[1]
该州对于预嘱人的学历和婚姻状况均作出了有关规定。

　　由于美国各州对于生前预嘱的预嘱人的规定各不相同，大
部分州要求制定生前预嘱的成年人在制定当时是神志清醒的，
也即具有决策能力，这一点也是毋庸置疑的。因此，不同之处
也主要就是针对未成年人及神志不清的人是否可以制定生前预
嘱。有的学者认为由于年龄及智力的不成熟等原因，不应赋予
此类人制定生前预嘱的权利。然而，有的学者认为将限制行为
能力人和无行为能力人排除在生前预嘱制度范围以外亦存在一
定问题。如果州的立法机构是担心未成年人心智不够成熟以及
神志不清的人不能准确进行意思表示，让他们制定生前预嘱存
在较大风险，那么就可以由其监护人（代理人）代替其制定。
一般情形下，家属为当然代理决定者。[2]此观点在康罗伊
案[3]中有所体现。根据新泽西州最高法院的判决，医生可以
为神志不清的患者撤除维持生命的治疗，但是需要满足如下某
一标准：第一，有证据表明患者在神志清醒的阶段已明确表达
当自身处于临终状态时拒绝维持生命的治疗；第二，虽然患者
在其处于神志清醒的阶段没有明确表达自己拒绝接受治疗的意
愿，但是如果继续对其施以维生治疗并不能给其身体带来好
处，甚至是使其进一步遭受痛苦。当满足上述任一标准时，医
疗机构方可停止对患者的维生治疗。由此，为了能够根据患者
的意愿进行对其处于临终状态时的救治与否，监护人（代理

〔1〕　20 PA. CONS. STAT. ANN. § 5404 (a) (1997).

〔2〕　Jennifer L. Rosato, "Using Bioethics Discourse to Determine When Parents Should Make Health Care Decisions for Their Children: Is Deference Justified ?, " 73 Temp. L. Rev, 1 (2000), 39.

〔3〕　In re Conroy, 98 N. J. 321, 486 A. 2d 1209 (1985).

人）必须熟知患者在特定阶段作出的意思表示。由此可见，由
监护人（代理人）代替其进行制定生前预嘱也存在一定的合
理性。

通过一系列的案件和法案可以看出，为了保障未成年人及
神志不清的人的生前预嘱能够得到有效的实施，美国作了充分
的考量。既然神志清醒的成年人的生前预嘱能够得到认可并且
有效执行，那么未成年人及神志不清的人的合法权益自然也要
受到保护，无论其年龄、精神状况如何。但是由于这两类人的
特殊性即行为能力欠缺，基于各方因素的考量，尤其是生前预
嘱涉及生命权和隐私权相关的预先决策，且生命是不可逆的，
所以需要制定一系列的制定措施来保障其权利的行使，力求保
障患者权利行使与保障患者生命权和隐私权之间的平衡。总的
来说，美国民众可以通过制定生前预嘱或者事先指示代理人的
方式，表明其处于临终状态时是否接受维生救治。[1]

（二）生前预嘱制度的成立形式

1. 法定形式与非法定形式

根据是否必须严格依据生前预嘱法案提供的模板来制定，
可以将生前预嘱的形式分为法定形式和非法定形式。[2]

法定形式是指预嘱人必须严格按照法案给定的模板制定预
嘱。其中，法定形式也包括两种类型：第一，直接提供预嘱人
预嘱模板。此种形式就类似填写表格，预嘱人只需要将模板中
的空白处填写完整即可。为了统一生前预嘱的形式，美国统一

---

〔1〕　Danuta Mendelson, Timothy Stoltzfus Jost, "A Comparative Study of the Law of
Palliative Care and End-of-Life Treatment", *Journal of Law, Medicine and Ethics*, 2003,
p. 135.

〔2〕　Rosoff, "Where There's a Living Will, There's a Way", *The Compleat Law*,
1988, p. 11.

州法全国委员会〔1〕于 1985 年制定了一项示范法案，即《临终病人统一权利法案》（Uniform Rights of the Terminally Ill Act，以下简称《统一法案》），为各州提供了良好的立法模板。大多数法定生前预嘱形式也为其他指示的发展提供了空间。在这个空间里，患者必须具体描述任何想要或不想要的治疗，在什么情况下预嘱应该有效，以及解释的指导方针。这种书写方式使得每个预嘱执行人执行的生前预嘱个性化。第二，不对预嘱人提供填写的模板，由预嘱人自行书写，但是书写的内容要包含法令所规定的内容。此种法定形式的预嘱的本质与第一种差距不大，只是不提供固定表格，需要预嘱人自行准备而已。然而，不幸的是具体和明确的准则不容易制定，基于语言的模糊性等原因，生前预嘱的内容通常达不到具体且明确的标准，进而影响了生前预嘱的生效与执行，最终结果通常为诉诸司法来解决所产生的问题。

生前预嘱的第二种形式是非法定形式。非法定形式，顾名思义，就是不按照法案的规定进行制定的预嘱。但是，不可否认的是，由于缺乏相关必要性条件以及基于语言的模糊性等原因，可能使得此类预嘱的执行存在一定的困难。在具体执行前，往往需要对其加以补强，以使得生前预嘱达到具体且明确的标准。然而一般而言，对于生前预嘱的立法法令也只是为预嘱人提供一个范本。生前预嘱之所以最终能够得到有效执行，终究还是基于保护宪法和普通法所赋予预嘱人在接受治疗前知情同意的权利。

---

〔1〕 美国统一州法全国委员会（The Uniform Law Commission），起源于美国 19 世纪末的法律统一运动，于 1892 年在"促进美国法律统一性的各州委员会会议"上成立，设立的目的在于向各州推荐其拟制的示范法律文本。

2. 书面形式与口头形式

由于生前预嘱涉及对预嘱人生命权的决策，而口头形式较为随意，导致内容较难明确，因此为慎重起见，绝大部分的生前预嘱都需采用书面形式，大部分关于生前预嘱的法案也都要求制定生前预嘱需采用书面形式。但是，生前预嘱是否可以采取口头形式呢？

事实上，也存在部分州允许采用口头形式制定生前预嘱。如得克萨斯州规定：制定生前预嘱可以采取口头的形式。[1]当然，社会上对采取口头形式制定生前预嘱的做法争议较大。反对以口头形式制定生前预嘱制度的学者认为由于生前预嘱涉及对生命的处置，因此必须要严格对待。口头形式随意性程度高，具有很强的不确定性，同时，口头形式即预嘱人所说的话在经过多人传递之后可能会对预嘱人的原意增加许多受听人的主观色彩，可能会曲解预嘱人的本意。由此就容易带来误解，甚至产生严重的后果。此外，也有学者指出了采取口头形式制定生前预嘱的益处，其认为，一旦病人由于不可抗力丧失某种行为能力或者处于某种紧急状态无法以书面形式制定预嘱时，采取口头形式制定生前预嘱对病人是有利的，是一种特殊情形或状态下对自身权利的行使。

1990 年，27 岁的特蕾莎·玛丽·夏沃心脏骤停，陷入昏迷。随后，医生诊断她进入了永久性植物人状态。她的身体状况很差，存在很多健康问题，但当她拒绝维持生命治疗的斗争开始时，她的死亡并不是迫在眉睫。然而，她的大脑皮层已经恶化，只剩下脑脊液。从那时起，医疗机构通过一根管子向她的身体提供人工营养与水分，以维持她的生命。法院指出，药

---

〔1〕　TEX. HEALTH&SAFERY CODE ANN. § 40-77-40（1），-50（1997）.

物已经无法治愈夏沃的疾病，除非上帝可以创造一个真正的奇迹即再造她的大脑，否则夏沃将永远处于无意识的、反射性的状态。[1]八年后，她的丈夫迈克尔·夏沃（Michael Schiavo）向佛罗里达州法院申请司法命令，要求撤除妻子的营养和水化物的供应管，法院表示支持。佛罗里达州法院判定拔掉进食管，但夏沃的父母持反对意见，就这项判决提起上诉。从那时起，在州和联邦层面共有来自 6 个法院的 19 名法官审理过该案。在长达 7 年的司法抗争中，夏沃的进食管两次被判决拔去，又两次被判决插上。在穷尽所有的上诉途径之后，维持夏沃女士生命的进食管最终于 2005 年 3 月 18 日被拔掉，夏沃于 2005 年 3 月 31 日死亡。在本案中，夏沃的丈夫迈克尔证实，妻子曾经告诉他，如果她陷入植物人状态并且恢复的所有希望都已经破灭的话，她就不愿以这样的状态继续生存。[2]迈克尔希望按照她的朋友和口头表达的意愿终止对她的治疗。但是，她的父母希望她一直依附于人工供给营养和水分，等待奇迹出现并拯救她。[3]在经过一系列的论证以后，联邦法院最终认定夏沃口头表达的愿望的证据在法律上是充足的，夏沃也在其昏迷 15 年后被移除进食管，安详去世。

夏沃案的启示就是：与书面形式的生前预嘱相比，口头形式的生前预嘱在执行时存在一定的弊端，其形式不稳定，内容不固定，导致生前预嘱的具体性和明确性较差，在生前预嘱具备执行条件时，则会阻碍生前预嘱的执行。而此类问题的解决，一般都会通过司法途径，但是司法途径更倾向于关注公平，效

---

〔1〕 吕建高："拷问美国三权分立原则的效力——从一起死亡权案例说起"，载《北方法学》2015 年第 5 期。

〔2〕 In re Guardianship of Schiavo, 780 So. 2d 176（Fla. Dist. Ct. App. 2d 2001）.

〔3〕 尤晋泽、赵明杰："从特丽·夏沃案浅析患者医疗决定权的预先指示"，载《医学与哲学（A）》2018 年第 12 期。

率往往是其次的。生前预嘱所需要解决的就是生前预嘱终末期的治疗问题，终末期的时间相对较短，如果进入司法程序，生前预嘱制定者的权利实现就会受到阻碍。可能出现的第一种情形是，司法程序还未最终结束，患者已经去世，患者的生前预嘱权未能得到实现，违背了制度的价值初衷。可能存在的第二种情形是，司法程序结束，患者的权利得到支持，最终生前预嘱得到顺利执行，这种情形下患者的权利得到实现，虽然执行时间的延迟导致了患者痛苦的增加，但是最终结果仍然符合生前预嘱的制度价值。可能存在的第三种情形是，司法程序结束，患者的权利最终未能得到支持，而未能得到支持的理由一般都离不开生前预嘱内容的具体性和明确性，也即患者的事先指示未能通过生前预嘱得以明确，导致最终生前预嘱未能得以执行。虽然司法的裁决是公正的，但是最终患者的权利未能得以实现，也在一定程度上违背了生前预嘱的制度价值。但是这种情形的出现并非是制度本身的问题，更多地在于患者制定的生前预嘱的形式存在一定的弊端。

总的来说，美国绝大部分的州均规定必须采取书面形式制定生前预嘱，其设置初衷也是好的，但是以口头形式制定生前预嘱也存在一定的合理性。也即要鼓励生前预嘱的制定者采用书面形式来制定生前预嘱，以增强生前预嘱内容的具体性和明确性，同时也不限制口头形式的使用，将形式的自由选择权交给生前预嘱的制定者，以增强制度的公平性与合理性。

三、美国生前预嘱制度的内容

（一）生前预嘱制度的生效

1. 生前预嘱生效的条件

生前预嘱生效是预嘱能被执行的前提。因此，预嘱应当明确当患者处于何种"状态"时，预嘱开始生效。各州法案对于患者所处的"状态"的规定也各不相同，有的州将此种状态描述为"永久无意识状态"[1]"永久植物人状态"[2]等。通过参考《统一法案》以及总结归纳各州对于患者所处的"状态"的规定，生前预嘱的生效条件可以总结为患者处于"临终状态"（terminal condition）。在此阶段，即使患者投入较高的医疗费用，患者的生活质量也不会有明显改善。[3]所谓"临终状态"是一种"不能治愈的、不可逆转的状态"，主要指的是在一旦患者处于此种状态下，假使不对其施以维持生命的治疗，其将会在一个相对较短的时间内死亡。[4]需要注意的是，对于"临终状态"的描述需要将"不能治愈的"和"不可逆转的"这两个词进行结合加以描述，倘若患者处于一种不能治愈，但是可以逆转的状态下时，就不是"临终状态"，生前预嘱也自然不能得到执行。

当法案规定了生前预嘱的生效条件之后，由此又会引发一个问题：预嘱人没有使用该术语，那么该预嘱能否生效？该问题主要有如下两种情形：首先，如果预嘱人制定的生前预嘱的生效的条件比"临终状态"更为严格，那么该预嘱自然可以生效，并得到执行。但是，如果预嘱人所规定的生效条件比"临终状态"宽松，那么该预嘱能否生效并得到有效执行？例如，预嘱人规定，假使自己身患某种疾病，但自知存在治愈的可能但不愿承受治疗的痛苦，那么该预嘱能否生效并得到执行？

回答该问题首先需要明确一个前提，即医疗机构、医生执行生前预嘱是一项法定义务，该项法定义务自然要受到生前预

---

〔1〕 S. C. CODE ANN. § 44-47-30 (1997).

〔2〕 W. VA. CODE ANN. § 16-30-3 (e) (1995).

〔3〕 王心茹、绳宇："生前预嘱、预立医疗指示和预立医疗照护计划的概念关系辨析"，载《医学与哲学》2020年第24期。

〔4〕 Uniform Rights of the Terminally Ill Act (1989), Section 1. Definitions (9).

嘱法案的约束，既然法案规定预嘱的生效条件是达到"临终状态"，所以医疗机构、医生执行生前预嘱必须以法定要求即"临终状态"为前提。因此，假使预嘱人制定的预嘱生效条件比"临终状态"宽松，达不到医疗机构、医生执行生前预嘱的程度，那么医生自然可以拒绝执行。[1]也即生前预嘱的生效与执行必须严格按照法律的明确规定予以实施。

2. 生前预嘱生效的认定

大多数州要求主治医生以书面方式认定病人的病情处于"临终状态"，与此同时，大部分州也规定了需要多名以上的医生认定，即至少要有两位医生对患者的病情进行认定。诚然，法案规定由两名以上的医生对生前预嘱进行认定的做法是明智的。即使主治医师具有丰富的医学经验足以对患者的病情进行较为全面又准确的把握，但是为了持较为谨慎的态度，防止出现误判，让第二名或其他医生对患者的病情进行再次认定也是不可缺少的。[2]

然而，《统一法案》没有像大多数州的法案一样，要求有另外一位医生对患者所处的状态进行认定，以期和患者的主治医师的意见达成一致。[3]《统一法案》之所以没有规定让第二名或其他医生对患者的病情进行再次认定的原因主要有：第一，虽然大多数州的法案及《统一法案》都对"临终状态"的情形有所界定，但是并没有对"临终状态"形成一个具体明确的概念，换言之，其仍存在一定的模糊性特征，当付诸实践时，由于患者病情的多样性也要求医生必须具体问题具体分析，不同

〔1〕吕建高：《预先指示法律制度比较研究》，法律出版社2017年版，第74页。
〔2〕吕建高：《预先指示法律制度比较研究》，法律出版社2017年版，第77页。
〔3〕Uniform Rights of the Terminally Ill Act (1989), Section 5. Recording Determination of Terminal Condition andDeclaration. Comment.

的医生对"临终状态"的理解也可能存在差异。第二，规定多个医生判定病人病情的初衷是好的，但是大部分的医生都是同事关系，因此，也有可能存在第二位医生在不仔细对患者的病情进行确认的前提下就直接同意第一位医生的观点。这样一来，第二份意见也就丧失了存在的价值。

当然，不可否认的是，无论是《统一法案》的规定还是多数州的规定，设置的初衷都是对病人的身体负责。因此，如若要求由多个医生对病人的病情状态进行判断，可以对第二名医生的所属单位进行规定，如要求由其他医疗机构的医生进行判断。除此之外，必要时可以由法院进行指定，进而避免出现由于医生之间的亲密性使得第二份参考意见形同虚设。任何一项制度都是一把双刃剑，由两名以上的医生对患者是否处于临终状态进行决策，可以尽量保证决策结果的一致性与准确性，防止误判给患者带来无法逆转的损害。然而，由两名以上的医生进行决策也会带来负面影响，例如，两名或两名医生的决策结果不一致，该如何处理？一方面，不能够及时明确患者是否处于临终状态；另一方面，两名或两名以上的医生进行决策也必然在一定程度上影响决策的效率，尤其是产生不一致的意见之后，决策效率受到很大的影响，而这也必然会影响到患者生前预嘱的执行。因此，在医生对临终状态的决策方面，需要进行合理设计，以确保决策的准确性和效率性。

（二）生前预嘱的内容——拒绝"维持生命的治疗"

人应当享有选择有尊严、有理性地死亡的权利，死亡权是人的一项基本权利。[1]生前预嘱的核心内容就是患者明确表示拒绝治疗。但是，需要注意的是，患者只能拒绝某些特定意

---

〔1〕 吕建高："死亡权基础的法哲学疏释"，载《江苏行政学院学报》2010 年第 3 期。

的治疗，此种治疗一般被称为"维持生命的治疗"，简称为"维生治疗"。"维持生命的治疗"在《统一法案》及大多数州的法案中都有所规定，其主要是指给予某位患者只能延长死亡期限却对身体状态毫无助益的治疗。[1]同"临终状态"的概念一样，此定义也较为模糊。因此，此种治疗需要具体问题具体分析，即需要在个案中针对患者的不同病情由医生进行判断。最后，值得一提的是，《统一法案》和大部分州都规定了减轻疼痛的治疗或者舒适护理均不属于"维持生命的治疗"，因为其可在一定程度上减轻或者缓解患者的痛苦。

（三）见证人

《统一法案》对于见证人的规定较为简单，一般来说，只需要见证人的人数满足要求（两人以上）即可，而对于见证人的身份要求、年龄要求等均未作出规定。其设立初衷是不要求见证人满足特定资格，可以更加便于预嘱人制定生前预嘱。

几乎所有州都要求至少两个成年人为签署生前预嘱作证，这也是对见证人的最低要求。如弗吉尼亚州要求必须有主治医生在场。除此之外，大部分州对证人还作出了其他规定。如许多州的法律规定，见证人需要对预嘱人的财产不存在利益关系或者对病人的医疗费用不存在经济责任。有的州法律禁止病人接受治疗机构所雇佣的医生或卫生保健提供者充当见证人。[2]有的州禁止与该预嘱人在同一机构内的任何其他病人担任见证人。有的州规定，如果预嘱人是住在安养院的，那么至少有一个证人要是病人代表或巡察官。[3]此外，有的州还要求将公证

---

〔1〕　Uniform Rights of the Terminally Ill Act (1989). Section 1. Definitions (4).

〔2〕　GA. CODE ANN. § 31-32-4 (1996).

〔3〕　DEL. CODE ANN. tit. 16, § 2511 (b) (1996).

作为附加手续。[1]许多州还规定预嘱人有义务将声明文件的存在告知他或她的医生，然后医生将被要求将声明作为医疗记录的一部分。大部分州对见证人的身份进行限制主要是出于对预嘱人权益的保护，一旦见证人与预嘱人存在经济等方面的利害关系便有可能对预嘱人不利。

（四）生前预嘱的撤销

《统一法案》对于生前预嘱的撤销规定较为简单，即预嘱人可以在任何时间，以任何方式撤销预嘱，同时，也不考虑预嘱人的精神和身体状况。[2]大多数州的生前预嘱法案都规定了各种撤销方式，但是大多也都采纳了《统一法案》的做法，即规定预嘱人可以在任何时候撤销生前预嘱。此外，大多数州也都遵循了《统一法案》不考虑预嘱人的精神和身体状况的规定。虽然在撤销程序上存在差异，但大多数法案都要求声明人通过签署书面文件、对生前预嘱的破坏或通过口头或非口头的沟通来表明撤销的意图。毕竟一旦医疗机构实施了生前预嘱也就意味着对预嘱人生命的剥夺，因此，出于对生命权的尊重，大部分州对生前预嘱的撤销规定都较为简单。

四、美国生前预嘱的执行

（一）生前预嘱的执行主体

一般来说，为病人执行生前预嘱的是病人的主治医生，除此之外，临终关怀机构也可以执行生前预嘱。临终关怀机构以使临终病人享有生命的尊严为宗旨，对临终病人采用"姑息疗法"。该治疗方法可最大限度地减轻那些没有康复希望的临终患

---

〔1〕 IOWA CODE ANN. § 144A. 3 (2) (a), (b) (1997).

〔2〕 Uniform Rights of the Terminally Ill Act (1989), Section 4. Revocation of Declaration (a) and (b).

者身体上和心理上的痛苦，使其有尊严地去世。美国于 2010 年通过了《临终关怀通知法案》，该法案明确规定所有临终患者均有权选择临终关怀或姑息疗法，[1]进而给予临终患者最大的关怀。

（二）执行主体的执行方式——"遵循"或"转移"

根据各州的法案，医生在执行生前预嘱时的主要做法就是"遵循"或"转移"。换言之，当生前预嘱生效时，医生需要履行如下义务：遵循病人在生前预嘱中表达的关于治疗的选择，即不再对病人施以"维持生命的治疗"；如果医生不愿意遵循预嘱，那么就应当将病人转移给其他医生，让其根据预嘱人的意愿，进而实施生前预嘱。[2]

对医生和医疗机构设置"遵循"或"转移"的义务的初衷是希望可以妥善解决生前预嘱的执行问题，然而，在现实中，生前预嘱的执行效果并不理想。在司法实践中，大多数医生及医疗机构基于治病救人的职业道德，会选择将病人进行"转移"而非"遵循"的执行方式。[3]此外，部分医生和医疗机构也会选择遵循职业道德，对病人进行救治，即既不履行"转移"义务，也不履行"遵循"义务，由此也就会引发生前预嘱的责任问题。

（三）生前预嘱生效的特殊情形——"孕妇条款"

1. 孕妇条款

为便于阐述，笔者将该部分简称为"孕妇条款"。孕妇一旦

---

〔1〕 丁静、薛瑶艳："我国老年临终关怀服务体系现状研究——以江苏省临终关怀机构为例"，载《人口与社会》2019 年第 6 期。

〔2〕 Robert D. Miller, JD, MS Hyg. , *Problems in Health Care Law*, Seventh Edition, An Aspen Publication, 1996, p.401.

〔3〕 Patrick Webster, "Enforcement Problems Arising From Conflicting Views of Living Wills in the Legal, Medical and Patient Communities", *University of Pittsburgh Law Review*, Vol. 62, 2001, p.798.

同时成为病人，对她们进行保护的制度就变得更加复杂。[1]自1976年以来，每个州以及哥伦比亚特区都颁布了《生前预嘱法》，允许公民就自己丧失行为能力时的医疗决策进行指示。其中，有36个州法案设置了生前预嘱的例外情形，即限制了孕妇生前预嘱的效力。如果被执行预嘱人是孕妇，36个设置"孕妇条款"的州中，主要存在如下情形：首先，有12个州规定不考虑任何情况，只要病人在怀孕阶段，生前预嘱就自动失效。如有的州规定，被医生知晓的生前预嘱在预嘱人怀孕期间无效。[2]其次，有12个州规定，如果胎儿是能活产的或者根据医生的诊断确定胎儿是有可能活产的，则停止预嘱效力。此种规定与《统一法案》较为相似，《统一法案》规定，只要在持续的维生治疗下能使得胎儿发育到活产，就保障胎儿的利益。[3]再次，有5个州规定，如果维生治疗对胎儿的活产毫无益处，或者这种治疗会对孕妇的身体造成损害或痛苦，则生前预嘱继续有效。如有的州规定，治疗无法使婴儿活产，或者给病人带来痛苦或伤害，则生前预嘱继续有效。[4]此外，有5个州规定，由孕妇自行决定生前预嘱是否有效。如新泽西州规定，预嘱人可以自行规定其在怀孕期间生前预嘱是否生效。[5]最后，有2个州的法案采用推测的手段，即推测怀孕的女性病人不希望维生治疗被撤除。

2. "孕妇条款"与罗伊案

生前预嘱的权利基础是自由权。但是，当生前预嘱的主体

---

〔1〕 姚迪迪："'生前预嘱'概念体系梳理及立法选择"，载《北方法学》2020年第2期。

〔2〕 ALA. CODE §22-8A-4 (e) (1997).

〔3〕 Uniform Rights of the Terminally Ill Act (1989), Section 6 (c).

〔4〕 N. D. CENT. CODE §23-06. 4-07 (3) (1997).

〔5〕 N. J. STAT. ANN. §26: 2H-56 (1996).

涉及孕妇时，其在妊娠期间主要涉及两种国家利益：保护孕妇的身体健康及保护潜在的生命。其自由权即要求堕胎的权利能否挑战国家利益值得怀疑。[1]

以著名的罗伊诉韦德案（Roe v. Wade）（简称"罗伊案"）[2]为例，在该案中，联邦最高法院法官布莱克门认为，妇女堕胎权是宪法所保护的个人隐私权。但是，需要注意的是，妇女决定堕胎与否的权利并不是绝对自由的。虽说私人的偏好无需经过州的同意和规定，但在妊娠期间，存在着两种"重要和正当"的国家利益：其一是保护孕妇的健康；其二是保护潜在的生命，政府必须在充分考虑上述两种国家利益的基础上，进而制定"孕妇条款"。布莱克门法官认为，在考虑保护孕妇健康与保护胎儿生命两种不同的国家利益时，"存活的可能性"[3]是划分潜在生命的国家利益和妇女选择权的一条基本界限。[4]法院发现，

[1] 方流芳："罗伊判例：关于司法和政治分界的争辩——堕胎和美国宪法第14修正案的司法解释"，载《比较法研究》1998年第1期。

[2] Roe v. Wade 410 U.S. 113（1973）. Roe v. Wade 410 U.S. 113（1973）. 1969年，一位名为杰内·罗伊的妇女和其他人一起向得克萨斯州限制堕胎的法令提出了挑战。该法令规定，除非因为维护孕妇的生命，州内一律禁止妇女实施堕胎手术。罗伊主张：得州限制堕胎的法令剥夺了她在妊娠中的选择权，因为她既没有足够的经济实力去堕胎合法的州进行手术，又不能中止妊娠，因此，在生育之后也不知会将孩子交给何人收养。得州限制堕胎的法令使得她无法自主地决定在什么时间、以什么方式、为何种理由而终止妊娠。被告得州政府在诉讼中辩称：生命始于受孕而存续于整个妊娠期间，所以，怀孕妇女在整个妊娠过程中，都存在着保护胎儿生命这一国家利益。宪法中所称的"人"包括胎儿在内，非经正当法律程序而剥夺胎儿生命是《联邦宪法修正案》第14条所禁止的行为之一。该案最终上诉到联邦最高法院。1973年，联邦最高法院以6:3的多数意见裁定，作出支持罗伊的判决。判决的依据是第九修正案确认的"人民保留的权利"和第十四修正案确认的"未经正当程序不可剥夺的个人自由"，这两项规定隐含着个人具有宪法保护的隐私权，而"隐私权的广泛性足以涵盖妇女自行决定是否终止妊娠的权利"。

[3] 所谓存活的可能性就是指胎儿能够脱离母体、借助人工辅助而成为生命。

[4] 方流芳："罗伊判例：关于司法和政治分界的争辩——堕胎和美国宪法第14修正案的司法解释"，载《比较法研究》1998年第1期。

孕妇健康的国家利益在妊娠前三个月后才变得引人注目。[1]
为了在这两种利益之间划分一个明确的界限，布莱克门等多数
法官将妊娠期分为三个阶段：首先，孕妇妊娠的前三个月为第
一阶段。由于在此阶段，孕妇堕胎的危险性小于正常分娩，政
府没有必要为保护孕妇健康而限制堕胎，孕妇可以与医生商量
之后，自行决定堕胎与否；其次，在孕妇妊娠的前三个月之
后，胎儿具有在母体外存活的可能性之前，此阶段为第二阶
段。由于孕妇堕胎的危险性与前一阶段相比有所增加，为了保
护孕妇健康，政府得以进行限制堕胎，但是，限制手段只能以
孕妇健康为必要；最后，在胎儿具有脱离母体存活的可能性之
后为第三阶段。在此阶段，除非堕胎是为了挽救孕妇的身体健
康或生命，政府可以为保护潜在生命或者孕妇健康为由，禁止
堕胎。[2]

　　罗伊案的判决在当时特定的年代下较为稳妥地解决了孕妇
在堕胎过程中的权利冲突问题，但是该判决并没有全面说明
"三阶段"的合理性。在随后发生的 1989 年 "韦伯斯特诉生育
健康服务中心案"[3]与 1992 年 "南宾州计划生育诊所诉凯瑟
案"[4]等案中，均对罗伊案所确定的 "三阶段" 标准提出了挑
战，并推翻了 "三阶段" 标准的部分判决。然而，遗憾的是，
随后的诸多案例也并没有提出任何标准来代替 "三阶段" 标准，
通常做法也就是具体问题具体分析。诚然，胎儿与已出生的人相

---

　　〔1〕 Roe v. Wade 410 U. S. 163（1973）.

　　〔2〕 方流芳："罗伊判例：关于司法和政治分界的争辩——堕胎和美国宪法第
14 修正案的司法解释"，载《比较法研究》1998 年第 1 期。

　　〔3〕 Webster V. Reproductive Health Services 492 U. S. 109 S. Ct. 3040（1989）.

　　〔4〕 Planned Parenthood of Southern Pennsylvania V. Casey，505 U. S. 833，112
S. Ct. 2971（1992）.

比而言，并不被视为具有一种独立的人格。[1]因此，在现实中孕妇是否能适用生前预嘱往往取决于法官的个人裁量。

五、美国生前预嘱制度的责任与救济

(一) 履行义务下的豁免

美国民众长期的观念是，如若没有患者的同意，医生将不得对患者实施治疗。[2]当医生履行了"遵守"或"转移"的义务，理论上也不会再被追究责任。但是，一旦医生履行了"遵循"或"转移"的义务，最终也就会导致病人死亡。[3]事实上，大部分的医生都赞同神志清醒的成年人有权制定生前预嘱，拒绝医学治疗。[4]之所以设立生前预嘱制度，就是为了尊重病人拒绝治疗的权利，所以，为了避免医生及相关医疗机构承担不必要的责任，以及保护患者的合法权益，设立相关机制，进一步激励医生遵循预嘱，充分发挥生前预嘱制度的应有之义越来越有必要。所幸的是，大部分法规都规定在医生或医疗机构履行"遵循"或"转移"义务时，给予医生豁免，即免于任何刑事诉讼、民事诉讼或职业制裁。[5]每一个有生前预嘱的州都有这样的规定：任何医生、持证的医疗专业人员、医疗保健机构或其雇员，如出于善意并根据合理的医疗标准，根据声明对符合条件的病人终止或撤除维持生命的设备，均不会导致

---

[1] 孙也龙："孕妇医疗决定权的法律原则"，载《池州学院学报》2016年第4期。

[2] Cruzan v. Missouri Department of Public Health, 497 U. S. 269 (1990).

[3] Gregory Gelfand, "Living Will Statutes: The First Decade", *Wisconsin Law Review*, 1987, p. 775.

[4] Mildred Z. Solomon et al., "Decisions Near the End of Life: Professional Views on Life-Sustaining Treatments", *American Journal of Public Health*, 14 (1993), 17.

[5] Alen Meisel, The Right to Die (2d ed. 1995), at 37 (1995).

承担刑事责任或民事责任，或者被认为是存在违反职业道德的行为。

（二）未履行义务下的豁免、惩罚与救济

生前预嘱在各州的执行情况存在差异。虽然有些州通过行业制裁、民事责任和刑事指控的方式来执行生前预嘱中所包含的权利，但大多数州对拒绝遵守患者生前预嘱的医疗服务提供者规定了广泛的责任豁免权。这些州的法规非常宽泛，允许对所有类型的制裁包括刑事指控、民事责任和行业纪律惩罚均享有豁免权。大多数规定的豁免权给予了医疗服务者过多的尊重，而损害了患者拒绝医疗服务的权利。

1. 豁免

假使医生未尽到"遵循"或"转移"的义务，在绝大多数的情形下，都会给予医生相应的豁免权。为什么医生会未尽"遵循"或"转移"的义务，原因在于医生基于自身的职业道德，全力延长病人的生命。毕竟，实施了生前预嘱，禁止医生提供相应治疗会使医生面临职业道德的挑战。[1]在大多数情况下，对于医生来说，撤销生命保障系统往往比拒绝维生治疗更加困难，因为该做法加快了病人的死亡速度。[2]当医生拒绝遵从病人的意愿时，大多基于以下理由：①取消维持生命的治疗违反了医生对希波克拉底誓言的理解；②取消维持生命的治疗违反了医生或医疗机构对取消生命支持的道德反对；③生命支持设备的移除使医生可能会承担医疗事故的责任；④医生认为，没有任何医学上的迹象表明需要移除生命支持设备；⑤尽管生命支持设

---

〔1〕 Jan Blustein &Theodore R. Marmor, "Cutting Waste by Making Rules: Promises, pitfalls, and Realistic Prospects", U. Pa L. Rev. , 140 （1992）, 1543~1545.

〔2〕 N. Listed, Decisions Near the End of Life, "Council on Ethical and Judicial Affairs, American Medical Association", *JAMA*, 267 （1992） 2229.

备的移除符合患者明确的愿望，但没有得到家属的支持。根据
相关研究表明，当医生准备对病人施以治疗方案时，往往会出
于职业道德的考量进而忽视病人制定的生前预嘱，换言之，生
前预嘱往往不会发生效力，其就像一份无效文件。[1]

如果医疗服务提供者出于善意转移患者，那么大多数州会
赋予他们豁免权。具体来说，只要医疗服务提供者没有不合理
地拖延或试图延期将患者移交给愿意遵从生前预嘱的医生，那
么他们可以拒绝遵从患者的意愿。其他州规定医疗服务提供者
只有在及时告知其不会遵从患者的权利，并及时将患者转交给
尊重患者生前预嘱的医生时，才享有豁免权。其他州授予医疗
服务提供者豁免权，但都不要求医生作出善意的努力来转移
患者。

2. 惩罚

第一，刑事责任。有的州对拒绝遵守患者生前预嘱的医疗
服务提供者实施刑事制裁。在这些司法管辖区，任何医疗服务
提供者如故意拒绝将患者转交给尊重患者生前预嘱的医生，那
么他将可能面临刑事处罚。被指控不转移患者的医疗服务提供
者可能会被判轻罪。对其判处轻罪的惩罚，往往是罚款或判处
一年以下的监禁。但是，不可否认的是，对涉案医生及医疗机
构实施刑事制裁，并不能使患者受益，患者也仍将处于痛苦之
中。刑事制裁也只能在一定程度上震慑未来的医生及医疗机构，
促使其履行预嘱。刑事制裁也没有提供一种机制来促进患者意
愿得到执行，也不能使患者无需承担不必要的医疗费用。[2]此

〔1〕 Joan M. Teno et al., "Do Advance Directives Provide Instructions That Direct Care?", *J. Am. Geriatrics Soc'Y*, 45 (1997), 508.

〔2〕 Susan J. Nanovic, "The Living will: Preservation of the Right-To-Die Demands Clarity and Consistency", *Dickinson Law Review*, 95 (1990), 209.

外，刑事制裁可能会与公共政策产生剧烈冲突，因为其违背了鼓励医生治病救人的职业道德。一旦将延长生命的行为认定为违法甚至犯罪，可能会使得社会公众难以接受，甚至会引发一系列的社会问题。因此，各州对于医生及医疗机构未尽到"遵循"或"转移"的义务所规定的刑事责任都持相对保留态度。同时，根据相关研究表明，目前暂未有医生因诸如此类的刑事责任条款而遭受起诉判刑。[1]

第二，民事责任。民事责任主要包括禁令救济和经济赔偿两种。禁令救济主要是指经病患家属申请，由法院对病人所在的医疗机构或其主治医师发出停止维生治疗等的禁令，使得患者免遭进一步的痛苦。假使医生并没有履行预嘱人制定的预嘱，或者履行"遵循"或"转移"的义务，病人就会被施以不必要的维生治疗，继续遭受本可避免的痛苦。在此情况下，病人或其医疗指示代理人可申请法院下发禁令，法院经审查后，可以下发施以不必要的治疗禁令。[2]

除此之外，经济赔偿也可以是民事赔偿的一种具体形式。既然病人制定了生前预嘱，也就说明当其处于"临终状态"时，其具有不再接受维生治疗的意愿。当医生得知患者的意愿时，其应当是直接执行预嘱，而不是继续实施相关治疗。因此，患者也不应该继续承担其本不想继续被实施治疗救助的相关费用。此费用则应当由医生或其所属的医疗机构承担。除了应当承担相应的医疗费用，医生及其所属的医疗机构也需对患者支付相应的赔偿金额，赔偿病人因实施治疗而遭受的痛苦及实际损失。

〔1〕 Patrick Webster, "Enforcement problems arising from conflicting views of living wills in the legal, medical and patient communities", U. PITT. L. REV, 62 (2001), 793.

〔2〕 Maggie J. Randall Robb, "Living Wills: The Right to Refuse Life Sustaining Medical Treatment-A Right Without A Remedy?", *University of Dayton Law Review*, 23 (1997).

上述赔偿金具有一定的补偿性质。除此之外，有些州还规定了惩罚性赔偿金，在患者所承担的实际医疗费用之外加最高一千美金。对惩罚性赔偿的限制可以防止医疗服务提供者因进行维持生命的治疗而受到数百万美元的损害赔偿。这种救济途径不会让医疗服务者承担过重的民事责任。相反，这种救济途径的主要目的是在不使医疗服务者承担过重的侵权损害赔偿责任的情形下促进生前预嘱的执行。[1]

第三，职业制裁。除了刑事制裁、民事制裁以外，一些州还对拒绝履行病人的生前预嘱的医生实施职业制裁。职业制裁，顾名思义，指由行业协会对内部成员实施相关惩戒。在此处则是指，由医疗协会对拒不遵守执行生前预嘱的医生实施有关行业制裁。如果一名医生在此方面没有做出诚实的努力，那么他或她可能会受到行业纪律处分，包括暂停或吊销医师执业资格证。然而，可预见的是，对有关医生实施职业制裁，促使其履行生前预嘱的作用终究是有限的。因为此种制裁或处分可能会制止医生的行为，但并不能够成为患者实现生前预嘱和接受对未经许可的医疗治疗进行经济赔偿的行动理由。[2]

3. 救济

病人要想获得禁令救济和经济赔偿，常见的方法就是基于"殴打"和"过失"的缘由提起侵权索赔诉讼。

第一，殴打。违背患者的生前预嘱而对其进行维持生命的治疗，这是患者提起侵权之诉的正当理由。侵犯行为的构成要件主要包含两个要素：其一，有伤害或攻击他人的故意；其二，

---

〔1〕 Maggie J. Randall Robb, "Living Wills: The Right to Refuse Life Sustaining Medical Treatment-A Right Without A Remedy?", *University of Dayton Law Review*, 23 (1997).

〔2〕 Maggie J. Randall Robb, "Living Wills: The Right to Refuse Life Sustaining Medical Treatment-A Right Without A Remedy?", *University of Dayton Law Review*, 23 (1997).

发生伤害他人的行为。需要注意的是，对侵权行为的发生来说，攻击性行为是必要的，但伤害行为未必需要。此外，当医生及医疗机构在未遵守实施生前预嘱却对患者实施有关治疗时，即使手术不会对患者造成伤害甚至是对患者是有益的，医生也要承担侵犯责任。此外，如果治疗并非患者所需要，即使把患者放在医疗器械上使其能够呼吸或汲取营养或者使患者心脏复苏，这也可能是产生侵权行为的合理理由。[1]

第二，过失。对于违背病人的生前预嘱，进而强制其接受维持生命的治疗也可能以医疗服务提供者存在过失而采取了行为作为主张权益保护的正当理由。要以过失来主张侵权，原告必须证明存在四项要素：①被告在当时的情形下作为一个理性人有义务作出相应行为；②被告违反了该义务；③被告违反该义务造成了损害；④被告基于原告违反义务受到了损害。具体应用到生前预嘱领域，主要是指：其一，要明确存在过失行为。[2]病人首先必须证明其已制定可供实施的生前预嘱，且医疗服务提供者有履行其生前预嘱的法律义务。其二，当医疗服务提供者出于主观上的过错干涉患者拒绝治疗的权益，那么违反义务的行为即构成。其三，需要明确的是，病人必须证明违反义务是造成负面影响的主要原因。此时，"如果不是"说应当得到应用，具体来说，即如果不是基于医生或医疗机构拒不执行生前预嘱，对其施以相关医疗救治的行为，那么原告就不会受到伤害。[3]

---

〔1〕 Maggie J. Randall Robb, "Living Wills: The Right to Refuse Life Sustaining Medical Treatment-A Right Without A Remedy?", *University of Dayton Law Review*, 23（1997）.

〔2〕 Susan J. Nanovic, "The Living will: Preservation of the Right-To-Die Demands Clarity and Consistency", *Dickinson Law Review*, 95（1990）, 209.

〔3〕 Maggie J. Randall Robb, "Living Wills: The Right to Refuse Life Sustaining Medical Treatment-A Right Without A Remedy?", *University of Dayton Law Review*, 23（1997）.

第二节　加拿大的生前预嘱制度

一、概述

美国的生前预嘱制度有了较为全面的发展，但是其邻国加拿大的生前预嘱发展却较为缓慢，进一步来说，与美国具有较为全面生前预嘱的法律制度相比，加拿大对生前预嘱制度并没有相应的法律框架。在加拿大的大部分生患绝症的患者要想作出医疗决定，往往都是遵循美国的模式，即以美国的相关制度作为蓝图。在加拿大，法律界及医学界承认加拿大的医生经常会移除无行为能力者的生命支持设施。许多人认为已经没有任何法律问题了，法律对此也都从来都没有考虑过干预，换言之，法律是默许生前预嘱制度的。加拿大一家法院在面对一位行为能力欠缺的患者家属提出要求终止延长生命治疗的请求时，很可能会基于两个理由批准该请求：其一，普通法上的权利；其二，宪法上的权利。根据普通法上的权利，一个行为能力欠缺的病人与一个具有完全行为能力的病人一样，可以以同样的方式，享有普通法上停止非有益的生命维持措施的权利。此外，宪法权利得到了更多的支持。宪法权利作为人与生俱来的权利，自然可以受到保护。[1]

虽然加拿大并没有明确的涉及生前预嘱制度的法律法规，但是仍然能从其已有的法律法规中找到些许起源。如《加拿大宪章》规定，人人有权享有生命、自由和人身安全，除非根据基本正义的原则，否则不得剥夺这种权利。此外，1960年通过

---

[1] Susan J. Steinle, "Living Wills in the United States and Canada: A Comparative Analysis", *Case Western Reserve Journal of International Law*, 24 (1992), 435.

的《加拿大权利法案》的内容与《美国宪法第十四修正案》的内容基本相同，概述了有关人权和基本自由，例如个人生命权、自由、人身安全和财产安全以及权利非经法定程序不被剥夺的权利。[1]《加拿大宪章》和《加拿大权利法案》都提到了人身安全，这个词可以被解释为过一种不受他人约束或干涉的生活的权利，进而为生前预嘱的正当性提供大力支持。除此之外，"死亡权"理论为加拿大的生前预嘱制度的正当性提供了理论基础。美国关于孕妇堕胎的案件体现了美国的死亡权理论遇到了较为强大的政治问题。这些案件涉及个人对自己身体作出决定的权利与国家保护人类生命利益之间的平衡。然而，堕胎问题在加拿大并没有那么多争议。因为《加拿大宪章》和《加拿大权利法案》都包含死亡权的正当性，所以它们都支持生前预嘱的理念。[2]

因此，在生前预嘱法方面，加拿大巧妙地采用了与美国相同的制度，即使它本身没有任何法定或普通法的权威，但它这样做了。医生、卫生保健人员甚至是法官都被默默说服，认为美国的反应是极其有效的，应该予以遵守。加拿大在生前预嘱问题上缺乏共识，却把美国的先例当作自己的先例。

二、加拿大的生前预嘱制度

加拿大关于拒绝治疗权的两个常被引用的案例是穆洛伊

---

〔1〕 Gerry F. Cohen, "Legislative Reform in North Carolina", Case Study 1971-2004 of Actions on the Recommendations in the Sometime Governments: A Critical Study of the 50 American Legislatures (2004).

〔2〕 Susan J. Steinle, "Living Wills in the United States and Canada: A Comparative Analysis", *Case Western Reserve Journal of International Law*, 24 (1992), 435.

（Mulloy V. Hop Sang）〔1〕案和马歇尔（Marshall V. Curry）〔2〕案。这两个案件的裁决均是在〔3〕20 世纪 30 年代作出的。而如今加拿大仍然依赖于这些裁决。在这一漫长的时间里，没有一个案件推翻这些裁决，也没有创设最近的先例，这一事实具有重要意义。加拿大关于死亡权利的判例法尤其是生前预嘱一般来说是最低限度的。

　　穆洛伊案说明了医生的道德和法律职责可能会发生冲突。该案中的病人在车祸后由于手部受伤寻求了医生的治疗，医生认为需要截肢。尽管病人不希望截肢，但是最后仍进行了截肢。当病人诉至法院后，法院认为手术是必要的，并将病人的索赔降低至 50 美元。该案中，似乎没有讨论病人的权利，医生的观点被认为是具有优越性的。在这种情况下，病人有手或没有手都将会继续生活。因此，这并不是一场关于她的身体在生命受到威胁时的最终处置的争论。此外，在发生这样的车祸之后，病人似乎没有机会针对医生应该如何做去发表什么意见或提出要求。由于存在这些差异，穆洛伊案并没有破坏对生前预嘱的支持。然而，在马歇尔案中，法院承认病人有权拒绝接受治疗。〔4〕病人向他的医生提起诉讼，医生在治疝气的手术中摘除了病人的睾丸。法院认为：如果手术未经同意，那么一个人的身体必须不受侵犯，避免受到外科医生手术刀的侵犯。因此，同意或

---

〔1〕　1 W. W. R. 714（Alta. C. A. 1935）

〔2〕　3 D. L. R. 260, 274（Can. 1933）.

〔3〕　Susan J. Steinle, "Living Wills in the United States and Canada: A Comparative Analysis", *Case Western Reserve Journal of International Law*, 24（1992）, 435.

〔4〕　Graham D. Holding & Larry H. Rocamora, "Uses of and Variations on Statutory Forms", in End-of-life Planning, *New Living Will*, *Health Care Power of Attorney and Organ Donation Statutes III*〔North Carolina Bar Association Continuing Legal Education Manual（2007）〕.

不同意在本案成为一个关键问题，就像在上文讨论的替代判决案件中所坚持的标准一样。

三、加拿大法律改革委员会的建议

加拿大的医疗技术和相关的医学治疗随着时代的发展也发生了重大的变化。然而，《加拿大刑法》尚未被修订以反映和应对这些医疗和社会变化。根据加拿大法律改革委员会的说法，复杂和科学的姑息治疗要么不为人知，要么还处于起步阶段。[1]委员会注意到，这些规定中不仅有一些已经过时，而且含糊其辞。因此，委员会认为，《加拿大刑法》应该明确规定，医生不能仅仅因为从事或继续姑息治疗而被追究刑事责任。此外，委员会还认为，这种待遇绝不应违背个人意愿。[2]对生前预嘱最具支持性的推测是，如果医生停止或未能开始对一名行为能力欠缺的患者进行治疗，而该治疗已不再对患者有所助益，那么，他就不应该承担刑事责任。

这些建议也旨在保护那些按照病人意愿（根据生前预嘱）保留或撤销生命维持程序的医生免受民事责任和纪律处分。[3]

总的来说，在加拿大，围绕着生前预嘱的问题存在很大的模糊性。病人和医生对于预先指示的有效性没有确定的权威，因此，必须消除这种模糊性。虽然加拿大的医生可能依赖于美

---

〔1〕 North Carolina Bar Association－Continuing Legal Education Manual at Ⅱ－3, Oct. 10, 2007.

〔2〕 Lori Wiener et al., "How I Wish to Be Remembered: The Use of an Advance Care Planning Document in Adolescent and Young Adult Populations", J. Palliative Med., 11 (2008), 1309.

〔3〕 Michael D. Cantor, "Michele J. Karel & Jean Powell, Using a Values Discussion Guide to Facilitate Communication in Advance Care Planning", *Patient Educ. & Counseling*, 55 (2004), 22.

国的规范，但是，加拿大的医生不能保证他们的行为符合加拿大的标准。刑法方面仍然存在刑事责任的可能性以及无限的民事责任。因此，医务人员需要某种标准，使他们能够胜任地继续执行预先指示，而不必担心这种潜在的责任或无处不在的定罪威胁。

四、加拿大的医疗保险

在就加拿大各省应通过哪些有关生前预嘱的立法规定提供咨询意见时，必须考虑到的是医疗保险，主要考量的因素在于医疗保险的覆盖范围。加拿大的患者也可以选择他们想要的医生和医院来进行医疗保健治疗。与其他社会化医疗体系不同，加拿大的医疗体系依赖于自由企业体系。预算限制是加拿大联邦政府对意愿的最大限制。因此，正如罗佐夫斯基所指出的，这一制度对患者权利的影响是，针对医生或医院的治疗和护理权利不影响患者对这些服务的保险权利，反之亦然。因此，对那些拒绝遵守生前预嘱的医生来说，由于政府支付医疗费，因此，拒绝支付医药费并不是一个有效的威胁。然而，在这样的制度下，刑事责任（例如根据刑法协助自杀）变得更具威胁，因为政府在医生和患者的日常互动中有着更强的影响力。加拿大的医疗保险覆盖范围以居住地为基础。但是，这一概念是极具误导性的，因为如果加拿大公民被认为是一个省的居民而享有保险，他就有资格获得全世界的保险。因此，病人生前预嘱所在的省份是一个重要因素。然而，与美国一样，关于提供医疗服务的司法管辖区的法规将允许什么，该法规可能与患者所住省颁布法规相冲突的争议肯定会出现。根据这一分析，加拿大寻求制定统一法规的建议具有很重的分量。[1]

---

〔1〕　Susan J. Steinle, "Living Will in the United States and Canada: A Comparative Analysis", *Case Western Reserve Journal of International Law*, 24（1992）, 435.

第三节　欧洲的生前预嘱制度

一、概述

与美国相比而言，欧洲对于生前预嘱制度的研究相对较晚。欧洲的生前预嘱主要包括两种类型：说明指示与代理指示。说明指示（instruction directives）主要指的是公民在意识清楚时表达自己处于临终状态时有关提供或拒绝特定治疗的偏好。在说明指示中，当事人可以根据自己的意思表示来表明自己处于临终状态时适用或者拒绝适用某种治疗。欧洲国家达成了一个普遍的共识，一旦某个成年患者在其处于神志清醒的状态时，表明当其处于"临终状态"时拒绝某种维生治疗，那么如果继续对其实施有关治疗则是违法的。[1]因此，当患者处于临终状态时，医生应当遵从患者的说明指示（即生前预嘱），否则可能承担一定的不利后果。代理指示（proxy-directives）主要是指公民可以指定某人作为自己的代理人，一旦指示人失去行为能力，由代理人基于指示人的意思表示作出有关医疗决定。[2]如果患者在神志清醒的时候作出相关意思表示，那么该代理人必须要按照患者的意愿作出医疗决定，无论该意思表示是否合理。[3]与说明指示一样，代理指示也同样是生前预嘱的一种重要形式。

1997 年 4 月，《欧洲人权和生物医学公约》在西班牙奥维耶

---

〔1〕　H. Nys，"Emerging legislation in Europe on the legal status of advance directives and medical decision-marking with respect to an important patient（living-will）"，*European Journal of Health Law*，4（2），（1997），66.

〔2〕　吕建高：《预先指示法律制度比较研究》，法律出版社 2017 年版，第107 页。

〔3〕　祝彬："论医疗知情同意权的代理行使"，载《医学与哲学（A）》2013年第 11 期。

多开放签署，这份公约被称为病人的权利公约。[1]目前，该公约已有 35 国签订，各国根据不同的国情，亦存在不同的立法，但总体都遵循公约的基本原则；尚未加入公约的国家的国内法也对生前预嘱制度存在有关规定。《欧洲人权和生物医学公约》是第一个关于生前预嘱制度的国际法律文书。在此基础上，欧洲部长委员会相继颁布了 1999 年 2 月 23 日 R（99）4 号建议和 2009 年 12 月 9 号 CM/ Rec（2009）11 号建议，进而维护无行为能力人的法律地位及其个人自决权。2011 年 10 月，欧洲理事会提出《考虑病人先前表达的意愿进而保护其人权和尊严》的决议草案来批准和执行这两项建议及《欧洲人权和生物医学公约》。2009 年 1 月，《欧盟基本权利宪章》也对医疗情境中保护个人完整权进而保护其知情同意权（第 3 条）以及保护老年人的权利（第 25 条）进行了规定，成为生前预嘱制度立法的重要基础。《欧洲联盟基本权利宪章》《奥维多公约》《欧洲保护人权和基本自由公约》等法律作为欧洲生前预嘱制度的规范性来源，对生前预嘱制度在欧洲的推广作出了重大的贡献。[2]

二、英国的生前预嘱制度

2005 年，英国出台《意思能力法》（Mental Capacity Act），并在两年后颁布了《意思能力法实施法》（Mental Capacity Act Code of Practice），对生前预嘱制度作出了具体的规定。《意思能力法》规定只有已满 18 周岁的成年人才可以作出生前预嘱，并规定"在面临是否采取某种医疗方案或仍坚持采取之前的医疗

---

〔1〕《欧洲人权和生物医学公约》规定有病人基本的信息权、知情同意权和隐私权。

〔2〕 邹如悦、杨雪柔、杨芳："比较法视阈的预先医疗指示制度及其在我国的构建"，载《医学与法学》2019 年第 4 期。

方案这一抉择时，生前预嘱可发生法律效力"。但是，该法并未规定生前预嘱制度的见证程序，只在其第 25 条第 6 款中严格限定了维持生命的医疗的见证要求。此外，英国明确了生前预嘱的口头效力，承认一般的预先决定可以口头形式作出。英国也允许任命代理人代为作出医疗决定。代理人必须年满 18 周岁且神志清醒，同时任命代理人还需要符合一定的程序性要求如存在见证人等。当然，需要注意的是，虽然生前预嘱制度在英国已被明确，但是当病人处于临终状态时，其预先的意思表示很有可能还是被认定为无效。[1]因此，在英国也存在进一步尊重患者的自主决定权的呼声。[2]

三、奥地利的生前预嘱制度

《奥地利生前预嘱法》于 2006 年 6 月 1 日起生效。与其他国家的法律不同，奥地利将生前预嘱分为有法律拘束力的生前预嘱和无法律拘束力的生前预嘱两种。[3]前者主要是指一旦出现患者不能对医生或医疗机构正在或即将进行的医疗行为进行理解时，医务人员必须依据患者的医疗意愿决定是否继续施予治疗，坚决不允许实行病人表示拒绝的医疗行为，即使患者自己的决定会导致死亡结果。当然，制定有法律拘束力的生前预嘱也需要满足一定的条件，如需存在见证人、明确拒绝何种治疗、患者的理解判断证明等。无法律拘束力的生前预嘱主要是指如果不能满足有法律拘束力的生前预嘱的生效条件时，该预嘱则无拘束力。与英国一样，《奥地利生前预嘱法》也允许任命

---

〔1〕 Maclean A. R. ,"Advance directives and the rocky waters of anticipatory decision-making", *Medical Law Review*, 16（2008）.

〔2〕 Stern Christina, "Advance directives", *Medical Law Review*, 2（1994）, 57~76.

〔3〕 吕建高：《预先指示法律制度比较研究》，法律出版社 2017 年版，第126 页。

代理人代为作出医疗决定。但是，需要注意的是，病人在生前预嘱中不可以拒绝最基础的护理型措施，例如营养液的供应等。此外，奥地利对于制定并签署生前预嘱文件有较为严格的程序性规定。

四、德国的生前预嘱制度

德国起初并没有关于生前预嘱制度的立法，直至 2003 年，德国联邦最高法院在司法判决中认可了病人的自主权，并确立了"生前预嘱"的法律效力。2009 年，德国将生前预嘱的相关条款纳入其《民法典》中，确立了生前预嘱制度以及医疗委托代理人、监督人对病患自主权的保障。该法明确了神志清楚的成年人可以制定生前预嘱，并且也可以通过授权的方式指定代理人。当代理人不明或者尚未指定代理人时，法院也可以进行指定。其次，该法确定了生前预嘱的适用不仅限于临终医疗阶段，换言之，表明了德国生前预嘱的适用范围较广。此外，德国还对生前预嘱的制定作出了如下规定：第一，病人必须采用书面形式制定生前预嘱，并且可随时撤销该预嘱；第二，代理人应当按照病人在生前预嘱中的意思表示进行处分；第三，如果病人在生前预嘱中并未作出明确的意思表示，或者病人意思表示与所处的状态不符时，代理人作出相应处分之前需充分考察病人的意愿；第四，如果医生和代理人与病人的意见一致，则可不需要法院介入，直接执行生前预嘱，反之如若意见不一致，在作出的决定对于病人的影响较大时，须取得法院的同意。[1]

---

[1]　郑冲："德国联邦最高法院作出与病人处分相关的最新判决"，载《比较法研究》2010 年第 5 期。

第四节　新加坡的生前预嘱制度

为促进生前预嘱在本国的发展，新加坡于 1996 年颁布《预先医疗指示法》，[1]允许患者预先就自然死亡事项作出指示，从立法层面对于处于临终状态的患者的权利予以保障。[2]为了防止生前预嘱制度被滥用，新加坡的法案明确规定，制定一份合法有效的生前预嘱需要满足如下要件：第一，制定者必须年满 21 周岁且心智健全；第二，生前预嘱是要式的，需按照规定格式制定；第三，制定生前预嘱至少需要有两位见证人同时在场，其中一名见证人还必须是医生；第四，生前预嘱需要在中央登记处存档。[3]制定好的生前预嘱可以以口头或书面形式予以撤销。当然，凡事都存在例外，新加坡的生前预嘱也存在适用例外的情形，对于怀孕的病人，如若可以证实胎儿可以顺利生产，那么就不应该撤销对病人的维生治疗。[4]此外，新加坡生前预嘱的撤销方式较为简便，当事人在任何时候均可以书面或口头的方式撤销生前预嘱。最后，需要注意的是，与英美等国家不同，新加坡没有规定代理者指示的方式。

---

〔1〕　孙也龙、郝澄波："论新加坡《预先医疗指示法》及其对我国的启示"，载《东南亚之窗》2014 年第 1 期。

〔2〕　张蓉蓉、姜叙诚："预设医疗指示的研究进展"，载《护理学杂志》2017 年第 9 期。

〔3〕　吕建高：《预先指示法律制度比较研究》，法律出版社 2017 年版，第 257 页。

〔4〕　Singapore Act s. 10（6）；The Uniform Rights of the Terminally Ill Act 1989, S. 7（f）.

第五章

生前预嘱制度的程序

第一节　生前预嘱的制定

一、定义

生前预嘱须具备一定的生效要件，因此，其制定必须符合生前预嘱生效的要件标准，以确保制定的生前预嘱具备法律效力。生前预嘱的制定主要是指个人在具备完全行为能力时按照自己的意愿就自己进入临终状态的医疗偏好进行抉择而制定一份书面文件。生前预嘱的制定会产生不同的法律效果即有效的生前预嘱或无效的生前预嘱。如果生前预嘱具备必备的生效要件，那么，在生前预嘱人进入临终状态时，生前预嘱便会得到顺利执行。如果生前预嘱欠缺一定的生效要件或者生前预嘱由于语言的模糊性导致其存在不确定性，这时生前预嘱的执行就会受到影响，甚至生前预嘱最终无法得到执行。因此，生前预嘱的制定对于个人来说非常重要。

二、主体

生前预嘱的制定主体意指制定生前预嘱的适格主体。

首先，生前预嘱的制定主体只能是个人即自然人，而不能是法人或社会团体。自然人与法人之间因其基本属性存在差异，因而两者在权利的享有方面亦存在较大差异。自然人享有生命权，而法人则不享有生命权。因为生前预嘱所指向的是自然人对其自身医疗事务的事先决策，主张的是生命权所关涉的自然死亡权，而法人则并不享有此项权利，更不具备此项权利的衍生权利。

其次，生前预嘱的制定主体在制定生前预嘱时必须是完全行为能力人。因为生前预嘱的内容是对临终前的医疗事务进行决策，虽然其与安乐死的提前结束生命不一样，所意指的是自然死亡，但因也涉及生命的终止，且生命不可逆，所以在进行此项决策时，必须要求决策者具备完全行为能力，以体现对生命的敬畏和尊重，此反映到制度与程序上，即要求制度和程序的设计必须严谨。反之，欠缺行为能力人或无行为能力人则不能够成为制定生前预嘱的适格主体。行为能力的要求在某种程度上也体现了制度的保护功能，即保护欠缺行为能力人和无行为能力人，保护他们的合法权益，避免具有不法意图之人利用此项制度来侵犯欠缺行为能力人和无行为能力人的权益，例如为了继承遗产，伪造生前预嘱并实施，不对患者进行救治，只图遗产。因此，法律规定，生前预嘱的制定者必须具备完全行为能力，即其能够理解生前预嘱的功能并根据自己的意愿针对自己的医疗事务进行决策。

最后，个人应对生前预嘱有充分的理解。生前预嘱的主要内容是是否接受维持生命的治疗。那么，"维持生命的治疗"一词就必须得到更好的理解。当对这一术语概念进行廓清时，重点应该放在对患者进行治疗的益处与负担上，而不仅仅是那些维持生命的治疗。一个来自于关注死亡的法律咨询委员会的定义如下：医疗程序或治疗应该指医生或卫生保健者为诊断、评估或治疗疾病或伤害而采取的任何行动。这些行为包括但不限于手术、药物、输血、人工呼吸、透析、复苏、人工进食和任何其他旨在诊断、评估或治疗的医疗行为。这一定义通过避免使用"维持生命"一词，达到了关于所有医疗行为的益处和负担的目标。如此，通过在提供治疗的益处和使用这种治疗延长死亡的负担之间进行利益衡量，决定是否中止或撤销治疗。这种平衡是根据患者的总体情况包括他或她的愿望来决定的。同样，焦点应该集中于患者身上，就像重新对时间元素进行定义一样，而不是治疗本身。如果延长治疗抵消了任何益处，那么就应该停止或取消治疗。[1]个人在对"维持生命的治疗"充分了解的基础上，根据自己的意愿决定是否制定生前预嘱以及确定生前预嘱的具体内容，以展示自己的医疗偏好，对未来的医疗进行预先指示。

三、形式要求

2005 年 3 月 31 日，特蕾莎·玛丽·夏沃在昏迷 15 年后去世，结束了长达数年的诉讼，这促使美国国会最终采取了行动，以及使得佛罗里达州法院和美国最高法院收到了大量的上诉案件。该案始于 1990 年，当时 27 岁的夏沃心脏骤停，陷入昏迷。夏沃一直处于植物人状态，通过胃食管进食。她的身体状况很差，存在很多健康问题，但当她拒绝维持生命治疗的斗争开始时，她的死亡并不是迫在眉睫。然而，她的大脑皮层已经恶化，只剩下脑脊液。事实上，法院指出，药物已经无法治愈夏沃的疾病，除非出现一个真正的奇迹可以再造她的大脑，否则夏沃将永远处于无意识的、反射性的状态。法院还注意到，夏沃的

---

〔1〕　Rizzo R F, "The living will: does it protect the rights of the terminally ill?", *New York state journal of medicine*, 1989, 89（2）: 72~79.

母亲也就是诉讼的原告知道只有奇迹才能让他们的女儿回到智慧的世界。这起案件的起因是夏沃的丈夫兼合法监护人麦可尔与夏沃的父母意见不一致。麦可尔希望按照夏沃向她的朋友和家人口头表达的意愿那样终止对她的治疗。夏沃的父母希望让她一直依附于人工供给的营养和水分，等待奇迹出现并拯救她。然而，由于夏沃在一起医疗事故中获得了一笔可观的和解补偿金，此案变得比单纯的意见分歧更为复杂。这份和解协议本可以让夏沃继续接受几年的治疗，尽管她没有康复的希望，而麦可尔和夏沃的父母争吵的动机也可能不同。如果麦可尔与夏沃保持婚姻关系的同时终止了她的治疗，他将获得夏沃的剩余财产，但如果麦可尔与夏沃离婚，她的父母将在其去世后获得这笔财产。[1]

根据佛罗里达州终止生命支持程序的法律和佛罗里达州宪法规定，这里讨论了夏沃父母提出的三个问题。首先，夏沃的家人认为，法院应该为她指定一名诉讼监护人，因为她的法定监护人麦可尔将从夏沃的去世中获得经济利益。法院发现，在绝症病人没有生前预嘱的大多数情况下，将由其近亲属继承其财产，而这种情况并不会强迫指定诉讼监护人。此外，法院发现麦可尔并没有作出任何决定，而是援引了巡回法院的管辖权，并根据第二区在布朗宁监护方面进行的替代决策。尽管事实是如果夏沃去世，麦可尔将继承遗产，但在最后的裁决中，法院认为，终止延长生命的程序不需要指定诉讼监护人，因为法院是病人的监护人。因此，一个诉讼监护人的程序将重复法院的职能，这一程序毫无价值，并使这一程序与记录以外的传闻事项相混淆。其次，夏沃的父母认为，初审法院不应该听取专家

〔1〕 Sam J. Saad Ⅲ, "Living Wills: Validity and Morality", *Vermont Law School*, 2005 (71): 11~12.

关于停止生命维持治疗决定的意见。虽然第二区怀疑夏沃的父母是否保留了这个问题或者质疑证词是否存在相关性，但法院认定，初审法院的法官对证词没有过分重视。夏沃的父母争论的第三个问题是，相互矛盾的证词并不等同于佛罗里达州最高法院所要求的明确和令人信服的证据。第二区裁定，面对相互矛盾的证据，法院可以找到明确且令人信服的证据，但重申了布朗宁的主张，即在有疑问的情况下，法院必须认定患者可以选择生存。在他的决定中，法院审查了其提交给初审法院的相关证据即夏沃并没有制定生前预嘱，她虽然是天主教徒，但没有任何宗教指示可以协助法院查明她的决定是什么，而她关于死亡的陈述很少或者是口头的。然而，法院发现，真正的证据是夏沃已经连续10年处于植物人状态，她已经失去了大部分大脑，其没有希望通过药物治愈。因此，法院面临的真正问题是，夏沃是否会选择继续保持这样一种状态，希望一个奇迹可以出现来重新塑造她，或者她是否愿意遵守顺其自然地死亡的过程。第二区发现，初审法院有明确且令人信服的证据证明她会选择后者。[1]

在夏沃案中，第二区的解释说，他们几年前就对夏沃的案件作出了最终判决，因此，最高法院的审查将局限于拒绝移除治疗设施的判决。第二区法院于2001年1月首次聆讯案件时，确认监护法院的结论如下：①夏沃的医疗状况符合允许撤销延长生命程序的临终条件类型；②夏沃没有合理的恢复能力的医疗概率，因此，她可以自己决定维持或撤销延长生命程序；③在审判时，这些清晰而令人信服的证据支持了初审法院的决定，即夏沃会选择撤销延长生命的程序。2003年，当第二选区再次审

〔1〕　Sam J. Saad III, "Living Wills: Validity and Morality", *Vermont Law School*, 2005 (71): 12.

理此案时，它评估了大量有关夏沃恢复认知能力的医学证据，并得出了同样的结论：明确而令人信服的证据表明，夏沃希望终止治疗。继滥用自由裁量权标准后，第二区对记录在案的证据进行了严密审查。法院审查了下级法院的脑部扫描和庭审记录，并得出结论：即使是重新审查初审法院的调查结果，它也会予以确认。在确认后，第二区承认了他们对夏沃家人的同情，但重申这个案件不是关于慈爱的父母对他们孩子的期望，而是关于夏沃有权作出独立于其父母和丈夫的决定。法院指出，当家庭意见不一致时，法律允许法院作为代理人，对延长生命的程序作出决定。在这种情况下，法官必须依据明确和令人信服的证据，并作出患者会作出何种选择的决定。法院还发现，当家庭意见不一致时，社会最好的解决办法是提供一个私人或个人决定的公共论坛，与患者没有私人关系的法官是决策者。在随后的法律诉讼和辩论中，法院、国会和国家对生前预嘱政策进行了辩论，但对实际的生前预嘱法律却几乎没有任何改变。[1]

通过查阅确定有权拒绝生命维持治疗的案件，我们不禁注意到这种决定给家庭带来的巨大压力。夏沃的案件只是诸多案例之一。所列举的是关爱和照顾行为能力丧失的家庭成员的人与想对他们所爱的人做到最好的人之间的冲突。然而，正如案例所表明的那样，如果有意向指示或一些其他迹象表明无行为能力者的意愿，就可以避免许多不必要的痛苦。在这方面，生前预嘱具有最明显的重要性。通过承认生前预嘱，法律为患者提供了一个工具或手段，使他们可以明确表示不愿意以人工手段

---

[1] Sam J. Saad III, "Living Wills: Validity and Morality", *Vermont Law School*, 2005 (71): 13~14.

来维持自己的生命。[1]

夏沃案之所以如此复杂，除法律欠缺和涉及经济利益之外，其实更多的是由于缺乏内容明确的生前预嘱，医疗预先指示不明确。现有的证据只是夏沃的口头表达，能够证明其不愿以人工手段来维持生命的意愿，但是缺乏明确且令人信服的证据。因此，一份内容明确的生前预嘱对于生前预嘱人来说至关重要。那么如何使我们的生前预嘱达到明确且令人信服的标准呢？我们首先要关注的是生前预嘱的形式要求，即生前预嘱的制定是否必须具备法定的形式要求。对于法律行为的形式要求，法律上存在要式与非要式的分类。所谓要式，是指法律行为必须采取特定的形式或遵循特定的程序，法律行为才能成立并生效，否则就会因欠缺形式要件或程序要件而不能成立和生效。例如，融资租赁合同必须采用书面形式，就是一种要式行为。所谓非要式，是指法律行为并不要求必须具备特定的形式或遵循特定的程序，行为人可以根据自己的意愿自行选择实施行为的形式或程序。例如，一般的买卖合同，因为法律并未规定必须采取特定的形式，所以双方当事人既可以采用书面形式，也可以采用口头形式来订立，这就是一种典型的非要式行为。

虽然《美国统一医疗决定法》对生前预嘱的形式并未予以严格限制，规定生前预嘱可以是书面形式或口头形式，但是绝大部分州都设置了更为严格的形式要求即要求生前预嘱应为书面形式。虽然极少数州允许口头形式的生前预嘱，但其设置了更为严格的其他形式要求，如马里兰州的法律规定，口头生前预嘱只有在符合特定要求的情形下才会与书面生前预嘱一样具有同等的效力：口头生前预嘱的作出需要主治医师、医师助理

---

[1] Sam J. Saad III, "Living Wills: Validity and Morality", *Vermont Law School*, 2005 (71): 14.

或执业护士以及一位见证人在场，其内容记入个人医疗档案，且应有上述人员签名。[1]不难看出，虽然马里兰州规定允许口头形式的生前预嘱，但其实这样的口头生前预嘱与书面生前预嘱存在异曲同工之处，甚至如此形式的口头生前预嘱在形式要求上更严格于书面生前预嘱。另外，《德国民法典》《奥地利普通民法典》《瑞士民法典》等均对体现当事人自我医疗决策行为规定了书面的形式要求。[2]

将一个行为设置为要式行为还是非要式行为，通常取决于该行为的复杂性与可控性。行为复杂或不易于控制的，倾向于设计为要式行为；行为简单且易于控制的，倾向于设计为非要式行为。对于生前预嘱的制定而言，首先，我们需要确定的是，生前预嘱的制定行为是否是复杂且不易于控制的。生前预嘱的制定行为是一种特殊的预先指示行为，预先为自己将来临终前的医疗决策进行预先指示，例如，是否接受医疗技术来延续自己的生命等。毋庸置疑，这是一个较为复杂且难以控制的行为。因为个人的治疗偏好通常具备不确定性，个人的身体状况也存在不确定性。当个人进入临终状态时，其治疗偏好如何得以确定，其实是一个极为复杂的事情。如果不存在有效的生前预嘱，那么，通常采取的是"家长主义"的替代决策。因此，要使得一个人的治疗偏好得以明确，最好的方法之一就是设置法定的形式要件如书面形式，将自己的治疗偏好以书面形式固定下来。同时，在书面形式要件之外，相关部门还应制定生前预嘱的范本，以为生前预嘱制定者制定一份明确的生前预嘱提供指引。其次，不同形式的生前预嘱在证明力方面是否存在差异。在证

---

[1] MD HEALTH GEN § 5-602 (d) (2).
[2] 孙也龙：《预先医疗指示法律问题研究》，中国法制出版社 2019 年版，第204 页。

据的证明力方面，有原始证据与传来证据的划分。原始证据意指能够证明案件事实且未经复制和转述的证据。传来证据意指虽然亦能够证明案件事实，但其来源于转述或转抄等间接途径。一般来说，传来证据的证明力要远远低于原始证据，传来证据在认定案件事实时，需要结合其他证据。具体到生前预嘱，原始证据可以表现为自然人自己制定的书面生前预嘱，生前预嘱的内容是个人对临终前医疗治疗的事先指示，能够明确表达自己的治疗偏好，属于能够直接表达个人意愿的证据之一，其完全可以作为生前预嘱执行的依据。传来证据主要表现为个人不存在书面生前预嘱或书面生前预嘱因语言模糊或欠缺法律要件未生效，个人曾经向家人、亲属、朋友等表达过生前预嘱的意愿即可能存在口头形式的生前预嘱，家人、亲属、朋友等对个人生前预嘱的转述即为传来证据。而传来证据的证明力远远不及原始证据，也即表现为口头形式的生前预嘱的证明力低于书面形式的生前预嘱。最后，不同形式的生前预嘱是否影响到法院对案件的审查。在夏沃案中，夏沃仅仅口头表达过生前预嘱相关的意愿，其父母和丈夫之间的矛盾也因缺乏明确且令人信服的证据而起。口头形式的生前预嘱不仅仅给家人带来了决策的压力并容易导致分歧的产生，同时也给法院进行审查和判决制造了麻烦。如果存在一份书面形式且内容明确的生前预嘱，那么，生前预嘱的执行一般不会遭到阻止，更不会进入司法审查的程序。正因为生前预嘱的形式存在问题，导致证据的内容不明确而无法令人信服，因此，夏沃案给我们的启示就是生前预嘱的形式应为书面形式，以确保生前预嘱的证据形式能够有利于生前预嘱的执行，避免生前预嘱进入司法审查程序而耗费太多的宝贵时间与司法资源。

四、公证

公证具有沟通、证明、监督、服务四大功能，在我国社会治理体系中发挥着不可或缺的作用。[1]生前预嘱制度为解决临终前的医疗决策问题提供了切实可行的方案，确保每一位患者都能够在丧失行为能力之后按照自己的治疗偏好来走完生命的最后一程。然而，要想确保这一制度有效运行，离不开公证的有力保障。社会保障是国家的重要功能之一，国家除了通过立法确立生前预嘱制度，借助立法设计一系列制度来确保生前预嘱的良好运行，还可以通过推广一系列措施如公证来促进生前预嘱的实施与运行，提升生前预嘱制度的应用率，切实发挥生前预嘱制度的实效。

公证具有特定的功能。首先，公证具有协助的功能。生前预嘱对于一般人来说，具有一定的专业性，需要具备一定的法律专业知识，对生前预嘱的制定进行充分的理解，以使得自己的生前预嘱能够体现自己的意愿和具备相应的效力。因此，公证机关可以利用自己的优势对生前预嘱制度的实施予以协助。公证机构可以对生前预嘱人的行为能力进行审查，对生前预嘱人的治疗偏好等进行记录，对生前预嘱的内容表达予以协助，以尽量确保生前预嘱内容达到较为清晰且明确的标准，进而符合明确且令人信服的标准。不具备法律或生前预嘱相关专业知识的人也可以在公证机构的协助下制定一份属于自己的生前预嘱。经过公证程序的生前预嘱，基于公证机构的半官方性和权威性，在一定程度上可以协助生前预嘱的有效实施。

其次，公证具有预防的功能。在夏沃案中，夏沃因为不存

---

[1] 印媛：“公证助力社会治理——以蚌埠众信公证处实践为视角”，载《中国公证》2020年第2期。

在有效的书面生前预嘱，导致其丈夫和父母在是否撤销维持生命治疗的措施方面产生了较大分歧。而生前预嘱的公证具备预防家庭纠纷的功能。公证后的生前预嘱的证明力更高，内容更明确，针对终末期的治疗偏好给出了精确指示，避免了家庭成员在医疗决策方面可能产生的矛盾或分歧，能够促进生前预嘱的顺利执行。如此，家庭纠纷得到了预防，社会秩序得到了维护，同时还节约了宝贵的司法资源。

最后，公证具有保障的功能。公证可以为生前预嘱的运行提供一定程度的保障。公证机构通过一定的程序确认生前预嘱人的主体资格，在生前预嘱制定后，可以协助预嘱人对生前预嘱的内容进行变更，也可以在公证机构的协助下对生前预嘱进行撤销。公证机构具有公信力，经过公证后的生前预嘱也具备更强的证明力。医疗机构或医师在获取到生前预嘱后，可以准确地知晓患者有关治疗偏好的真实意思表示，进而能够保障生前预嘱的顺利执行。

生前预嘱制度实施中的重点问题之一就是生前预嘱的效力。生前预嘱可能会基于生前预嘱的制定主体不适格、生前预嘱的语言模糊导致内容不明确等原因而丧失效力，这就严重影响了生前预嘱的施行，亦不利于对个人医疗决策权和自然死亡权的保护，而公证制度恰好弥补了这一问题导致的缺陷。例如，公证机构在协助预嘱人制定生前预嘱前，会通过严格的程序来审核生前预嘱的制定者具备完全的行为能力，而不是欠缺行为能力或无行为能力状态，以确保生前预嘱的制定主体适格。在确认生前预嘱的制定主体适格后，就生前预嘱的内容进行记录，在意愿的表达以及言语的运用方面，公证机构也会通过一定的技术手段将生前预嘱制定者的意愿表达得更为清晰。虽然我们知道，语言存在无法避免的模糊性，但是公证机构将尽可能地使用准确的语言来协助其表达个人意愿，以使得公证后的生前预嘱符合明确且令人信服的标准。所以在我国立法确立生前预嘱之后，需要充分利用公证制度的优势，借助于公证机构的力量，来促进生前预嘱制度的顺利运行和有效实施。当然，在协助、预防和保障功能之外，功能机构在生前预嘱的执行方面亦可以发挥一定的监督作用。例如，在生前预嘱中可以约定，在确定个人处于临终状态的情形下，可以由公证机构通过严格的审核，来确认个人处于无行为能力的状态，进而宣布生前预嘱生效并进入执行程序，而公证机构可以通过这一程序来监督生前预嘱法律关系的效力。

五、见证人

美国对生前预嘱的见证人作了规定，但是规定并不详尽，因此，在实施的过程中规则性较弱。不少国家的生前预嘱制度中也均规定了见证人制度，目的是为了确保患者是出于本人真实意愿制定生前预嘱与生前预嘱内容的真实性。在我国的生前预嘱制度中，见证人制度也不能缺失，但是在具体的制度设计中，需要考虑制度的适当性与可行性。在适当性方面，需要考虑见证人制度的设计不能够影响到患者生前预嘱权的行使。生前预嘱权属于私权，是个人处理私人领域的事务，涉及生命权、医疗决策权以及隐私权等。个人在制定生前预嘱时可能并不想让他人知悉，其原因可能在于：一方面，是出于保护自己的隐私；另一方面，担心其生前预嘱内容被他人知悉后遭到反对。因此，见证人制度的设计需要考虑其适当性，即不能够过度影响或限制个人行使生前预嘱权的意愿。生前预嘱的制定可能通过自书、代书、录音录像、公证等方式实现。在自书和公证方式中，见证人的存在可能就并非那么必要，因为现有的运行机制已经能够保障生前预嘱制定的真实自愿性。当然，在自书和公证方式中，也并不排斥见证人的存在，只不过将决定见证人存在的权利交给了生前预嘱的制定者。对于代书预嘱、录音录像预嘱以及在紧急情形下制定生前预嘱，必须辅以见证人制度，因为制定这些形式的预嘱时，个人可能处于特殊情形之下，且个人在制定生前预嘱后可能就会在短期内丧失行为能力和决策能力，无法对生前预嘱进行修改或撤销，因此，我们的制度设计必须确保此种情形之下个人制定的生前预嘱符合其真实意愿且内容真实，设置见证人来对个人预嘱权的行使进行适当干预。见证人通常为两名完全行为能力人，且与生前预嘱制定者不存在利害关系。在个人制定生前预嘱时，必须全程在场，并在生前预嘱书上签字。见证人制度是对个人生前预嘱权行使的适当干预，目的是为了确保生前预嘱制度目的的最终实现。总之，我国的生前预嘱制度中见证人制度必须要有，但是需要根据预嘱制定的不同方式，在适当性与可行性的大前提下，进行合理设计，以寻求个人私权行使自由与个人权利限制之间的平衡。

六、格式或范本

为了使生前预嘱的格式和内容尽量符合法律的规定或要求，提升生前预嘱制度运行的实效，在生前预嘱制定的指引方面，较为有效的一个方式就是提供生前预嘱的格式或范本供生前预嘱制定人进行参考，这是非常行之有效的一个方法。格式或范本的提供主体可以是政府，亦可以是社会团体。信息化时代到来之后，借助于网络技术等手段，生前预嘱的格式或范本操作将更为简便。

在美国等国家，虽然他们提供的生前预嘱格式或范本在形式或内容上存在细微差异，但是，借助于网络，个人想要制定一份合格的生前预嘱，一般只需要按照网站的指导进行操作，填写相关信息，即可获得一份属于自己的生前预嘱文书。在法律服务较为发达的国家，生前预嘱服务亦是律师事务所服务项目中的一项，在许多律师事务所网站上也可以下载到生前预嘱的格式或范本，个人可以根据自己的需求选择律师为自己制定生前预嘱提供法律服务。例如，美国的 Rocketlawyer 网站，网站中对于如何制定一份生前预嘱是这样描述的：制定一份生前预嘱并不难，但是你需要做一些重要的决定来完成这个文件。Rocket Lawyer 将会根据你对重要问题的回答生成一份法律文书。[1]美国各州的公民都可以在此网站通过回答问题和录入信息，获得一份属于自己的生前预嘱文书。在部分美国的医疗机构网站中也可以找到生前预嘱的范本或对生前预嘱制定进行指导的报道。在法律服务机构和医疗机构之外，为个人提供生前预嘱格式范本较多的是社会团体或组织，它们在生前预嘱的实施过程中发挥着不可或缺的作用。例如，在美国律师协会、缓和医疗组织等社会团体或组织的网站中均可下载到生前预嘱文书的格式或模板。尤其是美国律师协会在这方面做得更为出色，其网站可以提供较为简单且可以适用于多州的格式或范本。但是必须强调的是，各国提供的各种生前预嘱格式或范本仅供个人参考使用，并非强制使用。个人可以根据自己的特殊情况，制定适合于自己的生前预嘱。

由于我国目前没有生前预嘱的相关法律规定，因此，在提供生前预嘱的格式或范本方面可能欠缺法律依据。在将来修订法律将生前预嘱制度纳入法律之后，我国的法律服务机构、医疗机构或社会团体等可以依据法律的具体规定，制定适当的生

---

〔1〕 https://www.rocketlawyer.com/form/living-will.rl#/.

前预嘱格式或范本，并通过特定的媒介进行发布，供我国公民使用。在这方面，我国一个成立于 2013 年名为北京生前预嘱推广协会的公益组织在推进生前预嘱的实施方面发挥着举足轻重的作用，其创办和运营了"选择与尊严"网站，在这个网站里，我们可以下载到包含"我的五个愿望"内容的生前预嘱格式或范本。[1]江苏省老年病医院（南京医科大学附属老年医院）分院血液肿瘤科开设了生前预嘱，协助患者开展生前预嘱工作。截至 2019 年 4 月，江苏省老年病医院血液肿瘤科已有 20 多位患者签署了生前预嘱。[2]

七、存放

　　生前预嘱制定后，如何存放也关系到生前预嘱的顺利执行。对于公证遗嘱，存放问题并不复杂。如果生前预嘱的制定者聘请了自己的私人律师，那么生前预嘱的存放也不是问题。因为公证机构和律师会协助生前预嘱制定者来解决存放的相关问题。我们所要探讨的是对于私人订立生前预嘱的存放问题，主要需要考虑到两个方面：第一，存放的地方要使其他人易于获得，也就是生前预嘱原件的存放要使生前预嘱的执行相关主体能够便于获取；第二，告知家庭成员、朋友或主治医生自己订立有生前预嘱以及存放的地点。生前预嘱制定者可以提供一份生前预嘱的复印件给自己的主治医生，主治医生可以将这份复印件放在生前预嘱制定者的病历档案里面以供查阅，亦可以将生前预嘱原件的存放地在病历档案里面予以记录。在个人的随时物品中也可以通过特定方式注明自己制定了生前预嘱，以及生前

---

〔1〕 http://www.lwpa.org.cn/.

〔2〕 张婷、沈龙芳、程守勤："生前预嘱　让生命从容谢幕"，载《健康报》2019 年 4 月 11 日。

预嘱的原件存放在哪里，例如，在自己的钱包里面放一张卡片，上面写明生前预嘱的相关信息，以便亲朋好友能够及时获取到生前预嘱的相关信息。

第二节　生前预嘱的变更与撤销

一、生前预嘱的变更

（一）定义

生前预嘱的变更是指生前预嘱制定者在生前预嘱制定后，可能会基于某种缘由如婚姻状况发生变化、治疗诊断情况的变更、自身的意愿等，需要对生前预嘱进行修改。因为生前预嘱是按照个人自身的意愿制定的，那么，在其意愿发生变化时，其当然享有对已经制定的生前预嘱进行修改的权利，这仍然是私法上自我决策权的继续体现。

（二）形式要件

生前预嘱的制定具备严格的形式要件，那么对于生前预嘱的变更来说，同样需要具备严格的形式要件。首先，我们需要解决的是修改生前预嘱的制定者是否必须是完全行为能力人，因为在生前预嘱的制定主体要求上，其必须具备完全的行为能力，即能够理解生前预嘱并能够进行决策。在修改生前预嘱时，要求是否一致？这是修改生前预嘱需要明确的前提条件之一。对于生前预嘱的变更，生前预嘱的制定者是否必须具备决策能力，国外的规定存在不一致的情形。例如，美国部分州如阿拉斯加、弗吉尼亚等的法律，英国的《意思能力法》等均规定，修改生前预嘱需要生前预嘱的制定者具备决策能力。[1]我们可

---

〔1〕　WYO. STAT. ANN. § 35-22-404.

以将其总结为要求生前预嘱的修改者具备完全行为能力。美国部分州如明尼苏达、内华达、新泽西等则规定，对于生前预嘱的修改者并不要求具备决策能力，我们可以将其总结为并不要求生前预嘱的修改者具备完全行为能力。[1]不难发现，在国外，对于生前预嘱的变更主体的决策能力要求方面存在较大的差异，一种是要求具备完全行为能力，另一种是不要求具备完全行为能力。那么，针对生前预嘱的变更，我国立法是否要求变更者具备完全的行为能力，我们可以从以下几个方面进行解析：

第一，行为能力的有无是否绝对？我国《民法典》对自然人的行为能力划分采取了三分法，即完全行为能力、欠缺行为能力和无行为能力。这种划分方法与学界一些著名学者的划分不同，如成年监护领域的专家华东政法大学李霞教授就认为行为能力应被划分为两种类型即完全行为能力和欠缺行为能力，废除无行为能力。[2]因为行为能力的有无并非绝对即全有或全无，在不同的环境或情形之下，个人的决策能力可能会发生变更或存在差异，也即个人对某个事项是否享有决策能力并非仅取决于个人的精神状态。这就意味着，我们的制度设计不能够采取过度的"家长主义"模式，而要最大限度地体现和尊重个人自身的意愿。也即即使是欠缺行为能力人，在其能力范围之内亦可以进行一系列的民事活动，而不应完全不考虑地一概剥夺其权利。

第二，生前预嘱事项是否重要？不言而喻，生前预嘱因涉及拒绝维持生命的治疗，崇尚自然死亡，然而生命只有一次且不可逆，所以生前预嘱的制定和修改对于任何一个人来说尤其重要。正因为生前预嘱极其重要，所以在生前预嘱的程序设计

---

〔1〕 TEX. HEALTH & SAFETY CODE ANN. § 166.042.

〔2〕 李霞："成年监护制度的现代转向"，载《中国法学》2015年第2期。

方面，应更为严谨，且采取多项辅助措施来对生前预嘱制定者进行协助，以使个人真正利用好生前预嘱制度实现自己的意愿。可见，生前预嘱的内容对于生前预嘱的变更来说尤为重要，且在设计修改程序时也应予以高度重视。

通过对以上两方面的分析，我们可以得出这样的观点，即即使是欠缺行为能力人也可以在其决策能力范围内进行决策，且决策有效并应该得到尊重，而生前预嘱的变更事项是一个极其重要的事项。根据《民法典》现有的行为能力类型的划分，我们可以确定的是无行为能力人不能够对其制定的生前预嘱进行变更，因为无行为能力人不具备决策能力，其在无行为能力状态下所表达出来的意愿可能是违背其真实意愿的，所以对于无行为能力人，其不具备变更生前预嘱的资格。可见，对于欠缺行为能力人，我们不能一概否定其决策能力，应该根据其行为能力来进行判断：其生前预嘱的变更意愿是否在其决策能力范围之内，是否是其真实意思表示。

生前预嘱制度的最大尊重原则、最佳利益原则、尊重和保障人权原则对生前预嘱的变更发挥着指导性作用，根据这三大原则，我们生前预嘱变更的程序设计就是要最大限度地尊重生前预嘱制定者的真实意愿。而所谓的真实意愿，需要我们设计程序去鉴别。鉴别包含两个方面的内容：一是个人的剩余决策能力以及其所能够进行决策的事项范围；二是依据个人剩余的决策能力能否对生前预嘱进行变更决策。生前预嘱的变更会因生前预嘱的制定形式而存在要求上的差异。对于公证生前预嘱的变更，需要预嘱人与公证机构进行沟通，将自己的修改意愿和修改要求传达给公证员，由公证机构对生前预嘱制定者的行为能力进行评估，以便公证机构审查变更意愿是否是其真实意愿，在此基础上决定是否对生前预嘱进行变更，以新的生前预嘱替代旧的生前预嘱。那么，对于未经公证的生前预嘱进行变更，我们需要设立一个见证程序进行把关。生前预嘱的制定者欲对生前预嘱进行变更，就需要两个以上的见证人在场，见证人必须是完全行为能力人，与生前预嘱的制定者之间不存在利害关系，将变更意愿形成书面文件，生前预嘱的制定者和见证人均在上面签字，此书面文件与变更后的生前预嘱原件一并保存，相应的复印件应按照生前预嘱保存的方式交给相应的主体予以保存。其中见证人发挥的作用是对生前预嘱制定者的行为能力进行审查，鉴别生前预嘱的修改内容是否是生前预嘱制定者的真实意愿。在生前预嘱变更之后，生前预嘱的制定者亦可以将变更的情况告知亲朋好友。

综上，生前预嘱的变更并非僵硬程序，而是一个富有弹性的程序，而这个弹性属性源于行为能力的二分法。个人的行为能力并非全有或全无，制度的程序设计要考虑到个人剩余的行为能力和相应的决策能力，综合分析所变更内容的重要性程度，以辅佐或协助作用来替换完全不考虑个人剩余能力的决策，以最大的可能性来发现生前预嘱制定者的真实意愿，确保生前预嘱的变更与个人的意愿相一致。

二、生前预嘱的撤销

（一）定义

生前预嘱的撤销与变更在某些方面类似，但二者也存在着较大的差异。因此，二者在程序的设计方面也不完全相同。生前预嘱的撤销是指生前预嘱的制定者在生前预嘱制定后，可能会基于某种缘由如婚姻状况发生变化、治疗诊断情况的变更、自身的意愿等，需要对生前预嘱进行撤销。因为撤销就是对之前制定的生前预嘱予以全盘否定，所以撤销相对变更来说，在处理程序方面可能单一许多。但是也不能过于轻视，因为生前预嘱的制定是个人追求尊严死亡意愿的书面呈现，其对于制定者来说尤为重要，所以在撤销生前预嘱的程序设计方面也要谨慎一些。

(二) 形式要件

生前预嘱的变更并不要求生前预嘱的制定者具备完全的行为能力，而是存在一个弹性机制，即生前预嘱的制定者可以根据其剩余的行为能力来对生前预嘱进行适合其行为能力范畴的变更。那么，生前预嘱的撤销对行为能力的要求是否可以降低？生前预嘱的制定者在制定生前预嘱时必须是完全行为能力人，那么，在撤销的时候是否也应该如此？

在前面的章节中，我们可以了解到，对于生前预嘱的制定者要求其必须具备完全行为能力，这是因为生前预嘱的内容关涉生命权，且生命不可逆，因此，对于涉及生命权的事项进行事先决策，必须要求决策者具备完全的行为能力，即能够理解生前预嘱制度以及了解制定生前预嘱之后的法律后果。与生前预嘱的变更相比，生前预嘱的撤销看似简单了一些，但是因其涉及制定者的自我决策，我们在进行程序设计时也应谨慎。生前预嘱被撤销，意味着制定好的生前预嘱完全丧失法律效力，也即制定者完全放弃了临终状态下医疗偏好的决策。这个与生前预嘱的制定相比，重要性似乎有所降低。生前预嘱的制定更多地体现了生命权、隐私权和自我决策权，生前预嘱的撤销更多地体现了患者的自我决策权。在如此情境之下，我们的程序设计可以将撤销生前预嘱的行为能力要求降低，即生前预嘱的制定者虽然行为能力欠缺，但是仍在其剩余的行为能力范围之内，如果其能够知悉自己已经制定的生前预嘱内容、并能够理解撤销后的法律后果，那么其就可以撤销已经制定好的生前预嘱。虽然在行为能力的判断方面，存在一定的弹性或自由裁量判断权，但因生前预嘱的撤销情形较为单一，撤销预嘱的行为能力的弹性幅度较为狭窄。生前预嘱的变更和撤销对行为能力要求的宗旨是一致的，即尽最大努力明确生前预嘱的撤销和变更是否在生前预嘱制定者剩余的行为能力范围之内，也就是弄清楚生前预嘱的撤销和变更是否是其真实的意思表示，而这正是我们设计程序的关键所在。

三、变更与撤销形式

（一）立法模式

对于生前预嘱变更或撤销的模式，国外通常有两种：其一，对变更或撤销不做任何形式要求，生前预嘱的制定者可以任何方式或形式撤销之前制定好的生前预嘱，采用此种类型的国家或地区主要有美国部分州、德国和英国等，《德国民法典》规定制定者可以在任何时候以任何方式撤销已经制定好的预先医疗指示；其二，对变更或撤销方式或形式予以列举，生前预嘱的制定者必须按照法律规定的方式对生前预嘱进行变更或撤销。采用此种类型的国家或地区主要有美国的部分州、瑞士等，《瑞士民法典》规定本人必须以书面或销毁文件的方式撤销之前制定的医疗指示。在对变更或撤销方式予以限制的国家或地区中，在具体的撤销方式方面存在细微差异之外，存在的一个较大的差异是是否允许本人指定他人代为撤销生前预嘱，例如，美国有 14 个州允许生前预嘱的制定者指定他人对自己的生前预嘱进行撤销。[1]纵观世界各国的立法规定以及我国的实际国情，生前预嘱制度关涉患者的生命权、隐私权和自我决策权，我国应

---

[1] 孙也龙：《预先医疗指示法律问题研究》，中国法制出版社 2019 年版，第230~231 页。

该对生前预嘱变更或撤销的立法模式设置适度的形式要求，即生前预嘱的制定者对生前预嘱进行变更必须履行法定的形式要件。

（二）变更与撤销方式

对于经过公证的生前预嘱，其撤销必须通过公证机关进行撤销。对于未经公证的生前预嘱的变更或撤销，必须由本人以书面方式进行，不允许以口头方式进行撤销，亦不允许他人代为进行撤销。对生前预嘱的变更，需在书面文件中说明变更的具体内容，要具备明确性。对生前预嘱的撤销，需要以书面文件明确撤销已经制定好的生前预嘱，且是本人自愿撤销。对于撤销是否必须销毁原先的生前预嘱，法律并不作强制性的规定，而是将权利交给生前预嘱的制定者。生前预嘱变更或撤销后，生前预嘱的制定者应该将变更或撤销的书面文件复印件交一份给医疗机构或主治医生，放入医疗档案。同时，也可以将复印件交给自己的亲朋好友，以便他们知悉生前预嘱的变更与撤销情况。变更或撤销生前预嘱的书面文件原件也应按照生前预嘱的存放方式进行存放，以便相关方能够较为便捷地获得。

为了提醒生前预嘱的制定者是否对生前预嘱进行变更，不少国家确立了生前预嘱变更的提醒机制，即在规定的时限内提醒生前预嘱的制定者确定是否变更生前预嘱的内容，各国在提醒的时限上有所区别。例如，法国规定每三年更新一次，[1]奥地利规定每五年更新一次。[2]笔者认为我国生前预嘱的变更提醒机制确立不宜太短，以三年为宜，因为在定期提醒之外，生

---

〔1〕 Rüdiger Thiesemann, "Advance care planning-eine buchbesprechung", *Zeitschrift für Gerontologie und Geriatrie*, 2016（49）：162~163.

〔2〕 张蓉蓉、姜叙诚："社区老年人生前预嘱认知和态度的调查研究"，载《护理管理杂志》2017年第3期。

前预嘱的制定者可以随时对自己的生前预嘱进行变更，即所谓的定期变更提醒机制并不影响生前预嘱制定者正常变更权的行使，提醒机制只不过是生前预嘱制定者是否变更生前预嘱内容的辅助机制而已。

第三节　生前预嘱的咨询指导

一、定义

制定生前预嘱是一项重要且专业性程度较高的事务。不具备法律或医学专业知识的个人在制定一份适合自己的生前预嘱时可能会不可避免地遇到一些阻碍或障碍。因此，我们的制度设计需要对此问题进行关注，并尽可能地给出合理的解决方案。生前预嘱的咨询指导就是指具备专业知识的机构或个人对生前预嘱的制定提供咨询或指导服务，以使得生前预嘱的制定者能够制定出适合自己的生前预嘱。生前预嘱的咨询指导是为广大的个人提供生前预嘱制定的协助服务，其重点是通过与个人及其家属的沟通交流，使个人能够获取到生前预嘱的专业知识，了解到生前预嘱的作用与功能，掌握到生前预嘱制定的注意要点，进而在此基础之上，确定是否制定生前预嘱以及生前预嘱的具体内容。生前预嘱的最终目标是要呈现个人在将来特殊状态下的医疗偏好，而生前预嘱的咨询指导则是协助个人通过生前预嘱表达出自己的真实意愿。

二、作用

（一）使个人能够充分掌握生前预嘱的信息

生前预嘱对于我国公民来说，属于一项新制度。生前预嘱制度关涉的内容非常重要，与患者个人以及家庭息息相关。生前预嘱极具专业性，需要个人在充分掌握相关信息的基础之上，才能够恰当行使制定生前预嘱的权利。对于个人来说，首先需要了解的是生前预嘱是个人在有行为能力时，为自己将来丧失行为能力时的医疗决策进行的提前指示；其次，生前预嘱制度生效的特定情境是个人已经进入临终状态，且丧失了行为能力；再次，生前预嘱的制定与否以及具体内容均是个人医疗自主决策权的体现，是生命质量与生命数量之间的抉择，个人可以根据自己的真实意愿确定是否制定生前预嘱以及确定生前预嘱的具体内容；最后，生前预嘱制定之后，个人在任何时候都可以根据自己的意愿按照法律规定的形式要求进行变更或撤销。如果个人未能对生前预嘱制度进行充分的理解，那么，其可能会进行错误的决策，生前预嘱的制定与内容可能不符合其本人的真实意愿。个人只有在通过咨询指导充分理解生前预嘱制度之后，才能根据自己的想法和状况进行涉及医疗自主权的决策，从而制定一份适合自己且符合自己真实意愿的生前预嘱。

（二）促进个人与家庭、医生之间的沟通

生前预嘱的咨询指导范围可能并不仅仅局限于个人与医生，家庭成员亦可成为咨询指导的对象，可以参与与患者、医生之间的沟通。沟通是促进交流，提升决策实效性的有效方式之一。很多的协议最后在履行的时候出现问题，究其根本原因在于相关方之间的交流沟通不充分。因此，对于生前预嘱的制定与实施，需要促进个人与家庭、医生之间的沟通。通过咨询指导程序，个人与医生之间进行沟通，可以了解到生前预嘱制度的相关信息，也可以了解到自己的身体状况，以便于自己进行权衡与决策，医生也可以通过与患者之间的交流掌握到患者的真实想法；个人与家庭成员之间进行沟通，可以使家庭成员能够了解到患者本人的期望与希望，进而理解和尊重患者的决策并协助生前预嘱的执行；家庭成员与医生之间进行沟通，可以了解到生前预嘱制度的内容、作用与功能，也能够了解到患者的实际状况，家庭成员能够获得完整的信息和充分的知情权，增进双方之间的相互理解，降低医患冲突的风险。通过多方主体之间的沟通与交流，生前预嘱的制定将更符合患者本人的真实意愿，生前预嘱的执行将更能够得到多方的理解与支持，而这将最终提升生前预嘱的执行效率，发挥生前预嘱的积极作用。但需要警惕的是，沟通与交流是促进生前预嘱实施的方式之一，并非替代决策，更非风靡一时的"家长主义"，最终的生前预嘱制定权仍然归属于患者本人。

（三）保障个人医疗自主决策权的实现

咨询指导的最终目标是保障个人医疗自主决策权的实现，个人通过咨询指导方式，获取到生前预嘱的充分信息后，完成生前预嘱的制定，对自己将来临终前的医疗行为予以明确指示。医生与个人进行生前预嘱制度的沟通，通过咨询指导，了解患者的生命价值观和治疗偏好，协助指导患者制定适合于自己的生前预嘱；在生前预嘱制定之后，随着时间的推移和治疗的推进，医生可以与患者保持持续沟通，以了解患者的意愿是否发生变化，如果未发生变化，则不作任何处理；如果发生了变化，则需要根据患者现下的真实意愿指导患者对自己的生前预嘱进行变更或撤销。也就是说，通过咨询指导程序，一方面，要保障患者在制定生前预嘱时，生前预嘱的制定与内容均为其医疗自主决策权的体现；另一方面，要保障患者在生前预嘱制定后，在医疗决策意愿发生改变时，其生前预嘱能够得到及时的变更或撤销。基于此，生前预嘱才能在动态过程中追寻患者本人的真实意愿，彰显生前预嘱的价值所在。

三、程序设置

首先，咨询指导是否应该设置为生前预嘱制度的必经程序？咨询指导过程的作用不可或缺，对于生前预嘱的制定与执行来说至关重要。那么，基于其重要性，是否有必要将咨询指导程序设置为生前预嘱的前置程序是一个值得探讨的问题。在其他国家和地区，截至目前将咨询指导程序设置为必要程序的寥寥无几。例如，《奥地利生前预嘱法》第 5 条明确要求在制定生前预嘱之前，必须进行综合性的医疗咨询，以便于患者能够获得生前预嘱的性质、后果等信息，同时还要求医疗机构或医生必须以书面形式记录提供咨询的全过程。除此之外，其他国家和地区并未将咨询指导程序设置为法定的前置程序，但是基于咨询指导的重要性，多国采取了一些措施来促进和鼓励生前预嘱咨询指导工作的开展。例如，美国部分州将生前预嘱制定的咨询指导服务设置为有偿服务，来鼓励服务的提供主体提高服务的质量和提升他们投入这项工作的积极性。在将来我国制定生前预嘱的法律规定时，对于咨询指导程序需结合生前预嘱制度的性质和我国的实际国情来设定：第一，生前预嘱与意定监护、安乐死、遗嘱等制度存在的一个类似点为都体现了个人在特定领域的自我决策权，是人权领域中个人自由和自主权利的彰显。那么，我们在对生前预嘱制度的程序进行设计时，应该要使得程序尽量简单且便利化，不能够人为地进行过多的程序设置，导致程序过于繁琐影响到个人行使权利的积极性，进而最终影响到生前预嘱的制定和实施。同时，法律已经对生前预嘱制度的形式要件和实质要件作出了明确规定，咨询指导制度是协助生前预嘱制度施行的辅助措施。因此，在程序的设计过程中，我们并不能够将咨询指导程序设置为生前预嘱制定的必要前置程序，而可以将此项权利交给个人，个人根据自身的实际情况和实际需求，选择是否在生前预嘱制定之前进行咨询。不将咨询指导制度设置为前置程序并不意味着其重要性降低，我们的政府、社会团体、医疗机构等相关主体应该重视咨询指导程序的作用，鼓励和促进相关主体积极提供无偿或有偿的咨询指导服务，确保个人在有咨询指导需要时，能够及时且便捷地获得所需的咨询指导服务。在咨询指导程序中，医疗机构和医疗机构的医护人员应该充当主力军，医疗机构可以设立生前预嘱科室，主要承担生前预嘱制度的宣传与指导工作，医护人员在与患者沟通的过程中，可以根据患者的需求提供生前预嘱的相关信息；我国的社会团体在咨询指导过程中也应该发挥重要的协调作用，通过组织志愿者等为患者提供生前预嘱的指导咨询服务，积极发挥社会组织的社会资本作用；政府在咨询指导服务方面应该发挥鼓励和支持的作用，鼓励医疗机构设立生前预嘱科室，提供相应的政策与资金支持，推进咨询指导工作领域的各项保障工作。同时，我们的法律工作者在生前预嘱的咨询指导方面也应发挥相应的作用：一方面，可以鼓励志愿者律师提供免费的咨询指导服务；另一方面，也可以根据患者的需求提供专业的收费服务。因此，需要注意的是，咨询指导服务不仅仅面向患者，其范围可以扩大到家庭成员甚至是每一位普通公民，对于服务的提供一般为无偿，但是在时机成熟且存在相应需求的情形下，可以有序开展有偿服务。

其次，虽然咨询指导程序不应设置为生前预嘱制定的必要前置程序，但是其重要性程度不可忽略。国外非常重视咨询指导在生前预嘱制度实施中的作用，设计了相应的程序，并积极鼓励患者在制定生前预嘱之前进行生前预嘱相关的咨询指导，以切实行使自己的权利和保护自己的权益。咨询指导过程是一个沟通的过程，在这个过程中，医生、家庭成员可以知悉患者本人的真实意愿、患者的期待和希望，而患者本人可以了解到生前预嘱制度的价值所在，以及根据了解到的情况，判断生前预嘱是否是自己需要和是否适合自己。医生在提供生前预嘱的咨询指导服务时，也应关注重点人群如病情可能会恶化的患者、可能会发生行为能力丧失的患者等，进而可以使这些人群能够获得及时的生前预嘱信息，以便进行自我决策。医疗机构、社会团体等可以根据生前预嘱咨询指导的实际情况，制定相应的程序，以便于咨询指导工作的有序开展，并最大限度地发挥实效。

在设置具体的程序时，可以从以下几个方面着手：第一，引出话题并提供生前预嘱相关的基本信息。医护人员在基于患者自身提出需求的情况下，可以径直为患者提供生前预嘱的相关信息，而无需顾忌患者的所处情境。但在医护人员主动提供咨询指导服务时，需要尽可能照顾到患者所处的情境和想法。例如，医护人员可以在跟患者闲聊时，提及生前预嘱的价值，视患者的反应采取下一步的措施。如果患者较为敏感，对生前预嘱避而不谈，那么，可以暂缓提供咨询指导服务；如果患者较为感兴趣，那么根据患者的实际需要可以提供生前预嘱的基础信息，可以将生前预嘱宣传的相关书面材料交给患者查阅，也可以让患者观看生前预嘱相关的视频资料等，患者在充分了解这些基础信息之后，可以根据自己的病情、预后等情形对将来的医疗选择做出预先指示。同时，生前预嘱的咨询指导服务不仅仅直接面向患者，也可以向其家属提供咨询指导，促进家属与患者之间的沟通交流。基于此，通过患者、家属和医生多方的沟通，使得患者和家属都能够了解生前预嘱的价值所在，进而通过咨询指导来协助患者行使医疗自我决策权利。第二，促进涉及具体内容的框架性讨论。在患者或家庭成员了解生前预嘱的基础信息之后，如果其对生前预嘱较为感兴趣，认可自然死亡的尊严，重视生命的质量，并具有制定生前预嘱的初步意向，那么医护人员可以引导患者针对生前预嘱的具体内容进行决策。例如，终末期哪些治疗措施可以接受、哪些治疗措施不可以接受、最后的时刻希望谁在场等。当然，医护人员需要留给患者一定的考虑时间，因为这样的决策是患者要经过深思熟虑，甚至是多番的挣扎而进行的艰难决策。患者针对具体内容所提出的任何疑问，医护人员都应进行释疑。如果患者提出一些与生前预嘱不相关或不切实际的内容，那么医护人员要及时进行澄清，并否定患者的想法。通过针对生前预嘱具体内容的讨论与指引，促使患者生前预嘱想法的具体化，有助于生前预嘱的制定。第三，形成初步的书面文件。在患者充分了解生前预嘱信息之后，在具体内容方面也进行了初步的决策，这时可以将这些涉及生前预嘱具体决策的内容予以记录，由患者本人签字。形成的书面文件具有一定的作用，一方面，可以让医护人员和家属掌握到患者关于生前预嘱方面的真实意愿，了解到患者的希望和期待，且有据可循。另一方面，有助于患者制定一份正式的生前预嘱，经过咨询指导后，患者理解了生前预嘱的作用与价值所在，患者针对生前预嘱具体内容所形成的书面文件可以作为生前预嘱的蓝本，在此基础之上，按照生前预嘱的制定程序，制定一份适合于患者且有效的生前预嘱。

第六章

生前预嘱制度的执行

第一节　生前预嘱的执行条件

一、定义

制定生前预嘱的目的是为了使自己的医疗偏好意愿得到执行。那么，生前预嘱要想得到执行，就必须具备法律规定的生效条件。生前预嘱的执行条件意指执行生前预嘱所必须具备的法律要件。一般情形下，只有具备了生前预嘱执行的要件，生前预嘱才会顺利进入执行程序，否则执行条件不成就，执行就会因受到阻碍而暂时中止或完全终止。

二、条件

（一）患者处于生命末端

生前预嘱生效的法律要件之一即患者的状态已经处于生命的终末期，所采取的医疗措施一般被认为是徒劳或无效的。所谓徒劳，是指没有任何实质性的效用，在生前预嘱里面就是指只能延长患者的死亡时间。对于徒劳一词，美国学界讨论涉及较多。

就美国著名的夏沃案而言，在夏沃生命的最后阶段，人们之所以高度关注这个案件，第一个原因可能在于人们更多地在关注生命终末期阶段的"医疗无效"问题。关于"医疗无效"的理由，从患者家庭成员的角度而言，他们可能认为进一步激进治疗的效用极低甚至为零；从患者的角度而言，其可能会认为这种维持生命的治疗并不符合其治疗偏好；从医学的角度而言，医生一般会认为这种持续的生命维持治疗并不会使患者恢复到可以接受的意识、知觉或功能状态。对于公众或媒体对夏沃案中极为关注的第二个理由在于，美国时任总统布什针对生前预嘱声称这至少是一个不一致的和最坏的伪善，在其任得克萨斯州州长时，其签署了《得克萨斯州预先指示法令》；在其任美国总统时，其签署了参议院686法案，对与文化生活一致的更为广泛的术语进行了辩解。对布什的声明我们需要做一些仔细的分析，而且这种努力是值得的，但不是因为我们对自相矛盾或虚伪的指控感兴趣，而是因为它提供了一个很好的切入点，可以由此进入令人烦恼的医疗徒劳问题的讨论。[1]

《得克萨斯州预先指令法》保护代理人的替代决策，即代理人就是否停止或撤销癌症晚期或不可逆转疾病患者的人工营养和水分补充进行替代决策，其也认可了夏沃案的处理方式，允许得克萨斯州以同样的方式来处理同样的问题。美国其他许多州的法律也采取了类似的做法。此外，得克萨斯州法律规定，如果患者家庭成员对替代决策者的医疗决策持有不同的意见，那么其可以在法庭上提出质疑。然而，从狭隘的角度看（不一定是许多国会议员会这样看），联邦的"夏沃法"只不过是一个工具，其允许不满足于代理者选择的家庭成员对治疗决策进行司法审查。因此，得克萨斯州法律的这一特点似乎与第109-3

---

〔1〕 Thomas Wm. Mayo, "Living and Dying in a Post-Schiavo World", *Journal of Health Law*, 38 (2005), 587.

号公法的狭义解读一致。但这可能不是布什总统的批评者和媒体所关注的。[1]

夏沃案在得克萨斯州得到高度关注因为得克萨斯州认为，即使行为能力欠缺者的代理决策者认为为了让患者活着已经穷尽一切努力，法律如果允许医生和医疗机构停止或撤销维持生命的治疗，那就是不合适的。有时在争论中会提及"得州徒劳法"，即使该条款刻意避免使用徒劳一词，但《健康与安全法》第166.046（e）条被制定来解决日益常见的结束生命的困境，即所谓的徒劳之争。其实在本质上，这是一个死亡权是否得到支持的情形。医生可能站在夏沃父母的立场上，认为维持生命治疗的干预应该停止或就不应该开始，代理决策者与主治医生的立场一致，认为维持生命的干预措施应该继续。有人指责布什总统在支持联邦"夏沃法"和《得克萨斯州预先指令法》方面不一致，这大概是以《健康与安全法》第166.046条与"生命文化"内容不一致为前提的。如果对"生命文化"没有一个明确的定义，也没有对这一短语所包含内容有一个完全的理解，那么这就是一场政治辩论，而不是一场法律或伦理辩论。[2]

想要对徒劳进行一个明确的定义通常被认为是一个难题，而这在实践中也是一个难以解决的现实问题。按照一般的理解，如果采取的治疗措施不能够让患者受益，那么医疗机构或医生就没有义务去提供这种无聊的医疗干预措施。美国医学协会下属的道德和司法事务委员会认识到给徒劳进行明确定义的困境

----

〔1〕 Thomas Wm. Mayo, "Living and Dying in a Post-Schiavo World", *Journal of Health Law*, 38（2005），587.

〔2〕 Thomas Wm. Mayo, "Living and Dying in a Post-Schiavo World", *Journal of Health Law*, 38（2005），587.

是众所周知的，但是其注意到并指出，对徒劳一词进行切实可行的理解对于我们理解相关制度是必要的，因为一些徒劳的干预措施最终必须停止。一般原则可能比较容易理解和达成一致意见。不容易的是：第一，对徒劳的医疗给出一个可供使用的定义。第二，当替代决策者拒绝认可医疗保健团队认为继续积极的治疗将是徒劳的评估时，就能在正确的反映上达成一致意见。当道德和司法事务委员会撰写关于"临终关怀中的医疗无用性"报告时，它探讨了定义徒劳的困境，但最终却予以放弃，称对徒劳的完全客观和具体的定义是不可能实现的。这部分是由于对徒劳的判断具有本质上的主观性质。《韦氏词典》中对徒劳一词的定义为完全无效。然而，无论是在医疗还是在其他事务中，人们对有用性、目的性和无效性的判断以及这三者如何平衡存在分歧。医疗无效的主张在本质上涉及价值判断。[1]

道德和司法事务委员会的报告审议了界定医疗无效的以下几种方法，并发现这些方法都不适用：第一，定量。定量方法认为，如果干预在过去的 100 个实例中均未奏效，那么它就是无效的。抛开方法上的困难不说，道德和司法事务委员会批评了这种方法，因为患者和他们的代理人并不仅仅根据生理结果来判断干预的价值。第二，延长死亡。这个定义无效的方法关注的是护理者的意图，而不是干预本身：如果意图是延长死亡，那么干预就应该被认为是无效的。道德和司法事务委员会观察到，有时延长死亡过程是适当的（例如保存捐献器官或等待亲属到来），而在任何情况下，很多时候都是徒劳的争论，仅仅是为了这个目的。这种定义无用性的方法最终回避了一个问题：这种干预是延长了生命，还是仅仅延长了死亡过程？第三，社

[1] Thomas Wm. Mayo, "Living and Dying in a Post-Schiavo World", *Journal of Health Law*, 38 (2005), 587.

183

区标准。定义无用性的第三种方法将允许每个社区自行决定提供（或不提供）哪些干预措施。道德和司法事务委员会指出了这种方法的一些问题，包括界定相关社区、确保该社区的有效先前决定、包容社区内的各种不同意见、允许适当的例外以及维持定期的标准更新以跟得上变化。第四，情境方法。伦理和司法事务委员会接着考虑使用情境标准，主动定义在确定的情形下，哪些干预是无效的。道德和司法事务委员会指出的一个例子是关于使用不复苏令的制度政策。以这种方式定义无用性的努力，在较小的规模上类似于"社区标准"的方法，而且在道德和司法事务委员会看来，也充满了同样的挑战。第五，无病理生理的基本原理。Lo 讨论了认为干预无效的另一个标准：当干预没有生理上的益处或医学上的理由时。病毒感染使用抗生素就是一个例子。此外，Lo 讨论了两个同样严格的定义，每一个都与"无病理生理原理"的定义非常相似。一是心脏骤停是由于难治性低血压或低氧血症引起的。例如，一个昏迷的患者在接受肾透析、呼吸机支持和增加血管加压剂剂量时，其平均动脉压降至 60 毫米汞。根据 Lo 的说法，如果她的低血压导致心脏骤停，心脏跳动便不能恢复有效循环。即使心脏节律恢复，她也会再次出现难治性低血压，这又会导致心肺骤停。二是对患者的干预已经失败。例如，一名患者在心脏停搏，迅速启动并按照所有美国心脏协会指南操作，30 分钟后仍处于停搏状态。第六，无用的松散定义。Lo 还确定了几个无用的松散定义，他将其描述为令人困惑的、涉及价值判断的以及没有理由让医生单方面决定不进行干预。有关何时应认为干预是无效的松散定义包括下列情况：①成功的可能性非常小（上文已讨论为定义无用性的定量方法）；②无法实现有价值的护理目标；③患者的生命质量令人无法接受；④预期利益并非所需的有价值资源。[1]

通过对美国学界和司法界对"徒劳"一词的分析，我们可以将其总结为两个主要方面：第一，对于徒劳一词进行精确的定义难度极高，甚至可以表述为几乎不可能；第二，对于治疗无效的判断是一种包含价值性的主观判断，因此，这也使得对生前预嘱中的治疗无效进行精确定义的难度增大。"徒劳"一词的含义是处于生命末端条件的应有之义。患者处于生命的末端意味着患者所患疾病无法治愈，且会在较短的时间内去世。而所谓的治疗可以被划分为两个方面：一方面是缓解疼痛的治疗，降低患者在生命终期阶段的不舒适程度，国外称之为缓和治疗；另一方面是维持生命的治疗，这种治疗措施包括人工进食或人工呼吸等对于疾病的治疗效用极低甚至是无效的措施，其作用是能够在一定程度上延长患者的生命，例如，患者如果不接受维持生命的治疗，其可能会在一周或半个月左右即去世，如果其接受维持生命的治疗，其可能会在一个月或更长时间后才会去世。直观表达即通过这种延长生命的治疗，生命的数量得以增加，然而，伴随着生命数量增加的是患者的痛苦。所以，在我国将来的立法与实践中，也需要谨慎对待生前预嘱中的生命末端与治疗无效。

对于治疗无效的判断，虽然我们无法进行精确的定义，但是我们可以尽量明确其要义，即患者处于生命的末端，对患者采取的治疗措施并不能够对疾病发挥效用，而仅仅能够有限地延长患者的生命。在生前预嘱制度的实施过程中，我们需要由专业人士利用自己的专业知识根据患者的实际病情进行判断，而专业的判断理应得到应有的信任和尊重。当患者家庭成员的

---

[1] Thomas Wm. Mayo, "Living and Dying in a Post-Schiavo World", *Journal of Health Law*, 38（2005），587.

意见与医疗专家的判断产生较大分歧时，可以采取的办法首先就是进行商谈，通过家属与医生之间的沟通，来妥善解决存在的分歧，使得患者的生前预嘱能够得以顺利实施。当然，医疗专家与家庭成员进行的商谈并不能够影响到专家判断的权威，我们的立法与实践应该承认医疗专家在是否应该停止或撤销维持生命治疗方面的专业判断。但要注意的是有权必有责，无监督则可能会导致权力的滥用。因此，对于医疗专家关于无效治疗的权威判断权，可以通过设计一定的程序来对其进行限制和约束，同时设计相应的法律责任规定，如当医疗专家滥用权力时，需要承担相应的法律责任。

在未来我国的生前预嘱立法中，我们的工作不可避免地会受到语言的限制，也即基于语言本身的模糊性和不确定性给生前预嘱立法带来的困境。落实到具体层面，即法律规定中如何对生命终期进行定义或对医疗无效进行定义，如何表述患者"死亡即将来临"或"时间相对较短"，因为一旦表述不精确或存在分歧，那么基于严重的解释问题会直接影响到生前预嘱制度的实施，所以生前预嘱立法能否成功并得到顺利实施，将受到这些术语所涉及问题产生的障碍或阻碍。这些术语的表达与理解不仅仅对于普通人来说存在较大的难度，即使是对于医疗专家来说，有些言语表达可能也存在含糊不清的情形或者是完全陌生。因此，生前预嘱立法无法回避的问题之一就是对于生命终期、医疗无效等相关术语的定义，如果缺乏明确的解释来指示生前预嘱的执行，那么，生前预嘱的效力将会大打折扣。

如果我们一直拘泥于时间因素的制约，那么，我们就可能进入时间问题的漩涡，即使患者的各项指标状况都显示其已经处于临终状态，但是实际情形可能是其实际状况并不符合临终状态，进而生前预嘱的执行就会陷入一种空转状态。在这种困境之下，即立法遇到不可避免的语言障碍时，我们不妨尝试选择另外一条路径来解决同样的问题，也就是我们的生前预嘱立法放弃对时间因素的考虑。如此一来，一方面，解决了之前困扰立法的精准性或明确性问题；另一方面，可以引导生前预嘱制度中真正的决策者或实施者将精力集中于考虑真正的问题，即采取的生命维持治疗措施，从根本上来说对患者究竟是一种益处还是一种负担，使得生命维持治疗不仅仅被视为是一种医疗技术发达时代用于延长患者死亡的单一手段。如果一名患者处于不可逆转的昏迷状态下，短期的生命维持治疗措施可能被视为是有益的，但是如果患者存活的时间超过半年以上，那么维持治疗措施可能就被视为不适当，因为这种治疗措施可能会给家庭成员带来过于沉重的负担。这就意味着，我们将来的立法需要超越维持生命治疗措施本身，将目光转移至维持生命治疗的整体效果，即在生前预嘱的执行过程中将生命维持治疗的实质性益处作为主要的考虑因素，以此来指导生前预嘱的实施，提升生前预嘱制度实施的成效，使生前预嘱制度真正发挥社会效益和价值。

（二）存在有效的生前预嘱

存在一份有效的生前预嘱是生前预嘱得到执行的前提。对生前预嘱的有效进行定义，存在广义和狭义两个层面。在广义层面，生前预嘱不仅仅需要符合法定的形式要件，而且需要具备明确性和一致性；而在狭义层面，仅仅指生前预嘱需要符合法定的形式要件。生前预嘱要想具备法律效力，那么就必须具备法律所规定的形式要件。其实，对于一份生前预嘱是否具备法定的形式要件，这应该是比较清晰且较容易界定的。但是，通常影响生前预嘱生效的并非法定的形式要件，更多的是生前预嘱语言的明确性。如果一份生前预嘱符合法定形式要件，但是其语言表达是模糊的或者是存在两种以上的理解，那么，这样的生前预嘱虽然在狭义上是有效的，但是在执行层面却会受到阻碍，也使这样的生前预嘱在实质上亦被视为不具备有效性，即不具备执行的条件。

在美国，为了应对生前预嘱语言的模糊性和不一致所产生的限制和挑战，一种具有指导性质的表达形式被提出来并得到应用，即具备五个愿望的文件：这份由美国全国非营利性组织"有尊严地老去"创建的"五个愿望的文件"被称为"全心全意的生前预嘱"。"五个愿望的文件"试图将具有法律约束力的医疗文件的目标与允许患者在临终时直接表达他们的舒适程度、精神信仰和愿望的额外益处结合起来。文件中的"五个愿望"十分明确：①当我做不到的时候，替代我做决定的人；②我想要或不想要的那种医疗；③我想要的舒适程度；④我希望别人如何对待我；⑤我想让我爱的人知道什么。在每个愿望中，患者的选择都有包含或排除的选项。这五种愿望的形式不仅可以在美国的任何州使用，符合 42 个州的生前预嘱的法定要求，并且可以附加在其他八个州的法定预嘱之上。五个愿望文件被翻译成 23 种语言，在美国各地流通的文件超过 1400 万份，但是目前正在使用的五个愿望文件的数目和这些个人的人口统计数字是未知的。[1]

在美国国立卫生研究院和美国国立癌症研究所进行的一项研究中，他们对一小区内青少年和年轻人对五个愿望文件的态度进行了测试，发现被调查对象均患有癌症或艾滋病。研究人员特别感兴趣的是，这些年轻的患者是否会发现拥有这样一份文件来表达他们的临终决定，并且对促进与家庭和亲人讨论临

---

[1] Dorothy D. Nachman, "Living Wills: Is It Time to Pull the Plug?", *Elder Law Journal*, 18（2011），289.

终决定有所帮助。五个愿望文件是提供给他们考虑的唯一预先指示形式。研究对象被要求描述愿望以及相关的选项是适当的、有帮助的或有压力的。研究报告显示，95%的参与者认为在他们的生命结束时，这个文件可能是有用的或非常有用的。没有一个参与者表达对文件中理念的思考是有压力的或非常有压力的，35%的受访者表示存在某种程度的压力，20%的受访者认为有点压力。被认为有压力或非常有压力的特定的治疗方案选择通常与接近死亡、昏迷或严重脑损伤的状况有关。不足为奇的是，考虑到研究对象的年龄和父母参与决策的重要性，研究人员发现，患者更关心他们会被如何对待和他们所遗留下的东西而非法律问题如医疗决策和生命维持治疗。五个愿望文件的主要关注点包括：第一，该文件的模糊语言是否符合国家对预先指示的具体法律要求；第二，该文件能否在与国家生前预嘱、医疗保健委托书和可持续性授权委托书相冲突的情况下被适当整合。尽管具有这些限制，即使是谨慎的实践者也承认，五个愿望文件是促进对话的绝佳工具。[1]

　　同时，美国的研究发现，生前预嘱的生效并不仅仅取决于生前预嘱的明确性与一致性，生前预嘱的有效性还取决于理解和实施生前预嘱的相关人员。通过对医学文献的分析，研究结果显示，医生通常对生前预嘱的使用态度较为积极。当生前预嘱与医生认为无效的治疗相结合时，愿意放弃治疗的医生人数高得惊人。相反，如果医疗无效没有问题，病人在生前预嘱中对临终关怀的偏好只是决定实施或取消治疗的一个因素。在这些情况下，在决定临终病人医疗措施的结果时，代理决策者的同意起着同样重要的作用。当这些因素与行使生前预嘱的低得

---

〔1〕　Dorothy D. Nachman, "Living Wills: Is It Time to Pull the Plug?", *Elder Law Journal*, 18（2011），289.

可怜的比例相结合时，可以看出生前预嘱并没有对病人的自决产生预期的影响。目前存在的鼓励家庭成员和卫生保健专业人员之间进行讨论的法律形式未能有效地做到这一点。

通过分析，不难发现，美国五个愿望文件的采纳和使用，一方面，增强了生前预嘱的明确性和一致性，使得患者的指示更易于理解，更具可操作性；另一方面，五个愿望文件的使用促进了患者与家庭成员、医生等相关方的沟通与交流。其实对于患者来说，其更愿意采用一种通用且易懂的生前预嘱来表达自己的治疗偏好。对于年轻人来说，其表达意愿的方式可能较为灵活，能够通过多种方式或手段表达自己的意向，而对于老年人来说，其表达意愿的方法或方式可能较为局限。那么，沟通就显得尤为必要，因为沟通是了解患者真实意愿最为直接的方式。生前预嘱制定完毕，且其形式符合法定的形式要件，但是可能存在的情形是生前预嘱的语言模糊或者存在两种以上的理解，这时沟通就可以弥补其缺陷并解决类似的问题。沟通主要指的是患者与医生、家庭成员以及其他主体之间就生前预嘱进行的探讨与交流。医生与患者沟通，使得医生能够及时掌握患者的治疗偏好，保证生前预嘱能够得到及时且顺利的执行。家庭成员与患者沟通，当生前预嘱存在语言模糊性或两种以上的理解时，家庭成员可以对生前预嘱进行辅助解释，对生前预嘱的执行发挥一定的协助作用。当然除医生和家庭成员之外，还有一个重要的主体可能是患者医疗事务的代理决策者。患者在平时可能会更多地与代理决策者进行沟通，将自己的意愿表达给代理决策者，这样在将来的生前预嘱执行过程中，代理决策者将会发挥重要的推动作用，以尊重患者的真实意愿，切实维护患者的利益。不管是患者与哪一个主体进行沟通，这个沟通的作用将有助于促进生前预嘱的合法执行。所以在立法的设计过程中，我们并不能拘泥于各种形式要件，不能够使法律形式成为生前预嘱实施的一种障碍。立法的宗旨或目标要高屋建瓴，制度的设计要着眼于实质效益或实质结果，即促进患者与医生、家庭成员、代理决策者等主体之间的对话，更为有效地执行患者的真实意愿。

通过对美国生前预嘱有效性的分析与研究，不难发现，生前预嘱必须符合法定的生效形式要件才能具备有效性，但是生前预嘱即使符合了法定的形式要件，也并不意味着生前预嘱就必然具备了实施的条件，因为在法定形式要件之外，还存在着诸多影响生前预嘱实际效力的因素。语言的模糊性在一定程度上制约了生前预嘱的实际效力，所以很多国家的立法都会采取适当的办法，例如对生前预嘱的相关概念进行明确定义，尽量使立法能够在语言的明确性方面发挥指导作用。尽管立法会穷尽其能来提高生前预嘱语言的明确性，但是在生前预嘱制度的实际运行过程中，也无法避免基于当事人的因素而导致生前预嘱不明确或不确定，阻碍生前预嘱的实施。为了走出这一困境，很多国家在通过立法予以指引之外，更多的是采取了一些辅助措施，例如通过制定生前预嘱的范本、促进与患者的沟通等来提升生前预嘱的明确性和可执行性。

对于普遍性的问题，在我国未来的生前预嘱制度立法中也一样会遇到。那么，鉴于国外的立法与实践经验，我们的立法设计需要重视患者代理决策者的作用，因为代理决策者不仅仅可以与患者保持持续的沟通，而且在生前预嘱的执行方面，也能发挥重要且不可替代的作用。所以，鼓励患者指定替代决策者以及促进患者与代理决策者之间的沟通，也是提升生前预嘱有效性的重要一环。作为一种手段来鼓励患者和他们的代理决策者之间的对话是生前预嘱有效且成功的关键，立法设计中对于涉及生前预嘱和医疗委托书的规定，应该要求代理决策者承担相应的责任：第一，代理人应该一直与当事人保持沟通，及时了解病人临终时的愿望以及是否发生变化；第二，代理人在生前预嘱具备实施条件的时候，协助患者生前预嘱的执行；第三，代理人在必要时就患者的治疗偏好进行决策。有权必有责，这些规定可以约束代理人承认患者的愿望或积极履行职责。同时立法也应该规定相应的补救措施，即代理人的行为被证明为偏离患者的意愿或者甚至是伤害患者，这时就可以启动解除代理人和任命新代理人的程序。可以设计一个后补代理人的角色，当首位代理人不能够按照患者的意见来进行相关行为时，后补代理人可以通过申请的方法来免去首位代理人。这一规定无疑可以强化对代理人履行职责的监督，重视保障患者的权益。沟通是确保符合法定形式的生前预嘱得以顺利执行的关键与根本，我们应该努力去设计生前预嘱的相关法律规定，把重点放在沟通或对话的重要性上。制度的设计应该通过采取各种有力措施以鼓励家庭成员、医生、代理人与患者之间的对话。立法机构、政府机构、社会组织、律师协会等主体应该集中精力起草生前预嘱的范本，力求阐明患者临终时的广泛愿望，以鼓励患者和关涉主体进行讨论。医疗机构、医护人员、社会团体、代理决策者等应该就临终决定的相关问题向广大公民提供咨询。律师在必要时可以向代理决策者和卫生保健人员主张患者的意愿。当然，我们的这些努力虽然不会阻止死亡的发生，但将会使我们的社会更接近成为在医疗和法律制度中彰显自我决策权理念、支持自然死亡的社会。

第二节　执行阻碍

一、生前预嘱不具备生效要件

生前预嘱要想得到顺利执行，其具备有效性是必要和前提条件。不具备法定形式要件的生前预嘱原则上不具备有效性，从而也就谈不上可执行性。对于生前预嘱生效的法律要件如生前预嘱的制定者在制定时必须具备完全行为能力、生前预嘱的内容是患者的真实意思表达等，这些内容我们已经在前面的章节中进行了讨论和分析，我们在未来的立法中也将对这些形式要件予以明确规定。患者在法律的指引下，在社会团体、医疗机构、政府等相关主体的协助下，制定一份符合法定形式要件的生前预嘱应该不是一件难事。形式要件对于患者而言，易于理解和掌握。然而，在形式要件之外，我们更应关注的应该是实质有效性，也即生前预嘱最终的执行效果。换句话说，虽然一份生前预嘱已经完全符合了生前预嘱立法的法定要件，但是由于其他方面的原因，仍然会导致生前预嘱执行受阻，例如对于生前预嘱的内容存在模糊性或存在两种以上的理解，导致执行相关主体无法确定预嘱制定者的真实意思表达。出现生前预嘱内容模糊或不确定时，就需要采取进一步的措施，以明确生前预嘱者的医疗决策指示，这就在一定程度上影响或阻碍了生前预嘱的执行。

通过以上分析，我们可以得出，一份生前预嘱要想得到顺利执行，需要同时具备形式要件与实质要件。不具备形式要件的生前预嘱可能就不具备有效性，那么执行也就无从谈起。而如果具备了形式要件，不具备实质要件，生前预嘱也可能会得不到顺利执行。这说明，形式要件和实质要件同等重要。针对可能存在的问题，我们需要出具对策，以防患于未然。对于形式要件，我们将会在未来的立法中予以明确规定，同时鼓励各相关主体对生前预嘱的制定提供咨询和指导，以使得患者制定出来的生前预嘱符合法定的形式要件。与形式要件相比，实质要件中存在的问题可能更难以解决，语言的模糊性是基于语言本身的特征而形成的，我们无法改变语言本身的特征，这是解决此问题的症结所在。但是也并不意味着问题不能够得到解决，在实质要件方面，我们可以通过提供生前预嘱模板或范本的形式，来应对语言模糊性的问题，例如"五个愿望"的范本，通过让患者回答问题或选择答案来增强其生前预嘱的明确性，这是一个较为有效的解决实质要件的措施。

当然，对于形式要件和实质要件问题的解决，在现有的立法、指导、协助等措施之外，一个最为行之有效的措施就是沟通。因为生前预嘱的宗旨就是尊重当事人的真实意愿，医疗机构、医护人员、家庭成员、代理决策者要与患者保持沟通，以知悉其对治疗的偏好，密切的沟通也能够及时发现其在生前预嘱内容方面发生的改变，这样可以避免生前预嘱符合形式要件却不符合实质要件事件的发生，亦可以在生前预嘱不符合实质要件时，在尽可能短的时间内弄清患者的真实意思表示，以尽快恢复生前预嘱的执行，提升生前预嘱的执行效果。

二、存在多份生前预嘱

生前预嘱生效应符合形式要件与实质要件。然而，当一名患者有数份有效的生前预嘱时，这也会阻碍生前预嘱的及时执行。那么，在这种情形之下，要想生前预嘱得以执行，就必须在数份生前预嘱中确定一份有效的生前预嘱。在我国的《民法通则》中，对于遗嘱曾规定公证遗嘱效力优先。然而，在2020

年 5 月 28 日通过的《民法典》中,则修改了这一规定,即无论是公证遗嘱,还是其他形式的遗嘱,均按照时间先后顺序来确定其效力,即离被继承人去世时间最接近的预嘱具备有效性。从这一修正,我们不难发现,过去的遗嘱制度过分局限于法律形式的要求,可能导致公证遗嘱的内容并非是被继承人的最终意思表示。如果对于公证遗嘱,非要以公证遗嘱的形式对其进行替代,那么,基于公证遗嘱的程序与时间需要,被继承人可能并不能在特殊情形下及时修改公证遗嘱,这使得被继承人不能够及时修改自己的遗嘱,限制了被继承人对财产分配指示的意思表达。因此,公证遗嘱的效力优先性与特定修改要求对被继承人限制过多,使得这样的制度设计违反了遗嘱继承的应有之义。《民法典》对这一制度进行了修改,即如果存在多份遗嘱,那么以最接近被继承人死亡时间的遗嘱为有效遗嘱,这样的修订使得这一问题得到了解决。

遗嘱和生前预嘱一样,其制度设计均着眼于尊重当事人的真实意思表示。在生前预嘱的制定部分,我们也认可了公证在生前预嘱制定过程中的重要作用,即能够替生前预嘱的制定者进行把关,发挥重要的协助与辅助作用,确保生前预嘱符合形式要件。虽然公证发挥了重要作用,但是在多份生前预嘱存在的情形下,是否需要确立公证生前预嘱效力优先的原则,这也是我们在设计生前预嘱制度时无法回避的一个问题。《民法典》对遗嘱制度的修改彰显了对个人自我决策权的尊重,使得个人在遗产分配方面的意思能够较为自由地表达,与国际理念相接轨。这样的修订也给我国的生前预嘱制度设计指引了明确的方向,也即生前预嘱制度的设计也应该尽量不要去束缚生前预嘱制定者的意思表达,使得他们能够较为自由地表达或修改自己的医疗偏好。因此,我们一方面需要认可公证在生前预嘱制定中不可或缺的作用，肯定其在促进和提升生前预嘱有效性方面的实际功效；另一方面，我们并不会赋予其效力优先性，在存在数份符合法定形式要件的生前预嘱情形出现时，我们仍然要按照生前预嘱制定时间的先后顺序来确定其效力，一般将最后的生前预嘱作为有效预嘱，因为在生前预嘱制定后，随着情境的变迁和时间的推移，患者可能会对生前预嘱制度发生改观，进而会根据自己的理念变化，对生前预嘱进行变更，那么最后的生前预嘱应该是最符合生前预嘱制定者的真实意思表示。那么，确定其效力并予以执行，即能够实现生前预嘱制度的功效。

三、生前预嘱者曾经明确表示否定生前预嘱

无论患者存在一份生前预嘱还是多份生前预嘱，我们的法律都设置了行之有效的解决办法。然而，当患者制定了一份或多份生前预嘱，在自己有行为能力时作出了否定生前预嘱的意思表示，那么生前预嘱是否应该执行，这是现实生活中可能会发生且必须解决的问题。因为生前预嘱与遗嘱一样，更多的是彰显公民个人的真实意思表达，且尽量少设限制以免影响公民意思表达的自由。因此，生前预嘱制度也并没有将生前预嘱的制定设置为要式行为，即生前预嘱的制定可以是书面形式，亦可以是口头或其他形式。正因为生前预嘱的制定属于非要式行为，这也就给以口头形式否定书面生前预嘱、阻碍书面生前预嘱的执行埋下了伏笔。想要解决此问题，首先需要明确的是，口头的意思表达是否能够推翻之前制定的生前预嘱；其次，如果能够推翻，那么，需要具备什么样的条件。

生前预嘱制度源于对个人医疗自我决策权的尊重，制度的实施着眼于探寻个人的真实意思表达。如果有确切证据能够证明患者在自己具有行为能力时推翻了之前已经制定的生前预嘱，

那么，原则上我们就必须尊重其意思表示，也即对于第一个问题的答案是肯定的。而问题的关键在于，口头意思表达因形式简单、具有间接性导致其证明力不够，影响了其具体的效力。发生在美国的夏沃案，因生前预嘱的表达形式为口头，因此，该案件经历了漫长的过程才最终得以解决，这无疑暴露了口头形式的缺陷所在。而现在的情形与口头形式的生前预嘱情形不完全相同，个人已经制定了生前预嘱，其之后有口头表达了否定已经制定的生前预嘱的意思表示，后者较为简单，形式要求也较为宽松，而前者则较为复杂，形式要求也应相应提高。对于否定之前制定的生前预嘱的口头表达，必须要具备相应的证据与足够的证明力，证明否定生前预嘱是其真实意思表示。例如，患者曾向多人包括自己的医生、同事、朋友、家人口头表达了否定已经制定的生前预嘱的意思表示，多方主体均能够一致证明，甚至是在医生听到患者的口头表达之后，将其写入病历之中。总之，对于第二个问题的答案应该是具备证据能够证明口头表达的内容以及证据具有一定的证明力以证明患者的真实意思表达。

当然，因口头表达形式缺陷及证人意思表达的间接性，我们在生前预嘱制度的实施过程中，应采取必要的措施，避免此类问题的出现，在问题的源头即对问题进行控制与解决。相关主体在指导患者制定生前预嘱时，可以告知患者，如果将来需要对生前预嘱进行更改，那么也应该以书面形式或其他有据可查的形式进行更改，这样才能确保自己的意思表达得到尊重。医疗机构、医护人员在获取到患者的意思表达之后，可以将患者的意思表达记入病历，同时也可以提醒患者以书面形式撤销生前预嘱，这样一方面使得患者的口头表达有了一个客观的书面记录，同时也使患者获得了如何撤销生前预嘱的方式指引。

第三节　生前预嘱的执行

一、生前预嘱生效

执行生前预嘱的前提条件是具备一份有效的生前预嘱。在时机成熟时，即可启动生前预嘱的执行，这里的实际成熟指生前预嘱生效并开始实施。那么，在什么样的情形之下生前预嘱生效？通常情形下，生前预嘱的生效条件为患者已经处于生命的末端，采取医疗措施只能延缓死亡的时间，而对患者本身的疾病并不发挥任何效用。例如，患者身患癌症且已至晚期，这时采取医疗措施只能有限地延缓患者的生命，此时生前预嘱的执行条件即已经成就。

二、医疗机构和主治医生对患者的初步诊断

对于一个人处于生命终末期的判断需要较高的专业水平，这种判断应该由三名专业人士即专业医疗人员利用自己的专业知识和专业技能进行判断。一个人的身体状况究竟处于何种状态，需要借助于医疗设备进行分析和诊断，患者的主治医生可以依据患者的身体状况、病历、医疗检查分析与诊断、自己的专业知识与技能等信息对患者生命所处的状态进行分析和判断。因此，生前预嘱的启动执行需要患者的主治医生作出一个初步的关于患者是否处于生命终末期的判断。当然，由于医学本身的特征即高度专业性与一定程度的不确定性，有时也会导致医生很难作出判断或者是作出准确的判断。虽然医生对患者是否处于终末期的诊断极其困难且充满不确定性，但是医生仍然要对患者的状态作出一个判断，以确定是否启动生前预嘱的执行。所以在生命终期的判断方面，力求准确性，同时亦要兼顾效率

性。因此，需要由包括患者主治医生在内的三名专业人员，就患者是否处于生命终末期进行决策，如果三者的意见一致，那么以此意见为准确定患者是否处于生命终末期。如果三者意见不一致，那么按照多数意见来确定，即如果两名专业人士决策认为患者处于生命终末期，那么采纳此意见并继续执行的程序。

全球医疗技术日益发达，曾经很多难以治愈的疾病也得到了攻克，这在一定程度上会影响了医生对患者是否处于生命终末期的判断。当今世界，癌症仍然是一个无法攻克的难题，患上癌症通常被视为患上了"绝症"，但是我们相信，在将来的某个时间，癌症也会被人类所攻克。同时，每个生命个体的身体状况和毅力存在差异，同样的疾病对于不同的患者可能会造成不同程度的损害，这在一定程度上也会影响医生的判断。例如，目前艾滋病在全球来说仍然是一个尚未攻克的难题，虽然曾经有新闻报道艾滋病患者用特殊如鸡尾酒疗法的途径得到了治愈，[1]但是这样的治疗方法尚未得到科学的确认以及可能并不存在普遍适用性。对于艾滋病患者是否处于终末期的判断也因艾滋病的特殊性存在较大差异。因此，医生对于患者是否处于终末期的判断也并非一成不变，其会随着医疗技术的进一步发展和个人生理机能的不同，在判断结果方面产生差异。进而医生只能在现有医疗技术的背景之下，结合患者的身体体征和个人的专业技术，就患者所处的状态作出自己的判断。

医疗机构应设立生前预嘱的相关部门，配备专门的工作人员。一方面，可以对生前预嘱制度进行宣传，与患者、患者家属进行沟通，指导患者生前预嘱的制定；另一方面，在需要对

---

〔1〕"全球首例艾滋病药物治愈成功？男子体内病毒被清除，已 66 周没复发"，载 https://baijiahao.baidu.com/s? id=1671822937327954664&wfr=spider&for=pc2020-5-10.

终末期进行决策时，可以协调相关医生进行共同决策或辅助决策。专门机构还需要协助医疗机构进行终末期的复审工作，同时还需要负责绝大部分的执行工作，如果产生矛盾或纠纷，那么还需要进行协调工作。这样一个专门部门的设立，需要承担的工作较多，医疗机构需要予以足够的重视，尽量配备懂医学或法律知识或者两者兼具的工作人员，确保相关工作的顺利开展。

三、医疗专家委员会与医学伦理专家委员会的复审

基于生命的不可逆转，在生前预嘱的执行尤其是对患者是否处于终末期的判断尤为重要，因为其能够决定是否启动生前预嘱的执行。既然是否处于终末期如此重要，那么，在问题的确定方面，我们需要谨慎对待，尽量确保决策的准确性甚至是精确性，虽然这可能被视为过于理想化，但是在执行层面，我们的制度设计仍然需要尽量追求决策的准确性。在主治医生作出初步的判断之后，基于医疗技术的不断发展、医疗决策的高度复杂性、患者生理特征的差异、医生个人决策的有限性以及终末期决策的极度重要性，就需要对主治医生的决策进行审核和把关的步骤。虽然医生在作出决策之前，可能会与同事进行会商，征求其他同事的意见，但是不管是医生还是医疗机构，都仅仅只能代表一方主体作出患者状态的决策，因此，我们需要一个第三方机构或组织对医生与医疗机构的决策进行复核把关。这个第三方机构可以是其他医疗机构，亦可以是社会组织，如医学会。

对于患者是否处于终末期的复审，政府可以协助确定比较权威的医疗机构和医学组织担任终末期的复审工作，被选中的机构或组织将进入一个数据库，在医疗机构提交终末期复审申

请之后，由系统随机分配或通过摇号的方式确定一家医疗机构或医学组织担任复审人。进入数据库的医疗机构和医学组织应该结合本单位或本组织的优势，设立专门的机构或部门负责生前预嘱终末期的审查工作，成立终末期审查的医疗专家委员会，委员会成员均由执业满一定年限、医疗技术高超、具有资深医学经验的医生担任。被选中的医疗机构或社会组织在收到医疗机构的复审申请材料后，应及时组织医疗专家组成医疗专业委员会，在规定的时间内对医疗机构提交的患者是否处于终末期的申请进行审查决策，通过复审工作，对医疗机构的决策进行复核和把关，尽量确保终末期决策的准确性。

政府在终末期复审工作方面，应该在政策和经济上予以大力支持。为了鼓励更多的专家加入复审队伍，政府首先要在政策上给予大力支持，例如，鼓励医疗机构或医疗组织对担任复审工作的医疗专家在评奖、评优方面优先考虑，鼓励医疗机构或医疗组织对担任复审工作的医疗专家予以一定程度的物质支持。其次，政府在此项工作上也可以给予医疗机构或医疗组织一定程度的经费支持，以协助医疗机构或医疗组织设立专门的复审机构、配备专门的工作人员，协助终末期复审工作的有序开展，推动生前预嘱的执行。

由医疗专家委员会对医疗机构的终末期判断进行复审更多的是强调从医疗技术层面进行把关，提高终末期判断的准确性。关于终末期的判断，除了技术层面存在些许问题之外，在伦理道德方面也存在无法回避的问题。而关于涉及伦理的问题，一般由医学伦理专家委员会进行审查和把关较为合适。医学伦理专家委员会一般由法学专家、医学专家、伦理学专家等人员组成，具备一定程度的独立性，这意味着其决策不受干涉和具有独立性。在医学伦理专家委员会的职责中，较为突出的是审查临床试验是否符合伦理道德，保护受试者的合法权益。在我国，医疗机构基本都设立了本单位的医学伦理专家委员会，来协助本单位履行日常工作。医学伦理专家委员会的工作由所属单位管理，并接受国家职能部门和社会的监督。

医学伦理专家委员会审查的标准之一即坚持生命伦理的社会价值，而这一标准与生前预嘱制度设立的目标基本吻合。在生前预嘱的执行过程中，需要由医学伦理专家委员会对生前预嘱执行过程中可能产生的伦理道德问题进行把关，进而确保生前预嘱的执行符合伦理道德规范。由于医疗机构一般都自行设立了伦理委员会，那么问题的关键在于对于生前预嘱的执行是否由本单位的伦理委员会进行审查。提出这个问题的初衷是考虑到决策的独立性问题，因为伦理委员会在医疗机构内部设立，且受医疗机构管理，虽然其具备一定程度的独立性，但是生前预嘱的执行与伦理审查均归属于同一机构，实属有不妥之处。因此，生前预嘱执行的伦理审查也应交由第三方机构或组织进行审查。我国目前已经在省一级普遍设立了医学伦理专家委员会，而在地级市、市辖区、县以及县级市尚未普遍设立。如果将生前预嘱执行的审查均交由省级医学伦理专家委员会进行审查，那么，一旦生前预嘱制度全面实施，委员会审查的工作量可能较大，在执行跟踪方面可能并不太切合实际。因此，比较切合实际的方法就是在地级市层面甚至是市辖区、县以及县级市层面由医疗卫生机构等相关部门设立医疗伦理专家委员会，负责对本区域内的生前预嘱执行进行伦理道德方面的审查以及对生前预嘱执行的跟踪监督。医疗机构的生前预嘱部门负责将生前预嘱执行的审查报送给医疗伦理专家委员会，医疗伦理专家委员会在规定的时间内进行审查回复，在可能的情形下派员到医疗机构跟患者进行面对面交流和进行生前预嘱执行的跟踪。

医疗伦理专家委员会对生前预嘱实行独立审查制度，不受医疗机构、利益等因素的影响，切实保障生前预嘱人的合法权益。作为监督医疗伦理专家委员会的医疗卫生机构，应该在生前预嘱的执行方面给予必要的支持，例如，鼓励医疗伦理专家委员会参与生前预嘱的审查工作，做好医疗伦理专家委员会与医疗机构之间工作问题的沟通与协调，给予医疗专家委员会进行生前预嘱审查工作必要的经费支持等。

四、主治医生执行或移交给其他医生执行

在法律制度的执行过程中，我们通常会设置必要的程序来保障最为基本的正义的实现。那么，针对生前预嘱的执行，美国道德和司法事务委员会选择了在具有争议的案例中采用公平的程序。这一公平程序所涉及的步骤包括：

第一，患者、代理人和医生应该就生前预嘱进行认真考虑，并就生前预嘱的执行进行事先协商，尤其是要在生前预嘱的执行条件如医疗无效方面达成较为一致的意见。第二，医生在平时可以与患者或患者的代理人进行必要的沟通，以了解患者或代理人的真实想法，在可能的情形下协助患者或者代理人进行协同决策。第三，患者的私人顾问和（或）患者代理人应该在生前预嘱的执行过程中发挥重要的协助作用，进而帮助各方就生前预嘱的执行进行沟通并达成一致意见，在此基础之上确定合理的解决方案。第四，在前三种途径均得到尝试，但各方之间的分歧仍然存在时，就需要通过第三方介入如伦理道德委员会等的方式来予以解决。[1]通过分析，我们可以发现，医生不仅仅在生前预嘱的制定方面发挥着重要的作用，而且在生前预

---

[1] Thomas Wm. Mayo, "Living and Dying in a Post-Schiavo World", *Journal of Health Law*, 38（2005），587.

嘱的执行方面也一样发挥着不可或缺的作用。而通常情形下，我们设想的生前预嘱执行的阻碍通常来自于生前预嘱的生效、患者家属的不同意见、患者代理人的不同意见等。然而，生前预嘱执行的阻碍也有可能来自于医生。

作为患者的主治医生，其对患者的身体状况可能更为了解和清楚，主治医生在患者是否处于终末期的判断方面应该发挥重要且关键的作用。在国外的生前预嘱执行方面，并没有将患者主治医生排除在生前预嘱的执行之外，这也就意味着患者的主治医生可以承担生前预嘱的执行这一职责。那么，如果主治医生认可患者处于终末期的判断，并且也有意愿为患者执行生前预嘱，如此，生前预嘱便能得以顺利执行。然而，我们所关注的可能是相反的情形，即如果主治医生对患者处于终末期的判断持异议态度，并拒绝执行患者的生前预嘱，在这种情形之下，医疗机构应该采取及时的措施，将患者安排转诊给另外一位医生或者转诊至其他医疗机构，以解决生前预嘱执行遇到的阻碍。当然，转诊至所在医疗机构的其他医生相对较为容易，而转诊至其他医疗机构则相对较为困难。如果患者因特殊原因不能及时转诊至其他医疗机构，那么，患者就诊的原医疗机构应根据道德或人道主义标准，提供有关的医疗干预措施，尽管这种干预措施的法律后果存在一定程度的不确定性。

上文我们所论及的是主治医生对患者终末期判断持不同的态度而阻碍了生前预嘱的执行，可能的情况是这位主治医生认可生前预嘱制度且也有意愿去执行生前预嘱，而仅仅是在某一患者也即个案上对某一问题持异议态度，而这并不影响其对其他患者生前预嘱的执行。但如果主治医生本身就对生前预嘱制度持不认可态度，其一直拒绝生前预嘱的执行。那么，在患者被确定为处于终末期且制定有生前预嘱的情形下，主治医生需要及时将患者转诊至本医疗机构的其他可以执行生前预嘱的医生。对此，医疗机构在这方面可以做一些准备性工作，例如，确立可执行生前预嘱的医生名单，在患者制定有生前预嘱时，可以事先协调，将患者尽早转诊至可执行生前预嘱的医生。基于终末期时间可能较短，并应尽早执行生前预嘱，在生前预嘱的执行方面，我们可以对转诊的时间予以限制，如患者被判断处于终末期，那么，医疗机构应该在48小时内通知患者家属或代理决策者，告知其转诊情况。家属或代理决策者可以获得医疗机构提供的一份可执行生前预嘱的医生名单，由家属或代理决策者来进行选择并办理转诊手续。如果患者就诊机构并不能够执行生前预嘱，需要将患者转诊至其他医疗机构，那么也应按照相应的事件要求办理相应的手续。如果患者家属或代理决策者在规定的时间内拒绝到医疗机构办理手续，那么医疗机构采取必要的通知后，就没有为患者继续提供维持生命治疗的义务，且不承担法律责任。这些措施的制定都将有利于生前预嘱的顺利执行。

五、法院对生前预嘱的介入

司法对生前预嘱的介入一般是出现了特殊情形，例如生前预嘱存在模糊性等，导致出现的争议无法通过协商、沟通等方式予以解决。例如，患者在丧失行为能力之后，其对于自身的医疗事务已经无法进行决策，同时患者的生前预嘱因特殊原因存在模糊性或不确定性，这时如果患者指定了自己的医疗决策代理人，那么一般可以由代理人进行替代决策。如果患者在其具有决策能力时并未通过可持续性医疗授权书委任一名医疗代理人，那么基于生前预嘱模糊性导致的问题可能并不能够予以妥当解决。一旦生前预嘱的相关方在生前预嘱的理解方面存在不同的观点，导致在对治疗措施的采取方面发生争议时，就需要由司法系统来进行最终决策。

发生于美国佛罗里达州的艾斯特尔·布朗宁一案很好地展示了法院对生前预嘱制度的干预。布朗宁在具备行为能力时制定了自己的生前预嘱。1985 年 11 月，其生前预嘱应该已经具备了执行要件。布朗宁在生前预嘱中明确指出，如果她患上了绝症，延长生命的程序应该被中止或撤销。虽然这一表达极为抽象，但是她在佛罗里达州立法形式所要求的"其他部分"进一步补充写道"我不希望通过胃管或者通过静脉注射提供营养和水分（食物和水）"，即其医疗意愿表达得到了进一步细化或具体化。然而，尽管布朗宁于 1989 年 7 月 16 日去世，但她的生前预嘱在三年多时间内并未能够得到执行，这一案件在佛罗里达州法院系统引起不小的争议。在法院还未对其生前预嘱的模糊部分进行解释之前，她就去世了。虽然她生前制定有生前预嘱，但是她得到了她不想要的特殊治疗措施。为何这一事件得以发生，究其根本，在于她在生前预嘱中使用了含糊不清的"死亡即将来临"一词。[1]

布朗宁将其生前预嘱生效和执行的要件设置为"死亡迫近"，如果"死亡迫近"条件具备，那么，将不能对其采用生命维持的治疗措施。虽然布朗宁的法定监护人于 1988 年 9 月份依据布朗宁生前制定的生前预嘱提出终止生命维持治疗的措施。但是，法院驳回了法定监护人的申请。因为监护人的申请存在一些问题，即鼻胃管是否属于延长生命的医疗措施？布朗宁现在的状态是否属于"死亡迫近"？而法院认为，对这两个问题的回答都是否定的，因为布朗宁所谓的"死亡迫近"必须在提供

---

〔1〕 Susan J. Nanovic, "The Living will: Preservation of the Right-To-Die Demands Clarity and Consistency", *Dickinson Law Review* 95, Fall（1990）, 209.

食物和水分的情况之下去进行判断和决策。而如果是在提供水分和食物的情形之下，布朗宁的条件并非"死亡迫近"，因为使用鼻胃管可以无限期地延长布朗宁的生命，即使在不使用鼻胃管的情形下，布朗宁也不会很快死去。因此，布朗宁的状态并不符合佛罗里达州法律中涉及生前预嘱执行条件的规定，而且鼻胃管也并非被视为延长生命的治疗措施。在申请被驳回后，其监护人提出了上诉。上诉过程中，上诉法院致力于明确布朗宁是否基于宪法或普通法享有何种实际的权利，并基于此种权利的享有而可以去寻求救济。经过审查研究，法院发现，依据普通法拒绝治疗权的前提是个人享有的医疗自我决策权，同时即使是欠缺行为能力人或无行为能力人，其也一样享有拒绝治疗的权利。基于此，法院最终裁决布朗宁依法享有死亡权，应该根据其生前预嘱的治疗意愿终止维持生命治疗的措施。基于患者享有的医疗自我决策权属于一种私权，法院的保护所体现的是一种对私权的尊重，法院采取的救济措施和相应的程序均体现了对个人自我决策权的保障。佛罗里达州最高法院最终也认可和采纳了地方上诉法院的推理和决定。[1]

　　通过布朗宁案，我们不难发现，布朗宁在制定生前预嘱时，已经为她将来的医疗措施做好了预先指示。而且，她为了更稳妥，还及时更新了生前预嘱，在其临患病之前制定和签署了一份新的生前预嘱，以在最大限度内保证其生前预嘱得以顺利执行。然而，结局却显得十分凄惨，因为布朗宁的生前预嘱并未能够得到顺利执行。最为根本的原因在于其生前预嘱中存在模糊不清的表达，几个看似清晰或明确的词语，却引起了不同的理解甚至是争议，使得布朗宁的努力前功尽弃。反之，如

---

[1]　Susan J. Nanovic, "The Living will: Preservation of the Right-To-Die Demands Clarity and Consistency", *Dickinson Law Review* 95, Fall (1990), 209.

果布朗宁的生前预嘱表达极为明确，几乎不存在多重理解或引起争议之处，那么她的生前预嘱指引应该会按期实现。布朗宁享有普通法和宪法赋予她的关于自身事务的决策权，她的愿望其实很明确，即在生命的末期不接受仅仅以延长生命为目的的生命维持治疗，但是她制定于生前预嘱中的美好愿望并未能够实现。

另外一个案例与布朗宁案类似，即埃文斯诉贝尔唯尤医院一案。埃文斯在具备行为能力时为自己制定了生前预嘱，在具备生前预嘱的执行条件时，其代理人便向法院提出申请，要求按照生前预嘱的内容执行，即根据患者的治疗偏好以采取或不采取相应的治疗措施。尽管生前预嘱的执行符合患者的意愿，然而，医生并未按照生前预嘱的内容执行，而是采取了生命维持的治疗。在案件的审理过程中，医院表达了他们的观点，即生前预嘱中的表达"有意义和有质量的生活"模棱两可，不能够产生明确的指引。正因为这种表达存在一定程度的模糊性，使得法院执行生前预嘱欠缺明确的依据，进而对患者采取了继续维持生命治疗的措施。法院的观点是，代理决策者对生前预嘱的模糊性进行解释，法院无法接受和认可。如果代理人想要申请生前预嘱的执行，其必须对生前预嘱中的模糊表达进行举证，用清晰且令人信服的证据来证明患者的状态已经达到了生前预嘱的要求，即患者丧失了行为能力和决策能力，同时基于患者目前的身体状态，患者已经没有康复的希望或已经处于生命的终末期。如果这些要求没有得到满足，那么法院将不会裁决支持患者代理人的诉求。[1]

埃文斯案给我们提出了尚待解决的重要法律问题，即患者

〔1〕 Susan J. Nanovic, "The Living will: Preservation of the Right-To-Die Demands Clarity and Consistency", *Dickinson Law Review* 95, Fall (1990), 209.

在制定生前预嘱的同时指定一名或多名医疗决策代理人，那么，这个医疗决策代理人能否就生前预嘱中的一些含糊不清的表达进行解释，然后在解释的基础之上，提出按照生前预嘱的要求拒绝采取维持生命治疗的措施。在埃文斯看来，如果医疗决策代理人享有这样的权利，那么代理决策人就可以按照患者的真实意愿去进行解释，进而执行生前预嘱，患者即可以按照自己的治疗偏好选择接受或拒绝维持生命的治疗。如果生前预嘱并不存在模糊不清的问题，即生前预嘱发出了清晰且明确的指示，那么，就不存在需要代理决策者进行解释的必要，但是，这就需要患者在制定生前预嘱时尽量确保生前预嘱的内容符合具体且明确的标准。

从以上两个案例不难看出，法院对生前预嘱的介入通常是基于生前预嘱所使用的语言模糊性所产生的，由于语言的模糊性导致对生前预嘱内容的理解产生分歧，进而影响到生前预嘱的执行。生前预嘱执行的相关主体在是否应该执行生前预嘱上产生了争议，通过协商的途径无法解决，进而求助于司法程序。生前预嘱语言的模糊性，归根结底在于无法确定患者的真实意愿，因为生命不可逆，所以在生前预嘱的执行上，相关主体较为谨慎。因此，在无法确定患者真实意愿的情形之下，甚至是无法确定何时应该实现患者真实意愿的情形之下，需要寻求司法来予以解决。例如，一名患者在生前预嘱中要求让她有尊严地死去，其拒绝维持生命的治疗措施，避免生命得到无质量的延长。如果出现其手臂坏死需要进行截肢手术，那么，医院对其进行截肢手术是否违反了其生前预嘱。单从其生前预嘱的表述来分析，我们无法确定患者的真实意思表达，即何为"有尊严地死去"，因为这样的表达完全不符合清晰且明确的标准。那么，不管是任何人主张执行患者的生前预嘱，其必须拿出能够证明患者真实意愿的清晰且明确的证据，证明患者不希望通过截肢手术的方式去延长自己的生命，这样的要求其实对患者本人来说是一种保护。法院在没有确切证据证明患者真实意愿的情形下，也不会支持要求对患者执行生前预嘱的诉求。

两个案例一致性地证明了生前预嘱具体化和精确性的极度重要性，因为在患者丧失意思能力和决策能力之后，其真实意愿的获取途径即主要依赖于其已经制定好的生前预嘱。如果生前预嘱出现了概括性或模糊性等问题，导致患者的真实意愿无法确定，那么，就会导致患者拒绝延长生命治疗的自决权的丧失，其生前预嘱无法得到执行。因此，这就需要我们进行立法时关注到这一点，避免在制定生前预嘱时用词不当，含义模糊不清，尽量使得生前预嘱的内容明确具体，以确保自决权能够得到应有的保护。

生前预嘱的模糊性所导致的是生前预嘱得不到执行或者暂缓执行，然而，生前预嘱制度所需要解决的是患者生命终末期的医疗措施取舍问题，而生命的终末期一般较为短暂，因为语言模糊性导致的情形可能是生前预嘱推迟一段时间，最终得到执行，但可能存在的情形是患者的意愿并未得到尊重，患者也可能会遭受自己不情愿的医疗对待，饱受医疗措施所带来的痛苦。当然，最终的结果是生前预嘱仍然得到了执行，在一定程度上，患者的意愿仍得到了尊重，生前预嘱的目标也依然得到了实现。语言模糊性所导致的另外一种情形可能是生前预嘱最终并未得到执行。生前预嘱没有能够得到执行的原因可能是生前预嘱的争议一直未能得以解决，患者已经去世，或者是生前预嘱的争议虽然得到解决，但最终确认生前预嘱不应该得到执行。这样的情形可能是患者最不愿意看到的，因为患者的医疗意愿并未得到尊重，生前预嘱也最终未能得以执行，生前预嘱制度的价值和意义未能实现。

在公平公正与效率之间，司法程序更侧重于公平公正。司法程序能够较为妥当地解决争议，实现社会的公平正义。生前预嘱制度可能更侧重于实效性，即所谓的效率，这与生前预嘱的特征紧密相连，因为生前预嘱所解决的是个人终末期的医疗决策问题，一旦生前预嘱的执行条件成就，那么，生前预嘱就应该立即得到执行。所以，在生前预嘱制度的执行与司法程序之间存在一定程度的冲突，也即是说，生前预嘱制度的执行应尽量避免司法程序的干预，因为司法程序注重的是公平公正，司法程序的介入会阻碍生前预嘱的暂缓执行甚至是完全终止执行。所以，我国生前预嘱制度的设计应尽量避免司法系统的干预。

生前预嘱应尽量避免基于模糊的语言产生争议所导致的司法干预。这就意味着，我国生前预嘱的制度设计应指引患者制定一份具体且明确的生前预嘱。语言文化博大精深，一种表达方式可能会产生多种不同的理解。毫不夸张地说，所有语言表达的理解在某种程度上可能都存在一定的差异，只是可能在差异程度上有所区别，例如，有些语言在两种理解方式之间，很容易判断其中的一种理解占据优势和主导地位。那么，我们在制定生前预嘱时，应该采用模糊性程度较低的词语或短语，尽量提升生前预嘱中语言表达的具体性和精确性。立法者在立法时应该重视生前预嘱的措辞，引导我们的公民能够在生前预嘱使用足够清楚和明细的措辞，以准确表达自己的治疗偏好，呈现个人在终末期的医疗自我决策权，彰显个人在面临死亡时的个人权利。同时，立法者也需要注意，随着医疗技术的不断发展和创新，这种变化对生前预嘱的制定和执行也会产生较大的影响，这时生前预嘱的立法与执行也要进行适应时代的转变，以避免因此导致生前预嘱的理解与执行产生争议，进而进入司法程序。

第四节　生前预嘱执行的法律责任与保险理赔

随着全球医疗技术的迅猛发展，延长生命的技术越来越发达，越来越多的方式被应用于延缓患有绝症的终末期患者的生命。然而，个人有权控制自己的身体，即我们每个人都有选择对自己的身体采取的医疗措施的权利。基于此，个人在生命终末期有权拒绝维持生命治疗的措施，因为他们可能追求的是生命的质量而非生命的数量。生前预嘱则是公民表达自身医疗偏好意愿的方式或途径之一，体现的是公民的医疗自我决策权。那么，有权必有责，在制度设计上，针对个人享有的生前预嘱权利，立法者需要设计相应的救济途径和责任机制，来促进生前预嘱制度的及时顺利执行，确保患者的治疗偏好得到尊重。制度的设计一方面需要保障生前预嘱执行人员的豁免权，即医疗机构或医护人员按照患者的生前预嘱内容执行生前预嘱，应免受法律责任的追究。然而，在享有豁免权的同时，医疗机构或医护人员可能还享有一定程度的自由裁量权，如果自由裁量权过宽或者自由裁量权被滥用，患者的宪法权利可能就会得不到尊重，此时，法律需要赋予患者或患者的代理人通过法律途径进行救济和主张损害赔偿的权利。同时，公权力部门在生前预嘱的执行方面亦要发挥监督作用，对于无理由拒绝执行生前预嘱的医疗机构或医护人员，根据具体的情节和后果采取相应的行政处罚措施，以发挥主管部门的监督作用；对于可能涉及犯罪的情形，应该及时移交司法机关进行处理。只有明确了相应的责任机制，生前预嘱的执行才能得到保障，违法行为才能得到遏制。

一、非法执行的民事责任

《中华人民共和国民法典》于 2021 年 1 月 1 日起生效实施。《民法典》在侵权责任编中第六章专门规定了医疗损害责任。其中，第 1218 条规定，患者在诊疗活动中受到损害，医疗机构或者其医务人员有过错的，由医疗机构承担赔偿责任。根据这一条规定，我们可以发现，基于医疗行为造成的损害实行过错责任原则，即医疗机构或医务人员对患者所实施的医疗行为在主观上具有过错。同时，根据这一条规定，基于医疗行为造成的损害，医疗机构是承担责任的主体。第 1224 条规定，患者在诊疗活动中受到损害，有下列情形之一的，医疗机构不承担赔偿责任，第二个情形为医务人员在抢救生命垂危的患者等紧急情况下已经尽到合理诊疗义务。这一条对医疗机构在特殊情形下的免责情形进行了规定。那么，在生前预嘱制度执行过程中，如果医疗机构或医务人员拒绝执行生前预嘱的内容，对患者进行维持生命的治疗，基于此，患者或患者代理人可以基于侵权之正当理由向法院起诉，主张损害赔偿。

生前预嘱制度民事责任的制度设计应该在《民法典》规定的大框架之下进行具体制度的设计，即在生前预嘱制度中，构成民事侵权行为的构成要件也需要具备两个方面的条件：第一，医疗机构或医务人员在主观方面存在过错，具体是指明知患者存在有效生前预嘱，医疗机构或医务人员却拒绝执行，主观上存在明知故为的情形；第二，在生前预嘱具备执行条件之后，医疗机构或医务人员应该按照生前预嘱的内容确定是否继续采取维持生命的治疗措施，如果生前预嘱明确表示拒绝维持生命治疗的措施，医疗机构或医务人员仍然对其采取维持生命治疗的措施，那么，这时即构成伤害患者的行为。

违背患者的生前预嘱而对其进行维持生命的治疗，这是提起侵权之诉的正当理由。侵犯行为的构成要件主要包含两个要素：第一，有伤害或攻击他人的故意；第二，必须发生伤害他人的行为。重点要强调的是，对于侵权行为的发生来说，攻击性行为是必要的，但伤害行为未必需要。被告不仅仅对造成实际身体伤害的行为负有责任，而且对那些几乎不构成冒犯和侮辱的相对轻微的行为也负有责任。此外，当医疗未经患者同意进行治疗时，即使手术对患者不会造成伤害甚至有益，医生也要承担侵犯责任。此外，如果治疗并非患者所需要，即使把患者放在医疗器械上使其能够呼吸或汲取营养或者使患者心脏复苏，这也可能是产生侵权行为的合理理由。[1]

针对存在有效生前预嘱的患者，在何种情形下医疗机构或医务人员可能构成对其权利的侵害，这是我们首先必须弄清的问题。在医疗机构知悉患者存在有效生前预嘱，且生前预嘱执行条件具备时，医疗机构或医务人员拒不执行生前预嘱，即可能侵犯患者的权利，进而需要承担相应的民事责任。医疗机构或医务人员侵权可能不止一种情形，例如，医疗机构或医务人员不顾患者生前预嘱的明确指示，在具备执行条件时，仍然拒不执行，强行采取违背患者意愿的治疗措施，这是医疗机构或医务人员以积极行为违反了患者自身的意愿。同时，还可能存在另外一种情形，即医疗机构或医务人员知悉患者生前预嘱的明确指示，且患者生前预嘱的执行已经具备生效要件，但是医疗机构或医务人员维持患者的现状，并未采取任何积极的治疗

---

[1] Maggie J. Randall Robb, "Living Wills: The Right to Refuse Life Sustaining Medical Treatment – A Right Without A Remedy?", *University of Dayton Law Review*, 23 (1997), 169.

措施，不愿意执行生前预嘱的医务人员未及时将患者转移至可执行生前预嘱的医务人员，不具备执行生前预嘱的医疗机构未及时将患者转移至可执行生前预嘱的医疗机构，这是医疗机构或医务人员以一种不作为的方式不执行患者的生前预嘱，虽然表现形式为不作为，但这也掩盖不了其拒不执行生前预嘱的实质，也实际侵犯了患者的合法权益。所以，对于拒不执行患者生前预嘱的情形，我们可以从两个方面来进行总结分析。

一方面，不顾患者生前预嘱的明确意愿而进行维持生命的治疗。生前预嘱生效时患者已经丧失了行为能力和决策能力，所以患者制定了生前预嘱对其医疗意愿进行事先指示。如果患者的生前预嘱内容是明确且具备可执行性的，那么，在患者处于生命的终末期且具备了其他执行要件时，医疗机构或医务人员就必须尊重患者的生前预嘱。患者处于生命末期，一般身体状况极差，完全不能自理，饱受病痛的折磨。患者制定生前预嘱的目的是拒绝接受维持生命的治疗，减少病痛的折磨，提升生命的质量。如果医疗机构或医务人员违背患者的生前预嘱的明确指示，对患者进行如插管等维持生命的治疗措施，若患者的意愿得到了违背，医疗机构或医务人员的行为可能被视为侵权行为，患者或患者家属将可以向法院提起诉讼，要求医疗机构停止侵权，并可以主张损害赔偿。

其实，这种情形下的患者等同于受到了故意伤害。因为患者制定了生前预嘱，对维持生命的治疗等治疗措施已经表达了自己的明确指示，患者通过实现生前预嘱进行医疗指示的目的就是通过对治疗措施偏好的选择，来减少医疗措施带来的无法忍受的疼痛或痛苦，以维护自己生命的尊严。医疗机构在侵权行为的实施方面存在主观上的过错，即明知患者制定了生前预嘱，且生前预嘱有效并具备了执行要件，而医疗机构或医务人员却违背患者生前预嘱中的明确意愿，对患者实施了维持生命的治疗，这种行为可以被视为医疗机构或医务人员对患者医疗自我决策权的一种侵犯，且这种侵犯可能会造成患者的人身伤害或经济损失，因此，民事侵权的要件得以构成。当然，这是医疗机构或医务人员以积极行为违反患者的生前预嘱，构成对患者的民事侵权行为。

另一方面，违背患者的生前预嘱意愿不采取转院或转医措施。在采取积极行为违背患者生前预嘱的情形之外，就是医疗机构或医务人员以一种不作为的形式违背患者意愿，虽然这种情形并非以积极侵权为表现行为，但是最终的结果依然是患者的医疗意愿未能够得到执行，患者的医疗决策权未能得到尊重。在医疗机构或医务人员明知患者制定生前预嘱且生前预嘱已经具备执行条件的情形下，医疗机构不具备执行生前预嘱的资格或条件，那么医疗机构应及时将患者转诊至具备生前预嘱执行资格或条件的医疗机构，如果医疗机构在合理的期限内，未能采取转诊措施，导致患者继续在本医疗机构继续维持治疗现状，这时也可以视为对患者拒绝治疗权的一种侵犯，虽然其采取的手段是不作为，但是这依然改变不了其拒不执行患者医疗意愿的本质。除了医疗机构存在以不作为的方式拒绝执行生前预嘱之外，医务人员也可能存在类似情形。例如，在医疗机构内部，部分医生可以执行生前预嘱，而其他医生则不愿意执行生前预嘱或不具备执行生前预嘱的资格。如果患者的主治医生并不愿意执行生前预嘱或者不具备执行资格，那么，在其知悉患者存在有效生前预嘱且已经生效时，就应该在合理的期限内及时将患者转移至本单位其他可以执行生前预嘱的同事。如果医务人员未能够在合理期限内将患者转移至其他可执行生前预嘱的医务人员，那么这种不作为行为亦被视为对患者生前预嘱的拒绝执行，是对患者医疗自我决策权的一种侵犯，患者或患者家属可以据此提起民事诉讼，要求医疗机构或医务人员履行尊重和执行患者的生前预嘱，并可以请求经济赔偿。

基于拒不执行生前预嘱，而要求医疗机构承担民事责任的重要理由或依据之一就是医疗机构或医务人员存在过错，那么这个过错要求需要设置得高一些，即明知而故为。基于此，在生前预嘱的民事侵权诉讼中，原告需要证明四个方面的内容：一是，被告主观方面存在过错；二是，被告未执行生前预嘱；三是，被告违反义务对原告造成了损害或损失；四是，被告未执行生前预嘱与原告的损害或损失之间存在因果关系。在对法律责任进行审查和确定时，可主要关注于以下三个方面：

第一，责任的确立。要确定医疗机构或医务人员存在过错，患者首先要证明的是医疗机构或医务人员有履行生前预嘱的法律义务。医疗机构或医务人员的传统使命是治病救人，有义务和责任减轻患者的痛苦，保护患者的身体健康和生命。而生前预嘱的履行可能违背医疗机构或医务人员的传统使命要求，因为生前预嘱制度所确立的是个人的医疗自我决策权，个人有权根据自己的治疗偏好选择拒绝维持生命的治疗。当患者制定了生前预嘱，行使医疗自我决策权时，医疗机构或医务人员的传统使命将在一定程度上得到免除，并需要尊重患者的生前预嘱，履行自己的义务，共同协作执行患者的生前预嘱。也就是说，在医疗机构或医务人员治病救人的责任和义务与履行患者生前预嘱的职责和义务发生冲突时，履行患者的生前预嘱的职责和义务占据了优势地位，法律选择尊重患者的选择，即医疗机构和医务人员应该执行患者的生前预嘱。因此，医疗机构或医务人员就负有执行患者生前预嘱的义务，如果拒不执行，则需要承担相应的责任。

第二，违反义务的确定。在确定了医疗机构或医务人员的义务之后，紧接着需要确认的是何种情形将被视为违反义务。违反义务的前提是知道履行义务的职责存在，然后故意违反。对于义务的存在，即医疗机构或医务人员知道患者制定了生前预嘱，患者可能明确告知了医务人员，也有可能直接将自己的生前预嘱交给医务人员，医务人员将其放入病历。因此，医疗机构或医务人员对于患者的医疗意愿是明知的，也即知道义务的存在，即在生前预嘱执行条件具备时，尊重患者的意愿。如果医疗机构或医务人员仍然对患者进行维持生命的治疗，那么将构成对患者生前预嘱义务的违反。在义务的违反方面，可能存在三种不同的情形：①医疗机构或医务人员没有能够尽职去查阅患者的病历，也即患者存在有效的生前预嘱，但是医务人员没有尽到谨慎义务去查阅，导致医务人员忽略了患者生前预嘱的存在，而实施了违背患者意愿的医疗措施如插入进食管或采用呼吸机等；②医疗机构或医务人员知道患者制定有生前预嘱，但是在生前预嘱具备执行条件时，拒绝履行义务，对患者实行维持生命的治疗；③医疗机构或医务人员知道患者制定有生前预嘱，但是在生前预嘱具备执行条件时，医疗机构不具备执行条件或医务人员不能够执行生前预嘱，医疗机构并未能在合理的时限内将患者转移至其他医疗机构，或医务人员未能在合理的时限内将患者转移至其他可执行生前预嘱的医务人员。在这三种情形之下，医疗机构或医务人员均违反了执行患者生前预嘱的义务。

第三，因果关系与损害要件。患者起诉主张停止侵权和损害赔偿，是以医疗机构或医务人员违反义务为前提或主要理由的。此时，患者就必须要证明医疗机构或医务人员违反义务与自己受到的伤害或损害之间具备因果关系。因果关系的测试一般以"如果是"或"如果不是"的测试为主。将这个测试应用到生前预嘱案件中，就是如果医疗机构或医务人员执行生前预嘱的义务，那么患者就不会遭受伤害或损害以及经济损失。也就是说，如果医疗机构或医务人员执行了生前预嘱如不对患者采取复苏的治疗、不采取人工进食的治疗等，那么患者可能就会自然去世，就不会继续承受病痛的折磨，他（她）的生命尊严就可以得到维护，相关的治疗费用也不会产生。生前预嘱的执行就是为了防止这种情况的发生，而患者有权可以就任何违反义务的治疗措施对患者造成的伤害或经济损失要求获得赔偿。

　　生前预嘱得到顺利执行，离不开立法。我国已经颁布《民法典》，《民法典》对医疗损害赔偿、死亡权等也进行了初步的规定，这为我国的生前预嘱立法奠定了基础。将来的生前预嘱立法可以通过修订《民法典》的方式，亦可以采取颁布单行法《自然死亡法》的方式进行。对生前预嘱进行立法，就是对个人医疗自我决策权的确认和尊重，保障生前预嘱的执行。在立法中，我们需要明确医疗机构或医务人员在执行生前预嘱过程中的义务，对于医疗机构或医务人员拒不执行生前预嘱应该规定相应的责任。法律应该发挥指引的作用，即医疗机构或医务人员必须执行有效生前预嘱，不执行生前预嘱将侵犯患者的医疗自我决策权，被视为一种侵权行为，甚至需要对患者承担损害或经济赔偿责任。在立法中，需要明确医疗机构或医务人员需要尽到应有的谨慎义务，尊重患者生前预嘱的指示，执行生前预嘱的内容。如果本机构或医务人员不能够执行生前预嘱，那么，其应该及时转移患者；如果未履行前述的行为，那么医疗机构或医务人员将被视为在主观上存在一定的过错。立法还应明确界定医疗机构或医务人员与患者遭受伤害或损失之间的因果关系。如果不是医疗机构或医务人员未遵守生前预嘱，那么患者就不会遭受到无法忍受的痛苦、接受不必要的治疗以及造成不必要的损失。如果因医疗机构或医务人员违背患者生前预嘱的明确指示，并造成了可预见的伤害或损害，那么患者有权通过法律途径寻求救济。具体地说，如果可以预见到违背患者意愿采取的治疗措施会导致不良的后果或损失，那么因果关系的要求就已经得到了满足。不良后果主要是患者遭受伤害或损害如无法忍受的疼痛、身体功能丧失、有损尊严等，而患者制定生前预嘱的目的是预防不必要的治疗带来的伤痛和维护自己的尊严与生命价值。

在对医疗机构或医务人员规定法律责任的同时，我们也要注意尺度，即不能因噎废食。具体来说，法律责任的设置不能够过于苛刻，因为这可能会导致医疗机构或医务人员均不愿意去担任生前预嘱的执行者，那么，这将直接导致生前预嘱制度根本无法实行。这就要求我们的立法设计要掌握一个度，即要尽量追求鼓励医疗机构或医务人员履行生前预嘱执行义务与不履行法律义务所需承担责任之间的平衡，法律为医疗机构或医务人员设置了义务。如果医疗机构按照患者的生前预嘱履行了义务，那么基于履行义务所实施的行为一般将不承担法律责任。如果医疗机构拒绝履行生前预嘱的义务，那么患者可以基于医疗机构或医务人员不履行义务的行为主张赔偿，但是医疗机构民事责任的承担需要符合法律规定的要件。如果符合法律规定的四要件，患者就可以请求法院采取禁令救济，要求医院停止采取维持生命的治疗措施。对于造成的损害或损失，也可以请求经济赔偿。如果患者的主张有一项不符合法律规定的四要件，那么患者要求医疗机构承担民事责任的诉求将不会得到支持，也即对医疗机构承担民事责任的要求设置较为严格。

在基于不执行生前预嘱义务构成侵权的赔偿标准方面，虽然《民法典》在一定程度上提高了惩罚性赔偿的标准并肯定了侵权精神损害赔偿，但是生前预嘱制度的设计需要考虑到很多方面尤其是作为生前预嘱主要执行者的医疗机构。如果惩罚性赔偿标准过高，那么这种赔偿损害的将可能是公共利益，因为违背患者意愿而进行维持生命的治疗，医疗机构将要承担巨大的赔偿责任，面临巨大的经济损失。而对患者来说，高标准的惩罚性赔偿也并非具备必要性。因此，在生前预嘱制度得到确立和执行的初期，侵权赔偿的标准一般以造成的损失为限度较为合适，不宜过高，一定标准的精神损害赔偿也可以得到支持，但也不宜过高。其实，对医疗机构或医务人员施加民事责任，并非要让患者得到更多的经济利益，也并非让医疗机构承担过重的赔偿责任导致公共利益受损，其真正的目的是鼓励和确保生前预嘱得到执行，强调患者有权拒绝维持生命的治疗，患者的意愿应该得到尊重，患者的生命尊严应该得到维护。所以，我们对立法中法律责任制度的设计应该以此为目标，这样才能使得我国的制度设计更为合理。

二、非法执行的行政责任

在非法执行的民事责任之外，国外探讨和应用较多的就是行政责任。虽然大多数国家均规定了医疗机构或医务人员拒绝遵守患者生前预嘱的责任豁免权，但是豁免权过宽，必然导致患者的医疗自我决策权得不到尊重，生前预嘱得不到执行。因此，一定限度范围内的责任制度依然是必须的。行政责任承担的主体主要是生前预嘱的执行主体即医疗机构和医务人员。行政责任的承担方式一般表现为行业制裁和行政处罚。

有人将不尊重患者生前预嘱的行为视为医务人员违反职业道德的行为。例如，患者的主治医生并不赞成生前预嘱，因而从来不执行生前预嘱，那么，对于存在生前预嘱的患者，主治医生就有责任将患者及时转移至接受和执行生前预嘱的其他医生。如果医务人员并没有这么做，甚至是拒绝这么做，那么，行业协会或政府管理部门等可以对医务人员采取行业纪律处分的措施，包括暂停执业或吊销医师执业资格证等。行业制裁或行政处罚可能会对鼓励和促进医生执行生前预嘱产生一定的作用，但是这种处罚的幅度不宜太严，因为行政责任制度的设计目的并非惩罚，其目的仍然在于促进医务人员对生前预嘱的执行。

对于医疗机构来说，其行政责任承担的情形也一般体现为对患者生前预嘱的拒绝执行，例如，患者就诊的医疗机构不具备执行生前预嘱的条件，那么，在医疗机构知悉患者制定有生前预嘱的情形下，应该及时将患者转移至可执行生前预嘱的医疗机构。如果医疗机构拒绝这么做，那么，卫生主管部门等可以对医疗机构进行行政处罚。依据同样的理由，处罚并非目的，目的是促进医疗机构对生前预嘱的尊重，鼓励医疗机构执行生前预嘱。因此，处罚不宜过分严厉，否则可能违反公共政策，有损公共利益，不利于生前预嘱制度的实行。

我们在为医疗机构或医务人员设立行政责任的同时，也应赋予其一定程度或一定范围的豁免权。如果医疗机构或医务人员出于善意或已经在努力转移患者，只要医疗机构或医务人员没有不合理地拖延或故意试图拖延将患者转移至其他医疗机构或医务人员，那么原则上医疗机构或医务人员即享有豁免权。即使在患者转移之前的合理期限内，医疗机构或医务人员没有遵从患者生前预嘱的内容，也可以享有豁免权。豁免权的享有使得医疗机构或医务人员避免不必要的责任承担，也在一定程度上鼓励了医疗机构或医务人员对生前预嘱的执行。因此，在行政责任的制度设计方面，我们也要注意掌握医疗机构或医务人员承担行政责任与他们享有豁免权之间的平衡。

三、非法执行的刑事责任

美国部分州对拒绝执行患者生前预嘱的医疗服务提供者实施刑事制裁。如果医疗服务提供者拒绝遵守患者的生前预嘱，如拒绝不执行生前预嘱的医生拒绝将患者转移至可执行生前预嘱的医生，那么，拒不执行生前预嘱的医生将可能面临刑事处罚。被指控不转移患者的医疗服务提供者将可能会被判处较轻的刑罚，通常是一年以下的监禁和（或）罚款。然而，刑事制裁虽然表现为一种强有力的震慑，但是其并没有给生前预嘱制度的实施或患者权益的保护带来益处，例如，没有从根本上提供一种机制来促进患者的医疗意愿得到执行，也没有能够提供一种机制使患者不需要承担不必要的医疗费用。同时，刑事制裁可能会与公共政策、公共利益产生剧烈冲突，因为其违背了鼓励医务人员治病救人的公众愿望。[1]

鉴于美国的实践，结合我国的国情，笔者认为，在我国生前预嘱制度的责任机制设计中，对于拒不执行生前预嘱的行为暂不宜确立刑事责任。因为对于患者来说，主张民事救济的途径畅通，患者可以通过诉讼来主张自己的权益，要求医疗机构尊重自己的医疗决策权并可以主张赔偿损失；对于医疗机构或医务人员来说，行政责任已经足以对他们产生足够的约束，行政处罚也足以达到警示的作用。在民事责任和行政责任已经达到目的的情形下，刑事责任的规定显得不是十分必要。而且刑

---

〔1〕 Maggie J. Randall Robb, "Living Wills: The Right to Refuse Life Sustaining Medical Treatment-A Right Without A Remedy?", *University of Dayton Law Review*, 23 (1997), 169.

事责任的设计必然会与公共利益相冲突，冲击生前预嘱制度的根本，在一定程度上阻碍生前预嘱制度的实施，这是任何一个法律制度所不愿意看到的。

四、生前预嘱者的保险理赔

最高人民法院公布的优秀案例之一"上海蓝云环境服务管理有限公司诉上海市宝山区人力资源和社会保障局、第三人张某娥劳动和社会保障行政确认纠纷案"，明确了主动放弃治疗是否可以被认定为工伤的问题。[1] 该案的基本案情是云朵公司与郝某于 2017 年 12 月 1 日签订《聘用协议》，郝某自当日起在云朵公司从事保洁工作，约定劳动期限至 2020 年 11 月 30 日止。2018 年 12 月 5 日 16 时许，郝某在云朵公司工作时突然晕倒，经单位同事拨打"120"急救电话，由救护车送往医院进行救治。2018 年 12 月 7 日，医院开具居民死亡医学证明书，宣布郝某于 2018 年 12 月 7 日 14 时 8 分死亡，主要死亡原因：猝死（心源性可能）。2019 年 4 月 17 日，郝某妻子王某就郝某上述事项提出工伤认定申请，后经作出《认定工伤决定书》，主要内容为：郝某与云朵公司存在劳动关系，从事保洁主管工作。2018 年 12 月 5 日 16 时许，郝某在单位工作时突然晕倒，同事立即拨打"120"，后由救护车送往上海市同仁医院进行救治，经抢救无效于 2018 年 12 月 7 日 14 时 8 分宣布死亡，死亡原因：猝死（心源性可能）。郝某同志本次工伤认定申请情形，属于工伤认定范围，现予以认定工伤。云朵公司不服，诉至法院，请求撤销被诉认定工伤决定。另外，郝某发病、急救、门急诊过程中，医疗机构病历档案材料记载主要内容如下：1. 上海市闵行区院

---

〔1〕 "主动放弃治疗，能否视同工伤？"，载 https://www.sohu.com/a/439297088_305502，2020-10-25.

前急救病历显示：急救人员于 2018 年 12 月 5 日 16 时 16 分到达发病现场，16 时 28 分许送达医院，诊断栏初步印象：车到人已亡，猝死。2. 上海市同仁医院门急诊就医记录册记载：（1）2018 年 12 月 6 日 7∶53 许，查体：意识不清，双瞳等大等圆，对光反射消失，医生诊断为休克；（2）13∶30 记录：患者各项指标较昨日各项指标恶化；双瞳孔散大，对光反射消失，患者恢复可能渺茫；家属如果想知道原发疾病或质疑非正常死亡，可以在死亡 24 小时内做尸检，家属表示不做尸检……（3）2018 年 12 月 7 日 12∶28 记录：患者目前一般情况极差，血流动力学不稳定，神不清，双瞳孔散大，对光反射消失，颈动脉振动微弱……①目前今日检查结果较昨日明显恶化，血流动力学不稳定，向家属告知，随时有心跳呼吸停止可能；②家属商量后要求放弃所有抢救措施，包括静脉用药、呼吸机使用等，减少病人痛苦，向其家属说明将使呼吸心跳停止，家属理解并承担所有后果，签字为证；（4）2018 年 12 月 7 日 13∶46，王某在病历上签名并书写如下内容：本人王某，目前根据病人的病情强烈要求停止一切治疗措施（包括盐水呼吸机）并承担法律后果，签字为证；（5）2018 年 12 月 7 日 14∶00 拔除呼吸机，查体：神不清，双瞳孔散大，对光反射消失，颈动脉振动消失，呼吸消失，宣布死亡，死亡时间为 2018 年 12 月 7 日 14∶08，死亡原因：猝死（心源性可能），再次告知家属，如对死亡原因有疑问，24 小时内申请尸体解剖。

一审认为：郝某的情况符合《工伤保险条例》第 15 条第 1 款第 1 项规定的视同工伤的条件。首先，郝某是在工作时间和工作岗位上突发疾病；其次，以 2018 年 12 月 5 日 16∶28 分上海市同仁医院初次诊断为突发疾病起算点，至医院经抢救无效宣布其于 2018 年 12 月 7 日 14 时 8 分死亡，符合经抢救无效在

48 小时内死亡的要件。故宝山人保局对郝某的情形予以视同工伤，认定事实清楚，适用法律正确，法院予以认可。针对云朵公司提出的郝某系家属放弃治疗导致非正常死亡而非经抢救无效死亡的主张，缺乏证据支持，且有悖常理，不予支持。具体阐述如下：

医院对郝某发病、急救、门急诊过程的客观记载中多次出现病情明显恶化、随时有心跳呼吸停止可能、情况差、神不清、双瞳孔散大、对光反射消失、告知家人病情危重等内容，可以证明郝某病情危急且持续处于危重状态的事实，王某当庭陈述系跟医生多次交流，知郝某已经脑死亡的情况下选择的放弃治疗，该陈述与病历材料相印证，法院予以采信。上述事实可以证明郝某系经抢救无效而导致的死亡，而非其他行为所致。基于目前医疗技术水平的先进性，即使不能排除可通过实施急救措施延迟郝某死亡时间的可能性，但在继续实施抢救不具有改变郝某死亡结果可能性的情况下，其家属选择放弃治疗，本质上系被动承认郝某经抢救已无生还可能的事实，而非主动去改变抢救结果，其签字同意表示放弃抢救不影响经抢救无效死亡的认定。

自 2018 年 12 月 6 日 7：53 至 2018 年 12 月 7 日 13：46 王某签字要求医院放弃治疗措施期间，医院与郝某家属一直处于沟通过程中，医生多次告知家属郝某病情危急的相关情况，郝某病历材料记载亦可反映其持续处于病危状态，随时具有呼吸心跳停止的可能。原审认为，在医院多次告知郝某家属其病情危急的情况下，王某作为郝某妻子签字放弃治疗是在医生充分告知，家属充分理解，知道相关后果的情况下作出的放弃治疗决定。法理不外乎人情，王某作为死者郝某至亲家属，其对郝某生命健康的珍视应远甚旁人，签字放弃对亲人的治疗需要承受超乎寻常的悲痛，更需要莫大的勇气。结合本案调查笔录、相关医疗档案材料及庭审陈述情况，原审法院有理由相信王某系在承受巨大悲痛的情形下，基于减少病人痛苦作出的放弃决定。且在现行工伤保险法律制度下，在继续治疗只存在延缓死亡时间可能性的情况下，其家属即使基于害怕因抢救超过48小时而使工伤认定无法成立、使家庭陷入沉重经济负担之考虑而决定放弃治疗，亦乃无奈之举。逝者已矣，但生者仍需继续生活，情实可悲，亦无可予指责之处，更不属于云朵公司所指骗取工伤保险的情形。

不存在《工伤保险条例》第16条排除工伤认定的情形。本案中，未发现郝某存在自杀、自残、醉酒、吸毒等排除工伤认定的事由，其自入院抢救至被宣告死亡期间，一直处于医院抢救过程中。根据医院救治病历可以看出，针对郝某的抢救效果不佳，未使其脱离生命危险。其家属在跟医院多次交流后，在认为郝某没有继续存活可能性的情况下，签字要求放弃治疗不属于主动拒绝治疗、侵害他人生命健康权的范畴，依法可享受工伤保险待遇。

用人单位责任承担的问题。首先，云朵公司作为用人单位，认为郝某死亡不符合视同工伤情形的，应当承担举证责任。云朵公司提交的现有证据，远不能证明郝某妻子及其他家属存在违法强制剥夺郝某生命权的事实。相反，云朵公司提交的病历材料，可以证明郝某的情况符合视同工伤的条件。云朵公司提交的王某放弃治疗导致郝某死亡的报警材料，只能证明存在报警的事实，公安机关亦未以剥夺生命权案件处理，对其主张不予支持。其次，工伤保险制度通过统筹基金方式为劳动者提供职业保障，将用人单位用工风险分散在参加保险的用人单位中。但当用人单位未能及时为劳动者缴纳工伤保险时，该风险由用人单位自行承担，这也是用人单位承担社会责任的一种体现。

判决驳回云朵公司的诉讼请求。判决后，云朵公司不服，提出上诉。上诉人云朵公司称，其员工郝某在公司工作时突然晕倒，云朵公司对其及时送医抢救并垫付所有医疗费用。在郝某仍有生命特征情况下，其家属要求医生强制拔管，放弃治疗。郝某家属签订的承诺书及110报警记录可以证明其死亡属于家属非法剥夺生命权导致，不属于因医院抢救无效的正常死亡，不属于应当认定工伤的情形。被诉认定工伤决定认定事实不清，适用法律错误，故请求二审法院撤销原审判决，支持其原审诉讼请求。

二审法院认为：本案中，根据《聘用协议》、病例材料、《调查笔录》、死亡医学证明书等证据，可以证明郝某与上诉人云朵公司具有劳动关系，郝某于2018年12月5日16时许在单位工作时突然晕倒，经送医救治后，于同年12月7日14时08分宣布死亡的事实。被上诉人据此认定郝某死亡情形属于在工作时间、工作岗位突发疾病经抢救无效在48小时内死亡，符合视同工伤的条件，遂依据《工伤保险条例》第15条第1款第1项、《实施办法》第15条第1款第1项的规定，认定郝某突发疾病死亡系工伤，认定事实清楚，适用法律正确。被上诉人在受理上诉人提出的工伤认定申请后，经补正告知、调查询问在法定期限内作出被诉认定工伤决定并送达各方当事人，程序合法。

关于上诉人认为郝某死亡系其家属主动放弃治疗导致，不属于经抢救无效死亡，不属于工伤的主张。本院认为：第一，关于举证责任。根据《工伤保险条例》第19条第2款的规定，职工或者其近亲属认为是工伤，用人单位不认为是工伤的，由用人单位承担举证责任。上诉人在工伤认定调查程序以及诉讼中提供的证据不足以推翻被上诉人认定的事实的，应当承担举证不能的法律后果。第二，关于家属放弃治疗行为的性质。对于郝某应当采取何种治疗措施以及是否放弃治疗的决定权在郝某家属，上诉人作为用人单位对此仅具有建议权，不具有决定权。医疗救治本身即存在诸多风险要素，具有高度不确定性，在郝某多次被医院下病危通知、随时存在死亡风险、基本无治疗痊愈希望的情形下，其家属结合郝某身体状况、病例记载及医生建议对风险进行合理评估，在不存在公安机关认定的违法犯罪行为且不存在主观故意、重大过错并愿意自担后果的情形下，家属作出的放弃治疗决定于法不悖，亦符合情理。家属对患者放弃治疗情形在医疗实践中亦属常见，无需苛责。第三，关于家属放弃治疗是否属于经抢救无效死亡。医生对郝某采取何种治疗方式并不取决于其单方决定，对于抢救过程均有家属参与并需经其同意，故患者的医治效果本身即是医疗水平和设备、医生判断、家属建议共同作用的结果。本案中，在排除故意杀人、故意伤害等违法及违背伦理道德的情形下，原审法院关于家属放弃治疗亦可构成经抢救无效死亡并应予以认定工伤的观点，既符合《工伤保险条例》维护劳动者合法权益的立法目的，亦可减少劳动者因死亡无法认定工伤，继而无法获取工伤保险导致的一系列社会矛盾。故本院对原审法院裁判观点予以认可，对上诉人意见不予采纳。

应当指出，对于上诉人在其员工突发疾病后积极送医、垫付医药费并建议继续治疗的行为应予肯定，但积极为员工缴纳工伤保险既是保障员工权益的重要手段，亦可有效分散用工风险，减少纠纷，用人单位应当履行缴纳社会保险义务并积极承担社会责任。

综上，上诉人提出的上诉请求依据不足，二审法院难以支持。原审判决驳回上诉人的诉讼请求正确，二审法院应予维持。据此，判决驳回上诉，维持原判。

通过对"上海蓝云环境服务管理有限公司诉上海市宝山区人力资源和社会保障局、第三人张某娥劳动和社会保障行政确认纠纷案"的分析，我们不难发现，特殊情形下的放弃治疗，并不影响工伤的认定与保险的理赔。虽然此案与生前预嘱并不完全一致，因为此案中放弃治疗的决定是家属临时决定的，而非患者自己决定，而生前预嘱的医疗决策是患者自己通过特定方式予以确定的，是患者医疗自我决策权的体现，但是这并不影响我们的分析和判断，即特殊情形下放弃治疗与依据患者的生前预嘱撤销维持生命的治疗一样，对保险的认定与理赔并不产生任何负面影响。依据患者的生前预嘱，拒绝维持生命的治疗，不采取维持生命的治疗或撤销已经采取的维持生命的治疗后患者去世，这样的死亡被视为一种自然人的正常死亡，生前预嘱执行人并不承担法律责任，相应的保险也一样发生效力。

涉及工伤的认定，前面的案例已经给出了答案，即放弃治疗最终去世并不影响工伤的认定。对于医疗保险和人寿保险，通常以个人患上疾病和去世为理赔的要件之一，个人在参加医疗保险和人寿保险后，患上了疾病，基于治疗费用昂贵或者是认为治疗已经无任何意义的情形，患者或家属最终放弃治疗。这样的案例在现实生活中已经频频发生，那么，在这种情形下保险公司极有可能以家属放弃治疗为由拒绝理赔。然而，在我们的司法实践中，家属的诉求最终得到了支持，即家属最终得到了相应的理赔。在生前预嘱制度得到立法的确认之后，在制度的执行过程中，类似问题的处理将变得相对简单。基于个人生前预嘱的医疗指示放弃生命维持治疗而去世，针对各类保险如工伤保险、医疗保险、人寿保险等，如果依据患者的生前预嘱执行，则不影响对患者进行工伤的认定，即基于患者的生前预嘱放弃治疗可以被认定为工伤；如果符合医疗保险或人寿保险的理赔条件，则保险公司应该按照保险合同履行理赔义务，而不能以生前预嘱患者主动放弃维持生命的治疗为借口拒绝认定工伤或拒绝理赔。在生前预嘱立法后，保险相关法律也应进行及时的修订，增加生前预嘱不影响理赔的内容，以协助生前预嘱制度实施。

第七章

生前预嘱怀孕例外的适用
情境与制度设计

第一节　自然死亡权的"蔓延"

　　死亡是我们每个人都必须面对的事情。我们无法决定如何出生，也无法决定死亡，但是我们具有决定死亡方式的自由。《德国基本法》第 1 条第 1 款规定，人的尊严受法律尊重和保护；第 2 条第 1 款规定，每个人都有权自由发展其人格。我国《宪法》亦规定，国家尊重和保障人权。所谓自由意识就是在法律与道德的基础上个人有自主决定的权利，没有自主决定权利就谈不上所谓的尊严。[1]自然死亡又被誉为"尊严死"，是指每个人有权选择体面死去的权利。自然死亡权根源于宪法中的生命权或隐私权，是个人医疗自我决策权的体现。世界范围内的成年监护制度已经呈现出从医疗监护模式向人权监护模式、从全面监护转向部分监护、意定监护为主法定监护为辅的趋势，

---

　　[1]　[英] 史蒂文·卢克斯：《个人主义》，阎克文译，江苏人民出版社 2001 年版，第 115 页。

更多地体现了最小限制理念和对个人自我决策权的尊重。[1]生前预嘱制度与现代成年监护制度所坚持的理念一致，即个人有权选择接受何种治疗、拒绝何种治疗。自我决策权在法律制度中，不仅仅体现为生前预嘱制度，还表现为预先指示制度。但是两者存在差异，生前预嘱制度可以被视为预先医疗指示制度的一种特殊类型，有学者否定了其他学者将两者等同的不严谨表述，将其明确表述为被包含与包含的关系。[2]预先医疗指示是指成年人预先对自己的医疗救治事务作出安排并选择该事务的决定权人，[3]而生前预嘱仅仅涉及人生终末期的医疗决策。同时生前预嘱的适用条件一般要严格于预先医疗指示。除差异之外，预先医疗指示制度与生前预嘱制度亦存在共同性，即它们作为自主主体的要求，有着纯粹的利他性和至高的道德权威性，应该得到尊重、维护和推广。[4]当今世界，涉及死亡权方面的两个主要制度为生前预嘱制度和安乐死制度，两者之间也存在重大区别。在基本理念上安乐死涉及的是生命权的神圣不可侵犯性，而所称尊严死涉及的则是人有无选择或决定死亡的权利。[5]安乐死制度主要是指医生给予处于生命末期承受着不能忍受的痛苦并且有主观意愿提前主动结束生命的患者以致死性的药物，进而加速患者的死亡。[6]安乐死制度虽然也是生命

---

〔1〕　李霞："成年监护制度的现代转向"，载《中国法学》2015年第2期。

〔2〕　姚迪迪：" '生前预嘱'概念体系梳理及立法选择"，载《北方法学》2020年第2期。

〔3〕　李霞："协助决定取代成年监护替代决定——兼论民法典婚姻家庭编监护与协助的增设"，载《法学研究》2019年第1期。

〔4〕　李大平："预立临终医疗指示制度研究"，载《中国社会科学院研究生院学报》2016年第1期。

〔5〕　甘添贵：《刑法案例解评》，瑞兴图书出版公司1999年版，第117页。

〔6〕　柏昕、刘霞："生前预嘱及其在我国的实行建议"，载《医学与法学》2019年第1期。

自我决策权的体现，但其目的在于提前结束生命，与国家有保护公民生命的利益与责任相抵触，在实施过程中亦存在较大风险，因此，其并未获得大部分国家的认可。生前预嘱制度并非提前结束生命，而是遵循生命发展的自然规律，拒绝通过医疗技术手段人为地延长临终病人的生命，让患者自然死亡，减轻病人的痛苦，提升生命的质量。生命质量是对人们生活好坏程度的一个衡量。[1]生前预嘱的目的是允许患者体面地死去，而不是在没有康复希望的情形下人为或机械地延长生命。因此，生前预嘱制度为患者在身患绝症无法进行医疗决策时提供了实现自身愿望的方式，使他们能够在生命数量和生命质量之间进行自我决策，法律制度也设计了足够的程序和形式来确保患者的愿望得到实现。生前预嘱体现着人类独特的文明，彰显着社会的进步，是现代社会、法律和伦理赋予人的基本权利。[2]生前预嘱制度自身所具备的黄金价值，使其在美国、法国、德国、奥地利、丹麦、匈牙利、西班牙、瑞士等国家迅速"蔓延"，公民可以通过生前预嘱制度实现自己未来的医疗决策权。美国各州也纷纷对生前预嘱制度进行立法，来解决曾经长期公认的困境。

第二节　生前预嘱的生效要件与例外

社会高度发达的标准之一是人人享有自决的生活。国家立法应该通过制度体系的构建与公开明确的程序，允许个人对其临终前的医疗事项进行自我决策，使得个人的生前预嘱符合立法规定和医院的政策要求，进而使得生前预嘱生效并得以顺利

---

〔1〕　黄丁全：《医疗　法律与生命伦理》，法律出版社 2004 年版，第 427 页。
〔2〕　张宁沛、高畅："生前预嘱制度与公证的介入"，载《中国公证》2019 年第 7 期。

执行。生前预嘱制度的根本目的不是强制性要求公民应用，但从先行国家的发展情况来看，法律是其发展的前提和保障，能对其进行规范和指导。[1]然而，不管是从世界各国现有的立法规定来看，还是从法院的司法实践分析，制定一份有效的生前预嘱并得到执行是一件极具挑战性的事情。立法的制度设计一方面需要保护个人对其临终前医疗措施的最终决策权，另一方面亦需要保护医疗机构及医疗人员免于承担责任。生前预嘱的效力首先取决于其内容与形式是否符合立法规定。主体方面：预嘱人在制定和签署生前预嘱时必须是年满 18 周岁且心智健全，也即预嘱人在制定生前预嘱时必须具备完全行为能力。未成年人由于不具有完全的人身独立性自然也不可制定生前预嘱，成年人由于受伤或疾病而丧失了意思能力亦不能制定生前预嘱；[2]程序方面：生前预嘱的制定需要有两个见证人，且见证人与预嘱人不能够存在利害关系；[3]内容方面：预嘱内容需要具体且明确，能够直接展示预嘱人的目的。以上三个方面为生前预嘱生效的形式要件。

　　在形式要件之外，生前预嘱还应该符合实质要件。实质要件主要指的是生前预嘱能够尊重患者的医疗自主决策权，使患者利益最大化，与宪法所赋予患者的生命权与隐私权相契合。如果一项生前预嘱同时符合形式要件和实质要件，那么就说明其符合了生效的所有要件。但是，生前预嘱制度更多地被视为一种彰显私权的制度，体现了患者基于宪法权享有的自由利益。然而，在现实生活中并不存在绝对的自由利益，当私权遇到公

---

〔1〕　王凯强等："论我国生前预嘱的立法保护"，载《医学与哲学（A）》2017 年第 6 期。

〔2〕　李霞："论预先医疗指示"，载《东南法学》2018 年第 1 期。

〔3〕　Sisti, Emma Murphy, "Die Free or Live: The Constitutionality of New Hampshire's Living Will Pregnancy Exception", *Vermont Law Review*, (2005) Fall, 30 (1), 143.

权或者遇到其他私权，那么就需要对两种或者多种权益进行权衡，来确定生前预嘱能够得到执行还是暂时中止。生前预嘱不仅受到语言模糊、术语狭窄和法定定义的困扰，而且会面临阻碍其有效性的重大问题。重大问题之一即我们所谓的生前预嘱的例外情形。生前预嘱的例外情形主要有两个：一个是生前预嘱人在符合生前预嘱执行条件时怀孕，另外一个是生前预嘱人在符合生前预嘱执行条件时变成患有精神障碍或者发育不良的残疾人。我们在这里主要讨论第一种情形。

第三节　生前预嘱怀孕例外中的利益冲突

一、国家保护生命的利益与患者自我决策的利益

发生在美国的昆兰案中，法院首次明确了宪法所保护的隐私权，并确认了患者拒绝治疗的权利。[1]在任何一个国度，生命权都是神圣的，国家有义务保护公民的生命，预防自杀和被谋杀。国家提供一定的医疗条件来保护公民生命既可以被视为

---

〔1〕　Sisti, Emma Murphy, "Die Free or Live: The Constitutionality of New Hampshire's Living Will Pregnancy Exception", *Vermont Law Review*, （2005）Fall30（1）, 143. 1976年著名的卡伦·昆兰案，通过司法承认了个人作出临终护理决定的权利。21岁的卡伦·昆兰出于尚不清楚的原因停止了呼吸，随后遭受了严重的脑损伤。昆兰靠呼吸器、人工进食和供水维持生命。当治疗昆兰的医生确定她处于持续性植物人状态时，他的父亲约瑟夫·昆兰请求移除昆兰的呼吸器。在昆兰案中，法院首次明确宪法中的隐私权，病人拒绝接受治疗的决定。尽管国家关心人的生命的神圣和维持，但这项权利仍然受到保护。为了平衡国家在保护人类生命方面的长期利益与个人作出临终决定的权利，法院认为"随着身体侵犯程度的增加和预后分析的模糊，国家的利益将会弱化，个人的隐私权会增加"。法院认为，昆兰如果有能力，将有权避免强制实施特别医疗，因此，法院接下来必须提出解决方案，这项权利可以由一名监护人替代她行使。法院以肯定的态度回答了这个问题，裁定昆兰的父亲作为法庭指定的监护人，有权代表昆兰行使撤除生命维持治疗的权利。Nachman D D., "Living Wills: Is It Time to Pull the Plug", *Elder Law Journal*, Vol. 18,（2011）, 295.

一项职责，同时亦可被视为一项权力。患者享有自我决策权，不能够被贬抑为客体，否则人性尊严即受到侵犯。当国家保护生命的权力与患者的医疗自我决策权相遇时，矛盾或冲突就不可避免地产生了。矛盾的解决要么进行取舍，要么对两者进行平衡。而国家保护生命的权力和患者的医疗自我决策权无法分出伯仲，进而无法进行取舍，那么就只能在两者之间述致平衡。在生命的不同阶段，国家保护生命权的强弱程度会发生演变。在生命的正常阶段或状态之下，医疗对身体的侵入通常保持在一个较低的水平，国家保护生命的权力通常以一种较强的态势出现，以切实履行国家或政府的职责。当个人进入临终状态，随着身体侵犯程度的增加与预后分析的模糊，国家的利益将会逐渐弱化，进而逐步让位于个人隐私权或医疗自我决策权。因此，在生前预嘱领域，国家保护生命的责任与患者的自我决策权存在利益冲突，也即国家利益与个人利益存在冲突，两者从未停止博弈，难分胜负，而最终的结果取决于公民的身体状况。如果公民的身体严重恶化、医疗对身体的侵犯程度骤增，国家利益便会弱化，个人隐私权和生命权增强，直至超越国家利益，这时患者的医疗决策权就会得到尊重。

二、国家保护胎儿利益与患者利益

患者的自主决策权会因保护某种公共利益或国家利益的需要而受到限制或遭到克减。[1]胎儿的利益在很大程度上关系到国家利益。胎儿的生存能力成为决定胎儿生命中国家利益的关键因素。有的国家以怀孕时间来确定国家保护胎儿利益的强弱。在女性怀孕三个月之内，国家无权干涉其是否继续怀孕的决定。

---

[1]　韦宝平、杨东升："生前预嘱的法理阐释"，载《金陵法律评论》2013年第2期。

但是如果怀孕超过三个月，那么国家利益就会增强，进而能够对女性是否继续怀孕的决定进行干涉。[1]在怀孕时间之外，影响胎儿国家利益的另一方面的因素是胎儿是否能够存活。经过医生的专业诊断，如果胎儿不能够存活，基于胎儿产生的国家利益就会减弱，甚至归零；而如果胎儿能够存活，那么国家对胎儿的利益就会得到确立并随着时间的推移逐渐增强。患者利益更多是一种自身利益，例如，基于隐私权、健康权而产生的利益。任何公民基于宪法的规定，享有医疗决策权，即对于自己的医疗事务享有选择权，当医疗方式存在多种选择时，患者将完全可以进行自我决策，可根据自己的偏好与治疗痛苦的程度来进行判断选择。同时公民亦享有生命权，从不同的角度生命权可以获得不同的理解，而在生前预嘱制度中，生命权可以理解为自然死亡权，即个人可以选择不接受维持生命的治疗而自然死亡。胎儿的延续与生存可能伴随着患者无法忍受的痛苦，如果仅仅从国家角度去考虑国家的利益，患者自身的利益就会得到忽视。如果过度重视患者利益，国家利益就会遭受损害。因此，生前预嘱制度的设计需要关注国家保护胎儿利益与患者利益保护之间的平衡。如果胎儿的生存延续并未给患者造成过度或极度痛苦，也即对患者的侵犯程度在可以承受的范围之内，那么，国家利益可能会凌驾于个人利益之上，个人的医疗决策可能会被替代，生前预嘱的执行可能受阻。如果胎儿的存续会导致对患者侵犯程度逐渐增加，预后恶化，患者承受无法忍受的痛苦，这时国家保护胎儿或生命的利益就会弱化，个人权利将会战胜国家的利益，生前预嘱将会得到继续执行。

---

〔1〕 Sisti, Emma Murphy, "Die Free or Live: The Constitutionality of New Hampshire's Living Will Pregnancy Exception", *Vermont Law Review*, (2005) Fall, 30 (1), 143.

三、患者家庭利益与患者利益

在尊重病患自主权的架构下，虽都认为病患是单一的个体，但基于病患和家人之间利害与共的关系，让家人参与医疗决定是必要的。[1]在昆兰案和克鲁赞案的判决中，我们不难发现，关于生前预嘱的制定属于极其私人的事务，自然死亡的决策权应该归属于患者本人，国家原则上需要尊重患者的意愿。然而，患者与家庭之间存在的关系则完全不同。患者与家庭成员之间属于利益共同体，生前预嘱的决定直接影响着患者的家庭成员，如配偶、父母、子女等。患者自身利益与患者家庭利益可能存在一致性，也可能存在冲突。在患者自身利益与患者家庭利益之间，我们主要考虑两个关键方面：第一个焦点是孩子。如果生前预嘱者怀孕，患者与其家庭成员均希望其将孩子生下来，这时患者利益与家庭利益是一致的。然而，如果患者在其生前预嘱中明确表示即使怀孕，也希望继续执行生前预嘱，这时患者利益与家庭利益就产生了冲突。这种冲突表现为患者基于生前预嘱的自我决策权与患者家庭成员基于孩子产生利益之间的矛盾。第二个关注的焦点是经济利益。据《华盛顿邮报》报道，苏珊·托雷斯女士在医院三个月的医疗费用超过 100 万美元。[2]在我国，据罗点点的团队估算，中国医疗每年近 80%的

---

〔1〕　Jeffrey Blustein, "The Family in Medical Decision Making", in Joseph H. Howell & William F. Sale, *Life Choices*: *A Hasting Center Introduction to Bioethics* 165, Second Edition, George Town University Press, Washington, D. C. 2000, p. 162.

〔2〕　Stephanie McCrummen, "Brain-Dead Va. Woman Gives Birth; Baby Appears Healthy After 3-Month Ordeal", Wash. Post, Aug. 3, 2005, at A01. 2005 年 5 月 7 日，26 岁的孕妇苏珊·托雷斯因恶性肿瘤失去意识，进入昏迷状态。她的家人选择让她继续维持生命，给胎儿一个发育的机会。媒体报道不清楚托雷斯是否有生前预嘱。2005 年 8 月 2 日，一个重 1 磅 13 盎司的女孩出生了。

支出是用于临终维持的。[1]这意味着生命的技术支持是建立在昂贵的经济花费之上的。当患者不存在明确的意思表示，这时一般由家属进行替代决策以符合病患的最大利益。然而，能考虑医学的合理性，理性并坚决地向医师表示拒绝为其家人实施延命医疗的人毕竟不多。[2]在我国目前的收入结构与医疗体制下，家庭往往是医疗成本以及医疗后果的直接承担者。医疗费用对家庭的冲击显而易见，因病致贫、因病返贫在现实生活中不时上演。[3]不少公民的临终维持将可能会使得这个家庭陷入经济困境，因此，患者的生前预嘱也是解决患者自身利益与患者家庭利益冲突关系的方式之一。如果患者生前并未制定生前预嘱，那么是否选择临终维持方式对于家庭成员来说面临着艰难抉择，因为要使得胎儿能够顺利出生，就需要耗费巨大的财力来延续患者的生命。这个决定的最大风险在于，如果家庭耗费了巨大的财力，最后孩子未能出生，那么这对绝大多数家庭来说都是一个沉重的打击。同时就我国来说，在进行抉择时，也不得不考虑伦理道德因素，也即是否需要花费巨大财力去延续患者的生命，是家庭成员在作出决策时无法避免的道德考验。

四、医疗机构利益与患者利益

从患者方面而言，因拒绝延命治疗出于自己决定被视为主要问题，但从医师角度而言，是治疗义务的存在与否，以及延命医疗的界限问题。[4]患者与医疗机构之间的利益既存在一致

---

[1] Qingyun Wang, "Association Urges Chinese to Have a Living Will", *China Daily*, 2013.

[2] 黄丁全：《医疗 法律与生命伦理》，法律出版社 2004 年版，第 412~413 页。

[3] 冯倩、冯磊："生前预嘱生效决定中的权利冲突与协调路径研究"，载《中国卫生事业管理》2019 年第 5 期。

[4] 黄丁全：《医疗 法律与生命伦理》，法律出版社 2004 年版，第 427 页。

性，也同样存在冲突。患者在医疗机构寻求医疗救治服务，是以自己的经济利益为代价的，所追求的是自身的健康利益。医疗机构作为具有公益性质的单位，治病救人是其使命和职责所在，其有义务和责任为患者提供良好的医疗服务，帮助患者康复。因此，患者与医疗机构在追求患者健康利益方面存在一致性。然而，患者获得医疗服务需要付出经济代价，根据自身病情的轻重与具体治疗需要支付相应的费用。医疗机构提供医疗服务要收取医疗费用。当患者处于生命的终期而需要医疗技术来维持其生命时，这个时候需要付出的医疗费用或代价是相当昂贵的。在患者有决策能力或存在有效生前预嘱的情形下，医疗机构或医生的行善本质上就是要对患者的自主决策权予以最大限度的尊重。[1]但是在缺乏普遍性的规则或原则下，面对终末期病患有无实施延命治疗的必要，受医疗商业化的影响，会由少数医师难以脱免"有治疗，就有进账"的思路大量实施，其中也有更多的医师只是单纯出于害怕诉讼而不得不随波逐流。[2]也即现实情形中，并不能够完全避免医疗机构为了追求自身利益，而忽视患者的生前预嘱，怠于执行或者根本就不执行生前预嘱的现象。这时医疗机构与患者之间的利益冲突就不可避免地发生了。

五、女性利益与男性利益

如果是国家利益凌驾于患者利益之上，患者是女性并且怀孕，其生前预嘱因怀孕而暂时丧失效力，那么这就意味着女性要暂时放弃自己的医疗决策权或者是牺牲自我，来满足国家利

---

[1] 蔡昱："对我国医事法律中患者自主决策权相关规定的质疑与建议"，载《法学杂志》2009年第2期。

[2] 黄丁全：《医疗 法律与生命伦理》，法律出版社2004年版，第413页。

益的要求。要求女性不能够移除生命保障系统，只能选择延续生命，忍受着痛苦来实现母亲利他主义的社会规范，这可能会让人感觉到极度不安，也会引起女权主义人士的反对。如果在立法中对女性通过生前预嘱制度行使医疗自我决策权予以限制，而对男性不施以相应的制约，男性利益与女性利益就失去了对等，这就在一定程度上削弱了女性的公民身份，使女性的公民身份与权利缺乏完整性。这也会使得该制度违反宪法所规定的男女平等原则。医疗技术的进步并不能够将女性进行物化，将其视为生育工具，否定其生前预嘱的效力，忽视其医疗健康的自我决策权，迫使女性继续怀孕至孩子诞生，人为制造出女性的从属地位。女性的人身利益被减弱，男性的人身利益则相对增强，形成了女性利益与男性利益冲突的法律表象。

第四节　生前预嘱怀孕例外的适用情境

一、不存在有效生前预嘱

女性并未制定有效的生前预嘱可能存在两种情形：第一，未制定任何书面的生前预嘱，即使患者之前曾经在某个场合向某人表示过这种意愿，但是因不具备生前预嘱的生效要件且不符合明确且令人信服的标准，进而被视为并不存在任何有效生前预嘱；第二，虽然制定了书面的生前预嘱，但是因欠缺法律规定的必备要件，因而最终被认定为无效。例如，生前预嘱人制定生前预嘱时未成年或者精神状态不佳，属于行为能力欠缺时制定的，那么这种情形会直接影响生前预嘱的效力。对于患者来说，并不存在明确且令人信服的标准来表达自己的医疗选择，这时需要在患者利益与国家基于胎儿产生的利益之间进行权衡。宪法赋予了公民最为基本且特定的权益。不存在生前预嘱的适用情境也可能存在两种：第一，女性患者怀孕，但是其仍然保有行为能力，仍然可以为自己的医疗事务进行决策。英国、比利时、加拿大、荷兰等国均认可和尊重女性拒绝治疗的自我决策权。[1]如果患者明知自己已经怀孕，仍然拒绝采用医疗技术维持自己的生命，直至婴儿能够独立存活。这种情形其实等同于存在明确且令人信服的证据。精神障碍者尚且具有拒绝治疗的权利，因为这是法律赋予他的权利。那么，对于政府为了保护胎儿去干涉患有绝症的女性的医疗决策权，我们可以以同样或类似的理由去否决政府的"野蛮"干涉。当患者并非患有绝症，那么国家存在保护生命的利益，但是，当患者患有绝症且存在清晰明确的医疗指示时，政府应该遵守患者的医疗决策权。第二，女性患者怀孕，但其丧失了行为能力，也不存在有效的生前预嘱，这时由谁来替代女性进行医疗决策以及如何权衡各种利害关系呢？家庭成员可否基于胎儿的利益，选择让患者继续维持生命直至胎儿独立存活？国家是否可以基于胎儿的利益，对患者进行强制治疗？基于以上种种，女性患者的权利和利益的保护仍旧需要我们探索。

二、存在有效生前预嘱但未涉及怀孕例外

女性制定了生前预嘱，且生前预嘱符合法律所规定的必备要件，生前预嘱生效。但是所制定的生前预嘱条款中并未对怀孕的特殊情形进行明确阐述。如果一名女性患者处于生命的终末期或永久处于植物人状态，这时她制定的生前预嘱就会生效，国家以及任何其他人包括家庭成员都不能干涉或阻碍生前预嘱的执行，也即国家的利益和他人的利益并不能够超越患者利益

---

　　[1] Grubb et al, *Principles of Medical Law*, Oxford University Press, 2004, pp. 866~869.

而占据主导地位。生前预嘱得到有效执行所坚持的标准是清晰且令人信服，女性制定的生前预嘱也必须符合这一标准，这样才能确保生前预嘱得到顺利执行。如果生前预嘱具有符合清晰且令人信服的标准，那么患者即有权拒绝延长生命的医疗技术支持，这是基于患者生命权和隐私权所获取的权益所在。国家利益和他人利益需要让位于患者自身利益，患者基于自由利益所享有的医疗决策权需要得到尊重。国家在保护公民生命方面存在利益，但是在公权与私权碰撞时，要确保国家利用权力去干涉私人权利并不属于滥用权力，国家保护公民生命的利益并不能够凌驾于宪法所保护的公民利益之上。在推定过程中，主要是对国家利益与私人利益进行权衡，对国家基于保护公民生命权所产生的利益与个人依据宪法所赋予的权利享有的利益进行权衡。然而，因为生命是不可逆的，在权衡的过程中我们需要避免撤销维持生命治疗的错误决定，因此，清晰且令人信服的标准得以采纳，用这个严格的标准实现患者利益凌驾于国家利益之上，同时又能够使得患者的决策得到尊重和患者的利益得到切实保护。生前预嘱中并未对怀孕例外的情形作出明确说明，因此，当患者符合执行生前预嘱的情形，同时患者亦怀有身孕，这时是应该继续执行生前预嘱，还是停止执行生前预嘱，并采用生命技术支持的手段来延续患者生命，直至胎儿能够独立存活？根据前文的推定，如果没有怀孕情形，那么生前预嘱应该得到执行。而如果患者怀孕，则会出现两种可能的解决路径。第一个路径是认为患者已经明确制定了生前预嘱，而生前预嘱的适用条件应该囊括了可能发生的一切情形包括怀孕，已经符合清晰且明确的标准，所以怀孕并不能够阻碍生前预嘱的执行，患者的医疗决策权仍然应该得到尊重。英美等国的一些判例显示，即使孕妇拒绝治疗可能导致其或胎儿的死亡，也应当尊重其作出的决定。英国也已经广泛承认必须尊重有决定能力的妇女对治疗的拒绝，无论后果如何。[1]第二个路径则认为患者虽然制定了生前预嘱，但并没有对怀孕例外情形作出说明，我们无法通过推定的方式来掌握患者的意图，因为这已经背离了清晰且明确的标准。基于生命不可逆，出于谨慎的态度，公权力可能会干涉私权利，阻碍生前预嘱的执行，使得国家基于胎儿所享有的利益凌驾于患者利益之上。两种路径存在各自的弊病，在实践中存在的争议也较大。

三、存在有效生前预嘱且涉及怀孕例外

女性存在合法且有效的生前预嘱，而且生前预嘱中对怀孕的情形进行了明确说明。可能存在两方面的不同情形：一方面，女性在生前预嘱中明确表示，如果自己怀孕，那么生前预嘱将会失效，自己会选择继续维持生命保障系统，直至胎儿能够独立存活；另一方面，生前预嘱中的条款明确表示，怀孕并非生前预嘱生效的例外情形，预嘱人即使怀孕，生前预嘱仍将继续执行。如果生前预嘱是合法有效的，且患者已经处于生命的末端或处于不可预期的植物人状态，生前预嘱内容已经对怀孕情形作了明确的阐述，这时生前预嘱已经符合了清晰且令人信服的标准。有学者指出，植物人终止救治的，必须以救治无效为前提，充分尊重植物人的预先指示。[2]如果女性明确表示怀孕并不会影响生前预嘱的执行，那么我们必须尊重女性患者的医疗决策权。如果女性明确表示怀孕可以暂时停止生前预嘱的执行，直至胎儿能够独立存活，然后再执行生前预嘱，那么女性

---

[1]　姚迪迪："'生前预嘱'概念体系梳理及立法选择"，载《北方法学》2020年第2期。

[2]　张莉："植物人终止救治的法律规制"，载《法学》2012年第7期。

患者的权利也应该得到尊重。患者对怀孕例外情形已有预见并作了明确说明，因此，生前预嘱的执行不会受到例外情形的阻碍。这种情形等同于女性患者处于临终末期、已经怀孕且有行为能力的情形，国家基于胎儿或患者生命的利益要让位于患者权利。此种情形需要符合三个条件：其一，生前预嘱符合形式要件与实质要件，已经生效；其二，生前预嘱人对怀孕作了特别的说明，具备明确且清晰的指示；其三，生前预嘱符合清晰且令人信服的标准。三个条件同时具备，患者的选择权则凌驾于国家或他人利益之上，患者的决策权必须得到尊重。

第五节　生前预嘱怀孕例外的制度设计

一、通过立法确立清晰且令人信服的标准

在我国未来的《自然死亡法》或相关的立法中，在对生前预嘱制度进行设计时，我们务必需要将生前预嘱的适用例外情形考虑进去。国外的经验与教训告诉我们，如果在立法时忽略了例外情形的适用，就会给司法实践带来巨大的挑战与适用困境。然而，无论生前预嘱的适用过程中是否涉及例外情形，其所一贯坚持的标准始终没有发生变化，即明确且令人信服的标准。立法确立生前预嘱的生效要件包括形式要件与实质要件。然而，生前预嘱的生效并不代表生前预嘱就能够得到顺利执行。因为生前预嘱生效之后，基于语言的模糊性会导致患者意思表示不清晰，一种语言表达可能存在两种以上的理解，此时这种语言模糊性导致的困境会直接影响生前预嘱的执行。所以生前预嘱的内容必须尽量具备明确性，避免引起别人的误解或者给别人提供两种以上的理解路径。但是由于语言自身的固有缺陷，完全明确的理想状态可能很难实现，所以，我们的立法需要发

挥恰当的指引作用，同时在实践中通过提供生前预嘱的范本来增强内容的明确性，尽最大可能提升个人生前预嘱内容的明确性。怀孕例外情形是生前预嘱内容的一部分，因此，也必须符合明确且令人信服的标准。怀孕例外情形可以从两个方面去贯彻这个标准：第一，生前预嘱的内容需要对怀孕例外的情形予以规定，因为如果怀孕例外的情形缺失，那么在患者怀孕时生前预嘱的执行就只能依赖于他人的主观推断，这不符合生前预嘱的明确性执行标准；第二，生前预嘱对怀孕例外情形进行的规定必须明确，内容的表述能够使他人获取到明确的指示，例如即使怀孕也完全不影响生前预嘱的执行或者是怀孕将终止生前预嘱的执行。可见，明确且令人信服的标准是生前预嘱的整体性要求；而怀孕例外是生前预嘱里面的内容之一，所以怀孕例外也完全适用此标准。

二、在立法、执行与司法中引入比例原则

行政法中的比例原则始于德国，后被全世界多国广泛采纳。其意指在于行政行为的实施既要考虑合法性，亦要考虑其合理性。虽然行政法属于公法，但是随着行政合同理论、协商行政理论的发展，公法应用私法功能解决问题已经成为一种时尚。基于此，私法应用公法理论来解决问题亦不存在所谓的障碍。比例原则指导我们处理事情必须掌握一个度，而这个度就是对相关方利益的权衡和平衡，也即事务的处理需要尽量兼顾到各方的利益，而不能轻重不分、顾此失彼。生前预嘱的怀孕例外中存在诸多的利益主体，这些利益主体之间也不完全存在利益的一致性，反而更高概率的是利益冲突。所以，我们完全可以尝试着用比例原则的基本理论来给我国未来的生前预嘱制度立法与司法实践提供些许建议。

（一）适当性：有利于生前预嘱目标的实现

适当性主要是指制度的设计需能够实现目的。我们的立法与司法实践要有利于目的的实现。生前预嘱例外情形设立的主要目的是保护女性的自由利益与保护国家利益。制度的设计不能够偏离根本目的，否则制度的实效就会大打折扣。因此，在具体的制度设计方面，我们需要围绕这两个主要目的进行，当然，也要兼顾其他次要目的。针对怀孕例外的三个适用情境，其解决路径要符合适当性要求即有利于目的的实现。情境一，如果女性处于生命的末端或处于不可逆的植物人状态且怀孕，但不存在有效生前预嘱，这时因为并不存在患者的医疗自我决策，那么国家基于保护患者生命的利益就有责任为患者提供所需的治疗服务。因此，在此情境之下，国家可以通过为患者提供医疗服务来确保国家利益的实现。情境二，如果女性存在有效的生前预嘱，但生前预嘱中并不包含怀孕特殊情形的内容。虽然生前预嘱是有效的，且已经符合执行生前预嘱的条件，然而出现了女性怀孕的情形，这时采取何种决策才能有利于制度目的的实现？因为决策是生死决策，不具有可逆性且无法改变，所以我们必须坚持清晰且明确的标准。生前预嘱对怀孕情形并未进行说明，我们无法掌握患者的真实想法，出于谨慎的态度，并不能轻易进行替代决策，同时这种情境下的决策也完全不符合清晰且令人信服的标准。如果胎儿预期能够存活，那么国家可以基于保护患者或胎儿的利益，中止生前预嘱的执行，直至胎儿能够独立存活，以实现保护国家利益的目的。如果经过医学判断，胎儿根本不可能存活，那么此时的情境等同于没有怀孕的情形，有效的生前预嘱必须继续执行，以实现保护患者医疗决策权的目的。情境三，如果女性不仅仅制定了有效的生前预嘱，且生前预嘱的内容也囊括了怀孕的特殊情形，生前预嘱和怀孕例外的内容均清晰明确，符合执行的标准，那么国家保护生命的利益就会被患者的自由利益所压倒。有学者通过否定胎儿中心主义进行了理由阐释，认为胎儿不具备作为独立个人的法律地位，其不能凌驾于女性的拒绝治疗权之上。[1]因此，这种情境之下患者的自我决策权需要得到尊重，以实现保护女性在医疗决策方面的自由利益的目标。以上三个情境的解决路径采用了适当性原则妥当解决生前预嘱的怀孕例外，均有助于生前预嘱两个主要目标的实现。对于国家基于胎儿的利益，因为我国目前并未禁止堕胎，因此，在目前来说，国家对于胎儿并不存在明确规定的利益，所以国家只要保证其保护生命利益的实现即可。当然，在生育率逐渐处于低位的中国，不排除将来会对堕胎进行立法禁止，所以届时就会对此制度的设计产生影响。

（二）必要性：选择对权益侵害较小的方式

必要性原则要求如果有几种路径都能够实现特定的目的，那么就要选择对国家利益或患者利益侵害较小的方式进行。在生前预嘱怀孕例外的制度设计中，主要存在国家利益、患者利益、家庭利益三种。在实现生前预嘱制度目的的路径选择中，需要对各种路径中的权益进行比较，以选择能够实现制度目的且对利益损害较小的方式。在患者未制定任何有效生前预嘱的情境下，国家保护生命和胎儿的利益会占据主导地位，进而为患者继续提供医疗服务。然而，国家利益并非绝对占据优势地位。因为我们知道，生命终末期的延续治疗代价是昂贵的，如果患者或者患者家庭的经济实力雄厚，对于负担高昂的治疗费用不存在困难，那么，国家保护生命的利益仍然可以占据优势

---

〔1〕　孙也龙："生前预嘱法中的孕妇条款及其法理分析"，载《中华女子学院学报》2017年第5期。

地位。反之，如果这种治疗所需的费用超出了患者及其家庭的承受能力，所采取的路径极有可能会使女性患者及其家庭冒着破产的风险，承担过于沉重的负担。在巨大的费用支出和有限的经济资源面前，患者家庭将会陷入难以决策的医疗伦理困境和道德紧张的状态。[1]如此，患者不仅仅需要遭受临终末期病痛的折磨，同时还要承担超过其能力的经济负担，两者叠加，就会使得国家基于保护生命的利益丧失其主导地位，这时原本的解决路径可能就行不通了，我们需要根据具体情况进行决策，采取变通的方式，优先选择对患者利益和家庭利益侵害较小的方式。如果患者存在有效的生前预嘱，但并未对怀孕特殊情形进行说明，此种情境之下，国家保护生命的利益仍然占据主导地位，但也并非完全绝对。如果通过医疗技术进行延长生命，但是胎儿存活的预期模糊或者可能性较低，或者延长生命过程中的痛苦无法通过药物缓解，这时我们保护的侧重点可能就要倾向于女性患者。因为患者有有效的生前预嘱，只是对怀孕情形未作说明，在不怀孕的情形下，她宁愿选择自然死亡来尽快结束疾病带来的痛苦。任何制度的设计都不能够完全忽略有效的生前预嘱，更不能把一种利益建立在患者的极度痛苦之上，所以在此种情境之下，也需要根据患者的具体情形，选择对患者权益侵害较小的解决路径。前两种情境之下，国家保护生命的利益占据优势，但是在实际情形下，我们还不得不考虑的是如果婴儿能够顺利出生，所带来的问题是这个家庭不可避免地要面对孩子母亲的死亡，孩子的父亲及其家庭能否突破心理的困境去照顾这个新生儿？如果这个家庭并不能够很好地照顾这个新生儿，那么，国家基于保护生命的利益是建立在给孕妇以

---

〔1〕 田孟："医疗体制、临床医学与患者的伦理困境——'魏则西事件'的问题与启示"，载《云南社会科学》2017年第2期。

及整个家庭的严重损害之上的。这种局面表面上看是国家对生命的保护，实质上是对新生儿及其家庭的伤害，同时家庭作为社会的一个基本单位，伤害家庭最终也是在伤害国家。所以在这种情形之下，我们选择的路径也要进行变更，以使得制度设计能够提高患者生命的质量，减轻家属的经济和心理双重压力。[1]患者制定了有效生前预嘱且预嘱中也包含了怀孕特殊情形，那么这个时候应该按照患者的指示执行生前预嘱。如果患者明确表示怀孕将暂时中止生前预嘱的执行，直到胎儿能够独立存活或者胎儿被确认无法存活之后再继续执行生前预嘱，那么就应该按照患者的指示中止生前预嘱的执行。如果患者明确表示即使怀孕，也不妨碍生前预嘱的执行，那么，也应该按照患者的指示继续执行生前预嘱。在这种情境之下，患者已经发布明确指示，这意味着患者对各种利益的损害有自己的预期和判断，且自己也可以完全接受或承受，此时侵犯患者利益被视为权益侵害较小的解决路径，患者的指示必须得到尊重。

（三）均衡性：兼顾生前预嘱关涉各方主体的利益

所谓均衡性，是指制度的设计对预嘱人可能造成的损害要与其他各方主体可能获得的利益呈现一种均衡状态，也即制度的设计要兼顾到各方利益的均衡保护。基于我国的现实国情，为了保护胎儿而限制孕妇权利目前难以获得正当性，需要兼顾胎儿保护与孕妇权利保障，以使制度能够与社会现实以及制度框架相吻合。[2]通过分析怀孕例外的三种情境，我们得出了怀孕例外中主要涉及和需要解决的是国家利益与患者利益的关系。

---

[1] 夏梦雅："关于我国尊严死合法化的几点思考"，载《医学与法学》2019年第4期。

[2] 陈金林："在胎儿保护与孕妇权利之间——刑法介入胎儿伤害的模式分析"，载赵秉志主编：《刑法论丛》（第41卷），法律出版社2015年版。

患者利益主要指基于宪法赋予的生命权和隐私权而产生的自由利益，主要体现为个人对自身医疗决策的自我决策权。国家利益主要基于国家保护患者生命和胎儿生命产生的利益，主要体现为国家为患者提供维持生命的医疗服务以保障患者和胎儿的生命。制度的设计并不能只顾患者利益而忽视国家利益，反之亦不可行。在没有生前预嘱或生前预嘱对怀孕例外未进行说明的情境之下，国家利益通常占据主导地位，对国家利益的保护也是为患者提供医疗服务以延续患者或保护胎儿的生命，在某种程度上来说，两者具有一致性抑或是均衡性。然而，如果出现特殊情形即国家对患者延续生命和保护胎儿的治疗是建立在患者疼痛通过药物仍然无法缓解、抑制或者胎儿存活概率极低的情形下，医疗对身体侵犯的程度增加和预后恶化，那么，这时这种均衡就会被打破，国家保护生命的利益就需要弱化，因为国家利益的实现不能够建立在患者忍受极度疼痛的基础之上，制度的设计就需要借助于专业的医学判决来决定是否倾向于对患者利益进行保护。如果专业的医学判断结果为即使通过生命保障系统延长患者生命，胎儿的存活概率很低或者无法通过各个药物来缓解患者的剧烈疼痛，在这种情形下，对患者利益的保护就会占据优势，以体现制度设计的合理性与人性化。当然，因为目前我国对于女性怀孕后是否堕胎并没有法律限制。所以在制度的设计方面可能并不存在较大的障碍。但是随着人口生育率的持续走低，国家对胎儿生命利益的保护程序越来越强，国家极有可能在未来对女性堕胎进行立法规制。如果我们在法律中对堕胎进行了限制，那么在设计生前预嘱制度时就必须考虑到怀孕例外的情形。如果生前预嘱对怀孕例外进行了明确规定且符合清晰且令人信服的标准，那么患者的自由利益就凌驾于国家利益之上。患者对自己的治疗包括对特殊情形进行均有了预料，在此基础上作出了医疗决策，是患者自由利益的体现，国家的责任与利益要让位于患者的自由利益，继续执行患者的生前预嘱，实现对患者利益的保护，达至私益与公益保护的均衡。除了国家利益与患者利益之外，还存在患者利益与患者家庭成员利益、患者利益与医疗机构利益以及男性利益与女性利益等，在制度的设计过程中，我们也需要关涉这些利益之间的均衡。例如，如果生前预嘱怀孕例外的制度设计要求女性为了胎儿利益牺牲自己的利益，以符合利他性的社会规范，而不顾及女性遭受无法忍受的疼痛与痛苦，这个制度会令人不安。从女权主义的角度分析怀孕例外，制度的目的在于通过立法确认女性的从属地位，对女性进行技术物化，女性的身体乃至生命在未经其允许甚至违背其意愿的情境下作为胎儿孵化器使用几个月，将女性变成了一个被动的机器，怀孕例外削弱和贬低了怀孕状态下女性的角色。当然，制度的设计或采取相应措施的理由或借口可能在于保护母亲的健康和胎儿的存活。而同样的制度设计却对男性完全不适用，这就在一定程度上削弱了女性相对于男性的公民身份，使得女性并不享有完全的公民身份与权益，怀孕例外情形中男性利益与女性利益的保护失衡，而这直接与宪法中的男女平等原则相背离，也是宪法所禁止的。因此，在设计生前预嘱制度的怀孕例外情形时，我们也不得不考虑男女人身利益平等的理念，协调女性利益和男性利益之间的冲突，不能够忽视特殊状态下女性的利益保护，不能够为了其他利益使得女性仅剩的一点生命历程痛苦不堪，不能够将女性物化为孕育胎儿的工具，而应该在男女平等的理念之下追求生前预嘱制度中保护女性利益与男性利益的平衡。

第六节　结　语

死亡质量与生活质量同等重要。设立生前预嘱制度的目的是为了实现尊严死，提升个人的死亡质量。制度的设计需要兼顾各方利益。对于死亡质量的保护，原则上并不能够因性别而存在差异。然而，男女之间的差异是客观的，也正因为女性的特征成就了生前预嘱的例外情形。怀孕例外的设计需要符合宪法保护生命权和隐私权的规定。一方面，立法需要明确女性针对生前预嘱怀孕例外情形的自我决策权；另一方面，也要将胎儿能否存活和孕妇是否处于无法通过药物缓解的严重疼痛之中等情形考虑进去。同时，在个案中，可以引入比例原则对关涉各方利益进行全盘考虑、综合考量，以使得怀孕例外的制度设计与实施兼顾各方利益的保护，进而契合生前预嘱制度的最终目标。

参考文献

一、中文专著

[1] 党俊武主编：《老龄蓝皮书：中国城乡老年人生活状况调查报告（2018）》，社会科学文献出版社 2018 年版。

[2] 薛波主编：《元照英美法词典》，法律出版社 2003 年版。

[3] ［荷］格劳秀斯：《格劳秀斯私法导论》，张淞纶译，法律出版社 2015 年版。

[4] 徐宗良、刘学礼、翟晓敏：《生命伦理学：理论与实践探索》，上海人民出版社 2002 年版。

[5] 高铭暄、马克昌主编：《刑法学》（第 3 版），北京大学出版社、高等教育出版社 2007 年版。

[6] 张明楷：《刑法学》（第 4 版），法律出版社 2011 年版。

[7] 陈兴良：《陈兴良刑法学教科书之规范刑法学》，中国政法大学出版社 2003 年版。

[8] 田宏杰：《刑法中的正当化行为》，中国检察出版社 2004 年版。

[9] ［法］玛丽·德卢拜：《我选择，有尊严地死去》，孙敏、张怡译，上海社会科学院出版社 2015 年版。

[10] 韩大元：《生命权的宪法逻辑》，译林出版社 2012 年版。

[11] ［美］阿图·葛文德：《最好的告别——关于衰老与死亡，你必须知道的常识》，彭小华译，浙江人民出版社 2015 年版。

[12] 万慧进:《生命伦理学与生命法学》,浙江大学出版社 2004 年版。

[13] 甘添贵:《刑法案例解评》,瑞兴图书出版公司 1999 年版。

[14] 傅伟勋:《死亡的尊严与生命的尊严》,北京大学出版社 2006 年版。

[15] 黄丁全:《医疗 法律与生命伦理》,法律出版社 2004 年版。

[16] 杨平、肖进、陈宝珍主编:《医学人文科学词汇精解》,第二军医大学出版社 2002 年版。

[17] [美] 彼得·于贝尔:《生命的关键决定:从医生做主到患者赋权》,张琼懿译,生活·读书·新知三联书店 2017 年版。

[18] 沈宗灵主编:《法理学》,高等教育出版社 1994 年版。

[19] 吕建高:《预先指示法律制度比较研究》,法律出版社 2017 年版。

[20] 李义庭:《临终关怀学》,中国科学技术出版社 2000 年版。

[21] 孙也龙:《预先医疗指示法律问题研究》,中国法制出版社 2019 年版。

[22] [英] 史蒂文·卢克斯:《个人主义》,阎克文译,江苏人民出版社 2001 年版。

二、中文论文

[1] 吴静娴、范瑞平:"良心反对:儒家养老伦理新论",载《伦理学研究》2017 年第 2 期。

[2] 朱永华:"'生前预嘱'的善意更需社会善解",载《人民法院报》2013 年 8 月 1 日。

[3] 毕晓哲:"'生前预嘱'对社会的正面意义不容低估",载《贵阳日报》2013 年 8 月 1 日。

[4] 陈龙:"人权视角下尊严死合法化研究",载《医学与法学》2018 年第 6 期。

[5] 陈金林:"在胎儿保护与孕妇权利之间——刑法介入胎儿伤害的模式分析",载赵秉志主编:《刑法论丛》(第 41 卷),法律出版社 2015 年版。

[6] 韦宝平、杨东升:"生前预嘱的法理阐释",载《金陵法律评论》2013 年第 2 期。

[7] 孙也龙:"违反生前预嘱的法律责任——美国法的考察与启示",载《金陵法律评论》2016年第1期。

[8] 孙海涛:"论欠缺行为能力老年人政府监护模式的困境与重构",载《河海大学学报(哲学社会科学版)》2018年第4期。

[9] 吴梦华等:"我国生前预嘱的应用现状与展望",载《护理学报》2018年第18期。

[10] 王龙、阚凯:"生前预嘱的立法问题研究",载《医学与法学》2020年第3期。

[11] 张蓉蓉、姜叙诚:"社区老年人生前预嘱认知和态度的调查研究",载《护理管理杂志》2017年第3期。

[12] 睢素利:"对生前预嘱相关问题的探讨",载《中国卫生法制》2014年第2期。

[13] 王锡民、王建新、郭清秀:"对晚期病人'临终'界定的思考",载《中华医院管理杂志》1994年第6期。

[14] 王毅纯:"共同遗嘱的效力认定与制度构造",载《四川大学学报(哲学社会科学版)》2018年第1期。

[15] 孙海涛:"人权视角下的成年监护制度改革",载《内蒙古社会科学(汉文版)》2011年第2期。

[16] 孟强:"《民法总则》中的成年监护制度",载《中国人民大学学报》2017年第4期。

[17] 孙慕义:"放弃治疗与生命质量——对生命质量和'放弃'的求证",载《医学与哲学》2000年第6期。

[18] 曾德荣、范以桃、刘鑫:"生命预嘱制度建构初探",载《中国卫生法制》2014年第1期。

[19] 邹如悦、杨雪柔、杨芳:"比较法视阈的预先医疗指示制度及其在我国的构建",载《医学与法学》2019年第4期。

[20] 张纤、梁红、王汕珊:"生前预嘱在我国的应用现状",载《循证护理》2018年第7期。

[21] 刘瑞琳、王健:"临终关怀中的预先指示制度安排",载《武汉科技大学学报(社会科学版)》2013年第5期。

［22］孙也龙：“论预先医疗指示的若干法律问题”，载《淮南师范学院学报》2019 年第 5 期。

［23］陶鑫明：“论民法典之‘生前预嘱’规定的基础与方式”，载《医学与法学》2019 年第 3 期。

［24］孙也龙：“台湾预立医疗决定制度研究——以‘病人自主权利法’的通过为契机”，载《台湾研究集刊》2017 年第 4 期。

［25］李欣：“个人主义与人的社会属性——预立指示制度的法理阐释”，载《学术界》2016 年第 4 期。

［26］代志敏、许琢、左小波：“286 名老年慢病住院患者对生前预嘱态度及影响因素的调查分析”，载《现代医学与健康研究》2018 年第 6 期。

［27］韩增辉、杭蕾、李靖：“中国人口老龄化背景下预立医疗照护计划的研究进展”，载《中国实用护理杂志》2017 年第 12 期。

［28］齐乔松、徐继强：“关于我国生前预嘱立法的相关思考”，载《吉林工程技术师范学院学报》2019 年第 8 期。

［29］王晓琳：“人格权编草案：让你我活得更有尊严”，载《中国人大》2018 年第 18 期。

［30］齐乔松，徐继强：“关于我国生前预嘱立法的相关思考”，载《吉林工程技术师范学院学报》2019 年第 8 期。

［31］余文诗等：“‘尊严死’还是‘赖活着’？——我国生前预嘱的伦理困境分析及对策研究”，载《中国医学伦理学》2018 年第 6 期。

［32］朱凡、邓孟姣：“论预先医疗指示制度”，载《医学与法学》2019 年第 5 期。

［33］孙也龙：“论预先指示制度及其在我国的构建”，华东政法大学 2014 年硕士学位论文。

［34］姬嫣晴：“共同遗嘱实证研究”，东南大学 2016 年硕士学位论文。

［35］吴晓倩：“韩国现行安乐死——‘尊严死’制度研究”，延边大学 2019 年硕士学位论文。

［36］李杰：“遗嘱效力问题研究”，郑州大学 2018 年硕士学位论文。

［37］于凤丽：“生前预嘱法律问题研究”，黑龙江大学 2019 年硕士学位

论文。

[38] 宋晓东："浅谈安乐死"，载《知识经济》2013 年第 9 期。

[39] 贾亦真："中国部分地区不同人群对安乐死观念的调查与探索"，载《现代商贸工业》2019 年第 9 期。

[40] 张鹏："传统生死孝道观与老年临终关怀"，载《医学与哲学（A）》2014 年第 6 期。

[41] 李亚明："'生前预嘱'与死亡的尊严"，载《哲学动态》2014 年第 4 期。

[42] 章樱馨："生前预嘱的法律问题研究"，甘肃政法学院 2017 年硕士学位论文。

[43] 胡超："论患者的拒绝医疗权"，载《医学与法学》2018 年第 2 期。

[44] 曾培培、强美英："论精神障碍患者的自主权问题——以《精神卫生法》自愿原则为视角"，载《医学与哲学》（A）2016 年第 4 期。

[45] 谢怀栻："从德国民法百周年说到中国的民法典问题"，载《中外法学》2001 年第 1 期。

[46] 丁映轩："生前预嘱的伦理问题研究"，遵义医科大学 2019 年硕士学位论文。

[47] 丁树芹等："浅谈医事法学视野下知情同意权的制度研究"，载《中国卫生事业管理》2011 年第 7 期。

[48] 喻建军："生命伦理视阈下临终患者权利保障机制的建构"，成都中医药大学 2016 年硕士学位论文。

[49] 李恩秀："论医患关系中的知情同意权"，苏州大学 2007 年硕士学位论文。

[50] 邓仁丽、杨柳："大陆预立医疗照护计划的临床实践"，载《医学研究与教育》2019 年第 1 期。

[51] 路薇："医学伦理学——基本原则及范畴"，载《诊断学理论与实践》2006 年第 3 期。

[52] 印婧："构建和谐医患关系路径研究"，苏州大学 2014 年硕士学位论文。

[53] 孙海涛："老龄化背景下我国公共法律服务体系建设的新思路"，载

《行政与法》2018 年第 6 期。

[54] 张娟："患者自主权：内涵、困境及突破——以马克思人学交往理论为分析视角"，载《福建论坛（人文社会科学版）》2018 年第 3 期。

[55] 赵子夏："从生命权视角探究尊严死的正当性"，载《山东省农业管理干部学院学报》2013 年第 4 期。

[56] 柏昕、刘霞："生前预嘱及其在我国的实行建议"，载《医学与法学》2019 年第 1 期。

[57] 陆因："自主权视域下我国终末期患者选择尊严死的质性研究"，大连医科大学 2018 年硕士学位论文。

[58] 梁爱华、张凤佩、韩春玲："放弃治疗与预先指示"，载《中国医学伦理学》2013 年第 3 期。

[59] 冯倩："生前预嘱生效决定的现实困境与对策研究"，重庆医科大学 2019 年硕士学位论文。

[60] 杜重洋："尊严视角下的临终自主权研究"，华东政法大学 2019 年硕士学位论文。

[61] 孙也龙："生前预嘱法中的孕妇条款及其法理分析"，载《中华女子学院学报》2017 年第 5 期。

[62] 方流芳："罗伊判例：关于司法和政治分界的争辩——堕胎和美国宪法第 14 修正案的司法解释"，载《比较法研究》1998 年第 1 期。

[63] 孙也龙："孕妇医疗决定权的法律原则"，载《池州学院学报》2016 年第 4 期。

[64] 郑冲："德国联邦最高法院作出与病人处分相关的最新判决"，载《比较法研究》2010 年第 5 期。

[65] 孙也龙、郝澄波："论新加坡《预先医疗指示法》及其对我国的启示"，载《东南亚之窗》2014 年第 1 期。

[66] 张蓉蓉、姜叙诚："预设医疗指示的研究进展"，载《护理学杂志》2017 年第 9 期。

[67] 余同笑、田侃、周城义："对台湾地区'病人自主权利法'的评述及启示"，载《医学与哲学（A）》2017 年第 8 期。

[68] 王凯强、白羽、常翰玉等："论我国生前预嘱的立法保护"，载《医学

与哲学（A）》2017 年第 6 期。

[69] 梁莉：“病人权利运动综述”，载《医学与哲学》1999 年第 2 期。

[70] 丁静、薛瑶艳：“我国老年临终关怀服务体系现状研究——以江苏省临终关怀机构为例”，载《人口与社会》2019 年第 6 期。

[71] 印媛：“公证助力社会治理——以蚌埠众信公证处实践为视角”，载《中国公证》2020 年第 2 期。

[72] 张婷、沈龙芳、程守勤：“生前预嘱　让生命从容谢幕”，载《健康报》2019 年 4 月 11 日。

[73] 李霞：“成年监护制度的现代转向”，载《中国法学》2015 年第 2 期。

[74] 夏梦雅：“关于我国尊严死合法化的几点思考”，载《医学与法学》2019 年第 4 期。

[75] 姚迪迪：“'生前慎嘱'概念体系梳理及立法选择”，载《北方法学》2020 年第 2 期。

[76] 李霞：“协助决定取代成年监护替代决定——兼论民法典婚姻家庭编监护与协助的增设”，载《法学研究》2019 年第 1 期。

[77] 李大平：“预立临终医疗指示制度研究”，载《中国社会科学院研究生院学报》2016 年第 1 期。

[78] 张宁沛、高畅：“生前预嘱制度与公证的介入”，载《中国公证》2019 年第 7 期。

[79] 李霞：“论预先医疗指示”，载《东南法学》2018 年第 1 期。

[80] 冯倩、冯磊：“生前预嘱生效决定中的权利冲突与协调路径研究”，载《中国卫生事业管理》2019 年第 5 期。

[81] 蔡昱：“对我国医事法律中患者自主决策权相关规定的质疑与建议”，载《法学杂志》2009 年第 2 期。

[82] 张莉：“植物人终止救治的法律规制”，载《法学》2012 年第 7 期。

[83] 田孟：“医疗体制、临床医学与患者的伦理困境——'魏则西事件'的问题与启示”，载《云南社会科学》2017 年第 2 期。

三、英文专著

[1] BryanA. Garneretal, *Black's Law Dictionary*,（Ninth Edition）St. Paul:

Thomson Reuters, 2009.

[2] Hart, H. , *The Concept of Law*, Oxford: Oxford University Press, 1961.

[3] Sumner, L. , *The Moral Foundations of Rights*, Oxford: Oxford University Press, 1987.

[4] Wellman, C. H. , *Rights, Forfeiture, and Punishment*, Oxford: Oxford University Press, 2017.

[5] Hart, H. , *Essays on Bentham: Studies in Jurisprudence and Political Theory*, Oxford: Clarendon Press, 1982.

[6] MacCormick, N. , "Rights in Legislation", in P. Hacker and J. Raz, (eds.), *Law, Morality and Society: Essays in Honour of H. L. A Hart*, Oxford: Oxford University Press, 1977.

[7] MacCormick, N. , *Legal Right and Social Democracy*, Oxford: Oxford University Press, 1982.

[8] Lyons, D. , *Rights, Welfare and Mill's Moral Theory*, Oxford: Oxford University Press, 1994.

[9] Nolan, Joseph R. et al. , *Black's Law Dictionary*, 6th ed, edited by Henry Campbell Black. St. Paul, Minnesota: West Publishing Co. , 1990.

[10] Finnis, John, *Natural Law and Natural Rights*, Oxford: Clarendon Press, 1980.

[11] McMullin, Ernan, ed. , *Death and Decision. Presented at the AAAS Selected Symposium* 18. Boulder, Colorado: Westview Press, 1978.

[12] Raymond Whiting, *A Nature Right to Die*, Greenwood Press, 2002.

[13] *Black's law dictionary*, West publishing Co. , 1983.

[14] Gere B. Fulton, Eileen K. Metress, *Perspectives on Death and Dying*, Jones and Bartlett Publishers, 1955.

[15] Zucker M. B. , *The right to die debate: A do GUmentary history*, West port: Greenwood Press, 1999.

[16] Robert D. Miller, JD, MS Hyg. , *Problems in Health Care Law*, Seventh Edition, An Aspen Publication, 1996.

[17] Jeffrey Blustein, "The Family in Medical Decision Making", in Joseph

H. Howell & William F. *Sale*, *Life Choices*: *A Hasting Center Introduction to Bioethics* 165, Second Edition, Washington, D. C. , George Town University Press, 2000.

[18] Grubb et, al. , *Principles of Medical Law*, Oxford University Press, 2004.

[19] Hohfeld, W. , *Fundamental Legal Conceptions*, W. Cook (ed.) , New Haven: Yale University Press, 1919.

[20] Lawrence A. Frolik & Alison McChrystal Barnes, *Elderlaw*: *Cases and Materials* 567, 2d ed. , LexisNexis Law School Publishing, 1999.

[21] Institute of Medicine. *Dying in America*: *improving quality and honoring individual preferences near the end of life*, Washington DC: National Academies Press (US) , 2015.

[22] Russell Hittinger. *A Critique of the New Natural Law Theory*, University of Notre Dame Press, 1987.

四、英文论文

[1] Susan J. Nanovic, "The Living Will: Preservation of the Right-To-Die Demands Clarity and Consistency", 95 *Dickinson Law Review* 209, fall 1990.

[2] Clifton B. Kruse, Jr. , "A Call For New Perspectives for Living Wills (You Might Like it Here) ", 37 *Real Property*, *Probate and Trust Journal* 545, Fall, 2002.

[3] Marcia Barinaga, "Missing Alzheimer's Gene Found", 269 *Science*, 917 (1995).

[4] Qingyun Wang, "Association Urges Chinese to Have a Living Will", *China Daily*, 2013.

[5] Stephanie Mc Crummen, "Brain-Dead Va. Woman Gives Birth; Baby Appears Healthy After 3-Month Ordeal", Wash. Post, Aug. 3, 2005, at A01.

[6] Sam J. Saad, "Living Wills: Validity and Morality", 30 *Vermont Law Review* 71, Fall, 2005.

[7] Kutner, "Due Process of Euthanasia: The Living Will, a Proposal", 44 *Indiana Law Journal* 539, 551, 1969.

[8] Emanuel & Emanuel, "The Medical Directive: A New Comprehensive Advance Care Document", 261 *The Journal of the American Medical Association* 3288, 3289, 1989.

[9] Hoffman, "Planning for Medical Decision Making: Living Wills and Durable Powers of Attorney", 38 (2) *Maryland Medical Journal* 154, 156, Feb. 1989.

[10] Rizzo, "The Living Will: Does it Protect the Rights of the Terminally Ill?", *New York State Journal of Medicine*, at 72, 74, 1989.

[11] Jones, "Legal Significance of Living Wills", *Pennsylvania Medicine* 34, 37, Mar. 1989.

[12] Usan J. Nanovic, "The Living Will: Preservation of the Right-To-Die Demands Clarity and Consistency", 95 *Dickinson Law Review* 209, fall 1990.

[13] Silveira M J, Kim S Y, Langa K. "Advance directives and outcomes of surrogate decision making before death", N Engl J Med, 2010: 362 (13).

[14] Brown, BA. "The History of Advance Directives: A Literature Review", *Journal of Gerontological Nursing*, 29 (4), 2003.

[15] Luis, K., "Due Process of Euthanasia: The Living Will" A Proposal. *Indiana Law Journal*, 44, 1969.

[16] "Hampshire's Living Will Pregnancy Exception", *Vermont Law Review* 30 (1), 2005 Fall.

[17] Wang SC, et. al, "Develop-ment of an advance care planning booklet in Taiwan", *Tzu Chi Medical Journal*, 27 (4), 2015.

[18] Matesana MB, "Advances statements: Legal and Ethical Implications", *Nursing Standard*, 21 (2), 2006.

[19] Rüdiger Thiesemann, "Advance care planning – eine buchbesprechung", *Zeitschriftfür Gerontologie und Geriatrie*, 2016 (49).

[20] Hui E, "Introducing the Use of Advance Care Planning and Advance Directives in Hong Kong?", *Advance Directives Cousultation Paper*, 2010, 15 (3).

[21] Qingyun Wang, "Association Urges Chinese to Have a Living Will", *China Daily*, 2013 (8).

［22］ Sisti, Emma Murphy, "Die Free or Live: The Constitutionality of New Hampshire's Living Will Pregnancy Exception", *Vermont Law Review*, 30 (1), Fall#2005.

［23］ Steiner, H., "Directed Duties and Inalienable Rights," *Ethics*, 123, 2013.

［24］ Andersson, A-K., "Choices, Interests, and Potentiality: What Distinguishes Bearers of Rights?", *Journal of Value Inquiry*, 47, 2013.

［25］ Frydrych, D., "The Theories of Rights Debate", *Jurisprudence*, 9 (3), 2018.

［26］ Beschle, Donald L, "Autonomous Decision Making and Social Choice: Examining the 'Right to Die'", *Kentucky Law Journal*, 11 (198889).

［27］ Hinchman, Lewis P., "The Origins of Human Rights: A Hegelian Perspective", *Western Political Quarterly* 37, no. 1, 1984.

［28］ YamingLi, "Dilemma of Consumerism in China: An Analysis Based on Survey on Five 'Third Level 1stClass Hospitals' in Beijing", *Journal of Cam-bridge Studies*, 2012, 7 (3).

［29］ Emanuel L, "Living wills can help doctors and patients talk about dying", *West J Med*, 2000, 173 (6).

［30］ Dan Brock, "A Critique of Three objections to Physician—Assisred Suicide", *Ethics*, Vol. 109, No3, 1999.

［31］ Louis Kutner, "The Living Wills: A Proposal", 44 *Lndiana Law Journal*, 1969.

［32］ Simon A, "Historical Review of Advance Directives", *Advance Directives*, 2014.

［33］ Jennifer L. Rosato, "Using Bioethics Discourse to Determine When Parents Should Make Health Care Decisions for Their Children: Is Deference Justified?", 73*Tem p. L. Rev*, 2000.

［34］ Danuta Mendelson, "Timothy Stoltzfus Jost, A Comparative Study of the Law of Palliative Care and End-of-Life Treatment", *Journal of Law, Medicine and Ethics*, 2003.

［35］ Rosoff, "Where There's a Living Will, There's a Way", *The Compleat Law*,

Fall 1988.

[36] Gregory Gelfand, "Living Will Statutes: The First Decade", *Wisconsin Law Review*, 1987.

[37] Patrick Webster, "Enforcement Problems Arising From Conflicting Views of Living Wills in the Legal, Medical and Patient Communities, University of Pittsburgh Law Review", Vol. , 2001.

[38] Janice Macavoy Smitzer, "Note, Pregnancy Clauses in Living Will Statutes", *Colum. L. Rev.* Vol. 87, 1987.

[39] Gregory Gelfand, "Living Will Statutes: The First Decade", *Wisconsin Law Review*, 1987.

[40] Jan Blustein & Theodore R. Marmor, "Cutting Waste by Making Rules: Promises, pitfalls, and Realistic Prospects", 140 U. Pa L. Rev. , 1992.

[41] Council on Ethical and Judicial Affairs, Am. Med. Ass'n, "Decisions Near the End of Life", 267 *JAMA*, 1992.

[42] Joan M. Teno et al. , "Do Advance Directives Provide Instructions That Direct Care?", 45 *J. am. Geriatrics Soc'y*, 1997.

[43] Patrick Webster, "Enforcement problems arising from conflicting views of living wills in the legal, medical and patient communities", 62 U. PITT. L. REV. , 2001.

[44] H. Nys, "Emerging legislation in Europe on the legal status of advance directives and medical decision-marking with respect to an important patient (living-will) ", *European Journal of Health Law*, 1997.

[45] Maclean A. R. , "Advance directives and the rocky waters of anticipatory decision-making", *Medical Law Review*, 2008.

[46] Stern Christina, "Advance directives", *Medical Law Review* , 1994.

[47] Advance Medical Directives: A Report by the National Medical Ethic Committee, 1995.

[48] Mildred Z. Solomon et al. , "Decisions Near the End of Life: Professional Views on Life-Sustaining Treatments", 83 *Am. J. Pub. Health*, 1993.

[49] Sam J. Saad III, "Living Wills: Validity and Morality", *Vermont Law*

School, 2005 (71).

[50] Rizzo R F, "The living will: does it protect the rights of the terminally ill?", *New York State Journal of Medicine*, 1989, 89 (2).

[51] Thomas Wm. Mayo, "Living and Dying in a Post-Schiavo World", 38 *Journal of Health Law* 587, 2005.

[52] Dorothy D. Nachman, "Living Wills: Is It Time to Pull the Plug?", 18 *Elder Law Journal* 289, 2011.

[53] Susan J. Nanovic, "The Living will: Preservation of the Right-To-Die Demands Clarity and Consistency", 95 *Dickinson Law Review* 209, Fall, 1990.

[54] Maggie J. Randall Robb, "Living Wills: The Right to Refuse Life Sustaining Medical Treatment-A Right Without A Remedy?", *University of Dayton Law Review*, 23 (1997).

时光匆匆，博士毕业已经六年有余，但总有些时间永远不够的感觉。本书是在教育部人文社科基金青年项目的资助下完成的，从课题的申请到课题的完成过程中，有太多的人需要感谢。

感谢我的博士后合作导师周佑勇教授，周老师是一位博学、严谨、认真和勤奋的学者，周老师睿智、儒雅和严谨的学术风格和人格魅力深深地感染和影响了我。本书的写作，虽是作者自己的学术探索，但离不开周老师的言传身教。只可惜学生愚笨，悟性有限，只能以现在的状态呈现阶段性的研究成果。

感谢我的博士生导师邢鸿飞教授。第一本专著《工作与生活：成年独生子女的角色冲突研究》是在邢老师的悉心指导下完成的。毕业之后，邢老师继续在学术上给予我指引和指导，老师谦虚的姿态、严谨的治学，一直鞭策着学生前行。

感谢我的硕士生导师李霞教授。李老师是一位学贯中西、温文尔雅的学者，硕士学习的三年中，李老师的指导不仅开阔了学生的视野，而且提升了学生的思维能力，使得学生有勇气和信心继续走在学术的道路上。

感谢苏州大学法学院董学立教授、张学军教授，在学生需要帮助的时候，是你们无私地伸出了援手，一直在科研上给予学生莫大的支持。感谢我的同门和同学兄弟姐妹们，郑玮炜、李祎恒、钱卿、温丙存、严登才等，虽然平时联系不多，但是关键时候总能得到你们的帮助。

感谢河海大学法学院的领导和同事，因为你们，学院的整个学术生态得到了很大的改善。感谢我的研究生张志祥、赵晓年、王红利、吴烨、崔安妮、王星月等，在书稿的写作中贡献了力量，感谢他们的团队协作。

感谢中国政法大学出版社丁春晖编辑在出版过程中的耐心与辛苦，使得该书能顺利出版。

感谢一直支持我的家人，深藏于心的感谢和溢于言表的微笑，也许是最好的回报。

此书肯定还有诸多不完善之处，所以也请各位读者多多谅解。